U0959284

《中国法院2023年度案例》编委会

主　任　刘贵祥
副主任　李晓民　雷　鸿　胡田野　王晓芳　袁登明
成　员　赵海峰　王　立　梁　欣　程　瑛　王　锐
　　　　　刘　畅　曹海荣　朱建伟　李晓果

《中国法院2023年度案例》编辑人员（按姓氏笔画）

王　锐　王翼妍　刘　畅　朱建伟　朱　琳　李晓果
李明桓　李　谦　宋　爽　林子雍　胡　岩　赵文轩
姜　丹　唐世银　唐鑫鑫　徐　汛　曹海荣　梁　欣
程　瑛　焦　颖　潘园园

编　务　赵文轩

本书编审人员　胡　岩

中国法院2023年度案例

国家法官学院　最高人民法院司法案例研究院　/编

侵权赔偿纠纷

中国法制出版社
CHINA LEGAL PUBLISHING HOUSE

《中国法院2023年度案例》通讯编辑名单

刘晓虹　北京市高级人民法院
王　凯　北京市高级人民法院
董　扬　天津市高级人民法院
童若涵　河北省高级人民法院
崔铮亮　山西省高级人民法院
杨智勇　内蒙古自治区高级人民法院
周文政　辽宁省高级人民法院
苏　浩　吉林省高级人民法院
王　妍　黑龙江省高级人民法院
牛晨光　上海市高级人民法院
缪　芳　江苏省高级人民法院
左一凡　江苏省高级人民法院
谷昔伟　江苏省南通市中级人民法院
宋婉龄　江苏省无锡市中级人民法院
杨　治　浙江省高级人民法院
李　波　浙江省高级人民法院
刘伟玲　安徽省高级人民法院
杨　宇　福建省高级人民法院
章光园　江西省高级人民法院
李　宁　山东省高级人民法院
张　琦　河南省高级人民法院
宋淼军　湖北省高级人民法院
黄　娅　湖北省宜昌市中级人民法院
唐　竞　湖南省高级人民法院
李　雪　广东省高级人民法院
邹尚忠　广西壮族自治区高级人民法院
韦丹萍　广西壮族自治区高级人民法院
李周伟　海南省高级人民法院
闫帅锋　重庆市高级人民法院
任　梦　四川省高级人民法院
杨俊杰　云南省高级人民法院
石　瑾　云南省昆明市中级人民法院
伍席芳　贵州省高级人民法院
余长智　贵州省贵阳市中级人民法院
王丽萍　西藏自治区高级人民法院
郑亚非　陕西省高级人民法院
张旦旦　甘肃省高级人民法院
王　晶　青海省高级人民法院
康　莹　宁夏回族自治区高级人民法院
石孝能　新疆维吾尔自治区高级人民法院
吉　雄　新疆维吾尔自治区高级人民法院生产建设兵团分院

序

法治是治国理政的基本方式，司法是法治体系的重要基石。党的二十大报告指出，要坚持走中国特色社会主义法治道路，建设中国特色社会主义法治体系、建设社会主义法治国家。加快建设公正高效权威的社会主义司法制度，努力让人民群众在每一个司法案件中感受到公平正义。人民法院始终坚持以习近平新时代中国特色社会主义思想为指导，深入学习贯彻习近平法治思想，围绕“公正与效率”这一主题，践行新时代能动司法理念，把加强司法案例研究作为加快建设公正高效权威社会主义司法制度，坚持为大局服务、为人民司法的重要途径，通过发布具有普遍指导意义的典型案例，统一法律适用，提高审判质效，提升司法公信力，努力让人民群众在每一个司法案件中感受到公平正义。

“中国法院年度案例系列”丛书，是国家法官学院和最高人民法院司法案例研究院精选全国各高级人民法院每年选送的优秀案例，深入挖掘典型案例内在价值编辑的实用精品丛书，旨在总结提炼典型案例的裁判规则和裁判方法，发挥司法规范、指导、评价、引领的重要作用，大力弘扬社会主义核心价值观，增强全民法治意识和法治素养，展现新时代我国司法领域新发展、新成就。

本丛书自2012年编辑出版以来，已连续出版12年，每年年初出版，受到读者广泛好评。本丛书出版之初有15个分册。近年来，为顺应审判执行实践需要，更加全面反映我国司法审判执行工作的发展进程，响应读者需求，2014年度新增金融纠纷、行政纠纷、刑事案例3个分册，2015年度将刑事案例调整为刑法总则案例、刑法分则案例2个分册，2016年度新增知识产权纠纷分册，2017年度新增执行案例分册，2018年度将刑事案例扩充为4个分册，2022年度将土地纠纷（含林地纠纷）分册改为土地纠纷（含环境资源案例）分册。在全国各级人民法院的大力支持下，丛书编委会现编辑出版《中国法院2023年度案例系列》丛书，共23个分册。

“中国法院年度案例系列”丛书以开放务实的态度、简洁明快的风格，追求“好读有用”，主要体现出以下特色：一是选编案例来源广泛、时效性强。

国家法官学院和最高人民法院司法案例研究院每年通过各高级人民法院汇集全国范围内上一年度审结生效的典型案例近万件，使该丛书有广泛的精选基础，可及时、定期提供全国范围内新近发生的多种类型的新型、疑难案例。二是由法官释理说法，全方位深度挖掘案例价值。大多数案例由主审法官撰写“法官后语”，深入阐释案例的裁判思路和相关考量，充分发挥典型案例在司法裁判、类案参考、法学研究、行为指引、宣示教育等方面的价值，力求引发读者的共鸣与思考，为读者提供借鉴和启迪。三是编排依次以案由和法律适用问题为序，方便读者检索。丛书充分体现“以读者为中心”的理念，每册内容主要根据案由分类编排，每个案例主要围绕法律适用问题，用一句话精要概括裁判规则、裁判思路或争议焦点，以其作为主标题，让读者能一目了然，迅速找到所检索的目标案例。四是注重裁判文书再加工，高度提炼案例内容。案例编写突出争议焦点以控制篇幅，剔除无关信息，尽可能在有限的篇幅内为读者提供更多与争议焦点、所查类案相关的有效、有益信息。

中国法制出版社始终全力支持“中国法院年度案例系列”丛书的出版，给了作者和编辑们极大的鼓励。2023年，这套丛书将继续提供数据库增值服务。购买本书，扫描前勒口二维码，即可在本年度免费查阅往年同类案例数据库。我们在此谨表谢忱，并希望通过共同努力，逐步完善，做得更好，真正探索出一条编辑案例书籍、挖掘案例价值的新路径，更好地服务司法审判高质量发展、服务法治社会建设、服务学习研究法律的读者。

“中国法院年度案例系列”丛书既是法官、检察官、律师等法律工作者的办案参考和司法人员培训的实用教材，也是社会大众学法用法的经典案例读本，同时是教学科研机构与人员从事案例研究的良好系列素材。当然，案例作者和编辑在编写、编审过程中也难以一步到位实现最初的愿望，客观上会存在各种不足甚至错误，欢迎读者批评指正。我们愿听取各方建议，不断拓宽深化司法案例研究领域，立足新发展阶段，推动实现中国特色司法案例事业的高质量发展。

国家法官学院

最高人民法院司法案例研究院

2023年5月

目　录

Contents

四、教育机构责任纠纷

五、产品责任纠纷

六、医疗损害责任纠纷

七、环境污染责任纠纷

八、高度危险责任纠纷

九、建筑物和物件损害责任纠纷

十、因申请财产保全损害责任纠纷

十一、其他纠纷

一、提供劳务者受害责任纠纷

1

定作人对承揽人在提供劳务过程中造成自身损害的责任认定

——甘某兰等诉塑料制品公司提供劳务者受害责任案

【案件基本信息】

1. 裁判书字号

广西壮族自治区钦州市中级人民法院（2021）桂07民终936号民事判决书

2. 案由：提供劳务者受害责任纠纷

3. 当事人

原告（被上诉人）：龚某、甘某兰、石某艺、石某龙、石某莹、石某彩

被告（上诉人）：塑料制品公司

【基本案情】

原告是受害人龚某珍的近亲属。受害人龚某珍日常与黄某芳、胡某龙等人向有需要的工厂提供货物装卸服务。2020年8月6日下午，黄某芳与龚某珍等人在案涉园区卸货，龚某珍曾于14时许出现头晕现象，黄某芳等人询问其身体状况后，共同接续卸货。16时许，被告需要在工厂内进行卸货，便联系了黄某芳。不久，黄某芳与龚某珍、胡某龙等人便到达被告工厂搬运卸货，按被告的指示将货物从车上搬运至指定地方，各方约定卸货完成后，由被告一次性结清

搬运费给黄某芳，再由黄某芳分配给龚某珍等人。在卸货的过程中，龚某珍突然晕倒在车上，黄某芳等人立即告知了被告工作人员，被告工作人员对龚某珍采取了急救措施，并拨打120急救中心电话。随后，龚某珍经抢救无效死亡。2020年8月8日，公安局出具了一份死亡证明，载明龚某珍初步死因推断为：因自身基础疾病死亡（猝死），家属同意公安机关调查及检验意见。2020年11月10日，原告向劳动人事争议仲裁委员会申请确认龚某珍与被告存在劳动关系，2020年12月14日，仲裁委员会作出驳回原告的仲裁申请。本案事故发生后，被告曾向原告支付丧葬费40000元。2021年1月5日，原告向法院起诉。

【案件焦点】

塑料制品公司对龚某珍的死亡后果是否存在过错及应否承担责任。

【法院裁判要旨】①

广西壮族自治区钦州市钦北区人民法院经审理认为：被告与受害人龚某珍之间属于承揽关系。关于被告是否该承担赔偿责任的问题。受害人到被告处卸货前就已经出现头晕的状况，在完成工作的过程中因自身的基础疾病导致死亡，其本人对死亡的损害后果存在重大过错。被告联系人员搬运卸货，应考虑搬运这一项工作对工人的体力及身体条件均有较高的要求，被告安排搬运卸货人员时，更应尽严格的审查义务，受害人龚某珍事前曾出现身体不适，工友亦已知悉，在此情况下，被告并未提供证据证明其对所选任的搬运卸货人员的身体健康情况加以询问了解或制止，其对本案的损害后果存在一定过错。一审法院核定受害人龚某珍应对其自身的死亡损害后果承担85%的民事责任，被告承担15%的民事赔偿责任。

广西壮族自治区钦州市钦北区人民法院依照《中华人民共和国侵权责任法》第六条第一款、第十六条、第二十六条，《最高人民法院关于适用〈中华人民共和国民法典〉时间效力的若干规定》第二条，《最高人民法院关于审理

---

① 本书【法院裁判要旨】适用的法律法规等条文均为案件裁判当时有效，下文不再对此进行提示。

人身损害赔偿案件适用法律若干问题的解释》第十七条、第二十五条、第二十八条、第二十九条，《最高人民法院关于确定民事侵权精神损害赔偿责任若干问题的解释》第十一条的规定，作出如下判决：

被告塑料制品公司向原告龚某、甘某兰、石某艺、石某龙、石某莹、石某彩赔偿因受害人龚某珍死亡而产生的死亡赔偿金、被抚养人生活费、亲属办理丧葬事宜误工费、医疗费等各项经济损失123903元。

塑料制品公司不服一审判决，提出上诉。

广西壮族自治区钦州市中级人民法院经审理认为：受害人明知自己晕倒，身体存在不适仍到上诉人处进行搬运的工作，在工作中因自身基础疾病而导致死亡。是其本人主观上过于自信。而上诉人对受害人的身体状况是否存在注意义务，系上诉人是否应当承担责任的依据。上诉人承担的应当是安全保障义务，即对承揽人员的人身安全应尽到注意义务，提供安全工作的条件。本案中上诉人无法预见或者应当预见受害人的死亡结果，受害人的发病原因也不能证实与该搬卸工作有关，不能将如此严格的审查义务附加于上诉人，况且受害人在晕倒后，塑料制品公司工作人员立即对其进行抢救并拨打120急救电话，已经尽到了合理救助义务，因此上诉人对受害人的死亡结果的发生没有过错。

广西壮族自治区钦州市中级人民法院依照《中华人民共和国民事诉讼法》第一百七十条第一款第二项的规定，作出如下判决：

一、撤销广西壮族自治区钦州市钦北区人民法院判决；

二、驳回被上诉人甘某兰、石某彩、龚某、石某艺、石某龙、石某莹的诉讼请求。

【法官后语】[①]

提供劳动者受害责任纠纷案件中承揽关系与雇佣关系交叉共存，此种关系因为具有临时性、技术性不高、口头约定为主等原因，提供劳务方和接受劳务

① 本书【法官后语】对此类法律问题涉及的法律法规等内容进行了时效性更新，下文不再对此进行提示。

方均不注重固定和收集证据。劳务者在劳务过程中发生损害时，因难以承受巨大的经济损失而产生纠纷，此时接受劳务方是否需要担责，裁判者既要厘清法律关系，又要注重正确理解法律对于劳动者生存权保护和用人方发展权保障的平衡。

本案为雇佣关系和承揽关系的区分，雇佣关系中，对于个人之间的劳务关系，造成劳务者损害的，民法典实施前，适用《中华人民共和国侵权责任法》第三十五条规定。民法典实施后，适用《中华人民共和国民法典》第一千一百九十二条规定，接受劳务方承担过错责任。对于法人、非法人组织与个人的劳务关系，劳务者受到损害的，适用《最高人民法院关于审理人身损害赔偿案件适用法律若干问题的解释》（法释〔2003〕20号）第十一条规定，接受劳务方承担无过错责任。承揽关系中，定作人不承担劳务者受害的责任，仅是在对定作、指示或者选任有过失时，才承担相应责任。因此，认定案件为何种法律关系，关系到劳务者能否获取更多赔偿。

判断本案属于雇佣关系还是承揽合同关系是确认责任承担的前提，实践中从控制支配、工作方式、工作组成、报酬结算等方面把握。本案受害人龚某珍多次通过黄某芳的联系到定作人处搬卸货物，时间并不固定，工作内容是将货物从一个地方搬到另一个地方，定作人对其没有管理和控制，一次性支付劳务报酬。因此，法院认定双方属于承揽法律关系。定作人对承揽人在提供劳务过程中造成自身损害的责任，《最高人民法院关于审理人身损害赔偿案件适用法律若干问题的解释》（2020年修正）删除了第十三条，在《中华人民共和国民法典》第一千一百九十三条规定："承揽人在完成工作过程中造成第三人损害或者自己损害的，定作人不承担侵权责任。但是，定作人对定作、指示或者选任有过错的，应当承担相应的责任。"承揽合同中，定作人仅在对定作、指示、选任上存在过失才需承担相应责任。定作过失，是指定作人委托加工、制作的定作物本身具有高度危险性或不法性。指示过失，是指定作人承揽人的定作方法存在过失。选任过失，是指定作人对承揽人的选择具有明显过错。本案中，定作人要求交付的劳动成果是将货物从一个地方搬运到另一个地方，搬运的货物并不具有特殊性，本案的劳务属于一般性工作，本身并不具备高度危险性，国家及相关行业也并未对从事一般性物品搬运的人员在行业准入上有资格限制。无证据证明承揽人即受害人本身存在基础病不能从事案涉劳务工作，定作人也没有在受害人劳务的过程中对其采用的方法作出指示，且定作人提供的工作场所、环境未存在安全隐患。综上，受害人本身的身体状况并非定作人需要审查的对象，定作人在定作、指示、选任上并无过失，不应对定作人课以严格的审查义务。一审法院认为定作人对所选任的搬运卸货人员的身体健康情况应加以询问并及时制止是定作人的义务，定作人没有审查该项内容便具有过错，是对定作人法定义务的扩大理解，加大了定作人不可预见的经济成本，与法律平衡各个利益主体的初衷相悖。

编写人：广西壮族自治区钦州市中级人民法院　陆诗灵

二、网络侵权责任纠纷

2

短视频平台中虚拟主体的名誉侵权判定

——徐某诉葛某、曾某名誉权案

【案件基本信息】

1. 裁判书字号

江西省丰城市人民法院（2021）赣0981民初6464号民事判决书

2. 案由：名誉权纠纷

3. 当事人

原告：徐某

被告：葛某、曾某

【基本案情】

徐某、葛某、曾某均为某短视频平台的用户。徐某在该短视频平台设有直播栏目，有5万多名粉丝，人称“徐××”。2021年9月10日，徐某发现在葛某发布的一个视频中，其上传的画面是徐某的侧脸（该画面系徐某视频的截图，上有徐某的昵称和账号），配图文字是对徐某的喊话，配音是影视剧中潘金莲喂武大郎吃药的画外音。在葛某发布的另外三个喊话“徐××”的视频里，共引发评论近600条，评论中不乏“潘金莲、武大郎”之类。

曾某在葛某发布的案涉视频下询问徐某妻子个人隐私，获赞113个；其还在他人评论下附和发言。在本案立案后，曾某还继续发布了类似视频。徐某认为葛某、曾某的行为造成了极大的社会影响，损害了其名誉权，给自己及家人带来严重困扰及精神压力。

【案件焦点】

行为人在关注量较大的某短视频平台中公开发布丑化他人的视频，对虚拟身份的主体是否构成名誉权侵犯。

【法院裁判要旨】

江西省丰城市人民法院经审理认为：自然人享有姓名权、肖像权、名誉权等权利。葛某发布的案涉视频图片，虽然只出现徐某的部分肖像，但该图片中同时出现了其昵称、账号等足以让人区分的特征，且配图文字也是喊话徐某，则葛某的行为直接指向徐某；葛某针对徐某个子较矮的特点，在案涉视频中配上潘金莲喂武大郎吃药的影视桥段的画外音；曾某在评论中询问徐某妻子个人隐私，呼应案涉视频画外音的潘金莲形象，引发不良联想，并被大量点赞，系对徐某及其妻子的侮辱，二被告均已构成名誉侵权。原告要求两被告删除的案涉视频的平台为某短视频平台，故酌定由二被告在某短视频平台上注册的账号上公开向原告赔礼道歉，为期七日，以消除对原告及其家人的不良影响；二被告的行为造成了极大的社会影响，侵犯了原告及其家人的名誉权，故原告要求二被告分别赔偿原告精神损失费计人民币1元的诉讼请求，本院予以支持。

江西省丰城市人民法院依据《中华人民共和国民法典》第一百一十条、第一百七十九条、第一千一百九十四条，《中华人民共和国民事诉讼法》第一百四十四条的规定，作出如下判决：

一、被告葛某于判决生效之日起七日内停止侵权，删除其在某短视频平台上发布的带有侮辱原告徐某及其家人的相关内容及与侵权内容有关的所有评论和回复；

二、被告曾某于判决生效之日起七日内停止侵权，删除其在某短视频平台上发布的带有侮辱原告徐某及其家人的相关内容及与侵权内容有关的所有评论和回复；

三、被告葛某于判决生效之日起七日内以书面形式向原告徐某赔礼道歉（书面赔礼道歉内容须事先经法院审查，并在某短视频平台上注册的账号公开发布，为期七日）；

四、被告曾某于判决生效之日起七日内以书面形式向原告徐某赔礼道歉（书面赔礼道歉内容须事先经法院审查，并在某短视频平台上注册的账号公开发布，为期七日）；

五、被告葛某、曾某分别于判决生效之日起七日内赔偿原告徐某精神抚慰金计人民币1元整；

判决后，双方当事人均未上诉，本判决现已生效。

【法官后语】

短视频社交软件用户日趋增多，现实社会的法律法规在虚拟社会同样适用。人们在发布自己的作品时，不能侵犯他人的合法权益，否则就应当承担相应的侵权责任。在社交平台中，对虚拟主体名誉侵权的认定，应当符合名誉权侵权的全部构成要件，还应当考虑信息网络传播的特点并结合短视频用户的影响力、视频内容可识别性、虚拟主体与现实民事主体对应性、损害程度等具体因素进行综合判断。

一、主体资格审查：虚拟主体与现实民事主体的对应性

网络环境中的民事主体往往表现为匿名、昵称、外号等，真实身份往往不明。在非实名制的情况下，如当事人对主体问题不予认可，法院一般从以下四个方面进行考量，以确定虚拟主体和现实主体的对应性，一是虚拟主体所呈现出的个人特征，如性别、年龄、职业、外貌等；二是虚拟人物与现实人物的具体生活、工作环境以及人物之间的相互关系等；三是当事人的线上线下活动结合文章的具体内容等；四是一般社会公众认知的角度。

在某一领域具有一定知名度、拥有众多粉丝的虚拟主体的昵称、外号具有专属性、指向性，该昵称、外号可以被视为网络用户本人。本案中，原告有5

万多名粉丝，其每次线上线下活动都自称“徐××”，故“徐××”在其所在城市已具有专属于原告的特征。

二、可识别性判定：一定的观众范围内为一般的社会公众所熟知

关于部分肖像的可识别性问题。《中华人民共和国民法典》第一千零一十八条将肖像定义为“在一定载体上所反映的特定自然人可以被识别的外部形象”，这表明肖像不应局限于自然人的全部面部形象，其既可以是部分面部形象，也可以是某种体态。

而可识别性，是指通过某种技术手段再现的个人肖像必须被人们辨认为具体的某个人。在判定是否具有可识别性时，对不同的人有不同的判定标准；对于具有自媒体性质的短视频社交软件的用户来说，由于其发布作品时大多是真人出镜，其曝光机会较多，这导致对其识别较为容易。故在这类侵权案件中，只要被告发布的图像里，具有让普通社会公众联想到原告的特征，能让他们辨认出该图像是原告，即认定该图片具有可识别性，从而认定被告实施的行为指向原告本人。

三、损害程度甄别：虚拟空间评价同样属于民事主体的名誉利益

《中华人民共和国民法典》第一千零二十四条明确了名誉的定义是“对民事主体的品德、声望、才能、信用等的社会评价”，则行为人诬告他人品德、工作经历或学历、信用体系等或作出负面性评论的，都可能侵害对方的名誉权。现实民事主体作为网络虚拟主体权益的载体，其在虚拟网络受到的侵害同样会降低现实生活中公众对其的社会评价，对其产生精神损害。在认定虚拟主体对现实主体是否造成社会评价降低时，应结合网络平台对侵权信息的内容、浏览量、转载量及评论数量、外界的评价和反馈，来进行评估。

本案中，葛某发布的案涉视频，在原告的侧脸图片上，配上喊话“徐××”的文字，具有可识别性；葛某在视频中用武大郎影射原告，曾某又在其评论区中用潘金莲影射原告妻子，两被告的行为充满了对原告及家人的恶意，诋毁了原告及其家人，降低了原告及其家人的社会评价，则对二被告的行为视为侵权。

编写人：江西省宜春市中级人民法院　蒋玲玲

江西省丰城市人民法院　余丽萍

3

网络婚恋交友平台的如实报告和安全保护义务

——刘某心诉信息技术公司网络侵权责任案

【案件基本信息】

1. 裁判书字号

广东省广州市中级人民法院（2021）粤 01 民终 23858 号民事判决书

2. 案由：网络侵权责任纠纷

3. 当事人

原告（上诉人）：刘某心

被告（上诉人）：信息技术公司

第三人：科技开发公司

【基本案情】

××网系由信息技术公司运营的网络婚恋交友平台。刘某心向信息技术公司购买了三个月的高级会员服务，约定由信息技术公司提供电话红娘专业相亲服务、婚姻介绍服务。××网客服对刘某心称："最起码，身份证、离婚证，我们都会验证，女士情况我们都了解""只要是你看到觉得不错的女生，你先跟对方打招呼、互动，对方有回应你，我再重点跟进……如果有回应，可以聊下，我这边再重点把关资料，重点去电了解、撮合你们"。刘某心通过××网与用户"幸福的××"相识、开始交流，并通过"幸福的××"加了杜某的 QQ 号，随后向杜某提供的"投资网站"转账 1060000 元。后广东省广州市海珠区人民法院作出刑事判决书，查明 2020 年 3 月 30 日至 4 月 2 日，被害人刘某心被诈骗团伙假装婚恋网站网友身份，以购买比特币为由，先后转账共计人民币 1060000

元至诈骗团伙提供的账户。刘某心认为信息技术公司任由虚假注册的会员存在，导致原告被骗，造成经济损失巨大，侵害原告的财产权、隐私权，要求赔偿经济损失1060000元及精神损害赔偿金100000元。

【案件焦点】

1. 信息技术公司是否应承担侵害刘某心财产权的责任；2. 信息技术公司是否存在侵害刘某心隐私权的行为；3. 如果信息技术公司需承担侵权责任，具体应如何承担责任。

【法院裁判要旨】

广州互联网法院经审理认为：（一）信息技术公司提供婚恋中介服务，应当履行与其服务性质、服务内容相对应的义务。一方面，信息技术公司负有如实报告有关事项的义务。信息技术公司属于网络婚恋交友平台经营者。网络婚恋交友平台虽然可以归类于互联网社交平台，但与普通社交平台相比，其具备自身的显著特征，即此类平台提供的是婚恋中介服务而非普通的交友服务或者信息发布平台服务，用户使用此类平台的目的是寻找适宜的其他用户并与之建立恋爱乃至婚姻关系，会员对其他会员资料真实程度的期望远高于一般的交友网站。刘某心向信息技术公司购买了三个月的高级会员服务，有理由对信息技术公司寄予更高程度的信赖和期待。基于双方的合同内容和诚实信用原则，信息技术公司应当向刘某心如实报告包括其他会员信息的真实情况在内的有关事项。另一方面，信息技术公司应当履行相应的安全保护义务。信息技术公司通过互联网提供营利性的婚恋中介服务，推荐、推送身处不同地域、从事不同职业的陌生人取得联系并互相成为婚恋交往对象。婚恋交往过程中，双方通常会有经济往来，婚恋交友平台也可能给违法犯罪人员提供可乘之机。信息技术公司对其中的违法犯罪风险应有充分认知，应当按照《中华人民共和国网络安全法》的规定，履行网络安全保护义务，采取技术措施和其他必要措施防范网络违法犯罪活动。信息技术公司除应履行对用户进行事前安全提示、在知晓侵权行为后及时采取必要措施的义务外，还应履行要求用户提供真实身份信息的义务，并尽可能地采取必要措施，防范违法犯罪行为。

（二）信息技术公司未能充分、恰当履行上述义务。首先，信息技术公司在如实报告会员情况方面存在疏漏和误导。刘某心经××网系统推荐、推送服务而结识昵称为“幸福的××”的用户，随后××网客服向其发送了该用户包括婚姻状况、学历、职业、收入、工作地在内的资料截图。鉴于××网网络婚恋交友平台的特性和用户对平台及其客服人员的信赖，如未经特别提示，用户有理由相信以上资料真实，实际情况是以上资料均由会员自己填写并可自行修改，未有证据表明信息技术公司对以上信息进行了核实。对于会员资料由会员自己填写、不保证真实的情况，信息技术公司未能如实、充分向会员告知。因此，信息技术公司在如实报告会员资料是否真实的情况方面存在疏漏。同时，信息技术公司在会员资料的真实性方面还存在一定误导。××网客服人员在向刘某心推荐高级会员服务时表示“女士情况我们都了解”，在提供高级会员服务过程中又向刘某心表示“重点把关资料，重点去电了解、撮合你们”，实际上也在刘某心询问后向刘某心发送了会员名为“幸福的××”的用户的资料截图，当时并未提示该信息不保证真实。可见，信息技术公司在对会员作出相应描述、承诺时，未能如实、严谨描述，客观上存在一定的误导行为，违反了如实报告有关事项的义务。其次，信息技术公司未能充分履行安全保护义务。信息技术公司虽然采用人脸识别方式对注册人身份进行验证，但对于诈骗团伙假装婚恋网站网友身份实施诈骗仍未能识别、防范，也未能提供证据证明其在确保账号使用人与注册人身份一致方面采取了何种有效措施，这就表明信息技术公司在身份核验方面存在漏洞。

（三）信息技术公司的行为与刘某心被诈骗的结果之间存在一定的因果关系，信息技术公司存在一定过错。诈骗系基于被害人的错误信赖而实施的犯罪。昵称为“幸福的××”的会员系由信息技术公司向刘某心推荐、推送，而信息技术公司在如实报告该会员情况、核验账号使用人真实身份方面存在疏漏和误导，未充分履行安全保护义务，导致刘某心相信该会员的信息，并基于对××网平台与该会员的信赖与该会员作进一步沟通交流，即信息技术公司的推荐、推送和未如实描述会员信息、未充分核验用户身份的行为是刘某心建立对诈骗团伙成员信赖的原因之一。因此，信息技术公司的行为与刘某心被诈骗的事实之间存在一定的因果关系。

广州互联网法院依照《中华人民共和国侵权责任法》第六条第一款、第三十六条第一款和《最高人民法院关于适用〈中华人民共和国民法典〉时间效力的若干规定》第一条第二款的规定，作出如下判决：

一、被告信息技术公司于本判决发生法律效力之日起十日内向原告刘某心赔偿财产损失 49755.85 元；

二、驳回原告刘某心的其他诉讼请求。

双方当事人不服一审判决，提起上诉。

广东省广州市中级人民法院同意一审法院的裁判意见。作出如下判决：

驳回上诉，维持原判。

【法官后语】

当前，互联网应用的泛在性和便捷性大大拓展了人们的人际交往空间，利用网络结交朋友、沟通信息、联络感情已成为现代人的生活常态，婚恋交友平台在此背景下应运而生。在利用网络实施婚恋诈骗案件中，婚介网站易被犯罪分子利用，因为对用户信息审查不严，从而让犯罪分子有了可乘之机。本案判决以用户通过知名婚恋交友网站××网结识他人后被诈骗、起诉××网要求承担侵权责任的案件为切入点，探究网络婚恋交友平台在向用户提供相关服务过程中应当履行何种法定义务，对进一步规范网络婚恋服务进行了探究。

一、网络婚恋交友平台服务的法律性质

网络婚恋交友平台向用户提供的网络服务功能主要有两个方面，一方面是向用户发布信息和供用户发布信息，使用户既能了解到自己关注的其他用户的情况，也能够将自己的有关情况展示给其他用户；另一方面是媒介服务，按照用户的需求寻找合适的其他用户，采用了解情况、传递信息等方式居中斡旋，努力促成用户缔结亲密关系。婚恋交友平台通过以上功能吸引用户注册、获取经济利益。这种功能作用与《中华人民共和国民法典》对中介合同的定义“中介人向委托人报告订立合同的机会或者提供订立合同的媒介服务，委托人支付报酬的合同”中中介人的功能作用最为接近，网络婚恋交友平台属于婚恋中介服务提供者。该案判决实际上是基于民法的诚信原则，类比中介合同（《中华人民共和国合同法》称为居间合同）的有关法律规定，并基于《中华人民共和国网络安全法》的有关规定，认定网络婚恋交友平台作为婚恋中介服务提供者，应当履行身份审核、如实报告和安全保护义务，在故意隐瞒有关的重要事实或者提供虚假情况，未尽安全保护义务、损害用户利益的情况下，应当承担损害赔偿责任。

二、网络婚恋交友平台应当承担的义务

《中华人民共和国民法典》第九百六十二条规定了中介人应当承担向委托人如实报告的义务。国家质量监督检验检疫总局、国家标准化管理委员会于 2009 年 5 月 4 日发布的 GB/T 23861—2009《婚姻介绍服务》，其中第 7.2 条要求婚姻介绍服务机构承担“查验征婚者的身份证、户口簿、学历证书等身份证明文件”等具体责任。婚恋中介服务提供者应当对介绍、撮合的婚恋对象的有关事项向委托人如实报告，该种忠实义务主要要求包括：第一，中介人应将所知道的有关订约情况或者商业信息如实告知委托人或者相对人，不得故意隐瞒与订立合同有关的重要事实或者提供虚假情况；第二，不得对订立合同实施不利影响，影响合同的订立或者损害委托人的利益；第三，中介人对于所提供的信息、成交机会以及后来的订约情况，负有向其他人保密的义务。婚恋中介的目的虽然并非促成合同缔结，但促成的用户之间缔结亲密关系应当参照上述的中介人义务要求。

《中华人民共和国网络安全法》第九条、第十条、第二十四条等规定，表明了网络运营者负有身份审核和安全保护义务。基于网络婚恋交友平台引导撮合用户之间建立强信任关系的特点，网络婚恋交友平台更应充分履行以上义务，对于因技术能力和服务特性造成的身份核验、信息审核的实际情况应当向用户如实告知，不应隐瞒甚至错误诱导。

三、网络婚恋交友平台未依法履行义务时的法律责任

本案中，用户刘某心系通过××网的付费服务即用户推荐、推送服务而与诈

骗团伙假装的用户“幸福的××”建立联系，在此过程中，信息技术公司未向刘某心提示与对方用户“幸福的××”相关的所在地、职业、收入等基本信息未经核实，对刘某心进行了误导，违反了如实报告义务。同时，信息技术公司虽然在用户注册时采用了人脸识别方式对注册人身份进行验证，但对于诈骗团伙假装婚恋网站网友身份实施诈骗的行为，信息技术公司未采取充分措施予以识别、防范，确保账号使用人与注册人身份一致，表明信息技术公司未能充分履行安全保护义务。信息技术公司的推荐、推送和未如实描述会员信息、未充分核验用户身份的行为是刘某心建立对诈骗团伙成员信赖的原因之一。以上行为既违反了合同义务，也可以视为以误导陈述和未充分履行安全保护义务的方式侵权的行为，该行为与刘某心基于该信赖最终被诈骗存在一定的因果关系，信息技术公司对此存在过错，应当承担相应的侵权责任。

编写人：广州互联网法院　曹钰　戴瑜霞

4

算法运用者是算法错误结果的承责主体

——梁某、实业公司诉科技公司网络侵权责任案

【案件基本信息】

1. 裁判书字号

广东省广州市中级人民法院（2021）粤01民终29639号民事判决书

2. 案由：网络侵权责任纠纷

3. 当事人

原告（上诉人）：梁某、实业公司

被告（上诉人）：科技公司

【基本案情】

梁某是实业公司的法定代表人。A平台是科技公司运营的企业信用信息查询平台。

2021年3月24日，梁某、实业公司发现A平台关于梁某的《董监高投资任职及风险报告》中错误显示了与梁某无关的大量任职信息，显示梁某在与其无关的多家企业担任法定代表人、董事、监事、高级管理人员等职务，且该多家无关企业名下有失信、限高（限制高消费）、终本（终结本次执行程序）记录等。同时，A平台关于实业公司的《企业信用报告》显示该公司的法定代表人对外任职投资信息一栏也被错误关联了上述信息。梁某、实业公司主张科技公司的上述行为侵害了两主体的名誉权以及梁某的个人信息权益，故提起本案诉讼。科技公司则抗辩案涉关联行为是由于其平台算法错误关联造成，并非人为导致，要求驳回原告的全部诉讼请求。

【案件焦点】

1. 科技公司是否侵害梁某、实业公司的名誉权；2. 科技公司是否侵害梁某的个人信息权益；3. 如存在前述侵权，科技公司应如何承担民事责任。

【法院裁判要旨】

广州互联网法院经审理认为：科技公司应对算法造成的错误承担责任。算法输出的结果，归根结底是运用者意志的体现。算法的设计、部署、运行到算法的调整、补漏，均是人为实施的结果。科技公司对算法这一技术的利用本身即创设了危险发生的可能性，故而应当对危险后果承责。案涉有关梁某、实业公司的信用报告，因同名同姓主体的身份识别问题而出现错误，该错误类型非常典型、明显，不论科技公司是明知而不予解决，还是因疏忽大意而未注意到该问题，均应认为科技公司未尽到合理注意义务。案涉错误关联已造成对梁某、实业公司名誉权的损害，依法应当承担相应的民事责任。

案涉信用报告记录了梁某担任法定代表人的企业以及相关企业的司法案件信息，能够单独或者与其他信息结合识别到梁某本人，属于梁某的个人信息。

科技公司通过算法对已合法公开的个人信息进行处理，在未有证据表明梁某明确拒绝或者处理该信息侵害梁某重大利益的情况下，该处理行为并未违反相关规定。但对个人信息处理还应保证个人信息的质量，应避免因个人信息不准确、不完整对个人权益造成不利影响。现科技公司处理的有关梁某的个人信息有误，梁某有权要求科技公司予以更正、补充。同时，科技公司提供的证据不足以证明其对个人信息的处理没有过错，鉴于其行为侵害了梁某的个人信息权益，并造成损害，故应承担损害赔偿的侵权责任。

广州互联网法院依照《中华人民共和国民法典》第九百九十八条、第一千零三十七条之规定，作出如下判决：

一、科技公司在 A 平台梁某、实业公司的主页内，分别刊登对梁某、实业公司的致歉声明；

二、科技公司分别向梁某、实业公司各赔偿经济损失 30000 元；

三、科技公司向梁某、实业公司赔偿律师费、公证费损失共计 31200 元。

双方当事人不服一审判决，提起上诉。

广东省广州市中级人民法院同意一审裁判意见，依照《中华人民共和国民事诉讼法》第一百七十条第一款第一项之规定，作出如下判决：

驳回上诉，维持原判。

【法官后语】

一、大数据时代的算法司法规制

大数据与人工智能时代，算法已成为数据处理不可或缺的工具。随着算法运用的普及，涉算法侵权纠纷时有发生。该类纠纷通常表现为因算法模型漏洞、算法运行错误、算法歧视、算法自动化推荐不当等产生的侵权纠纷。

算法作为自动化工具的一种，最大的特征是去人为化。算法的输出目标一旦被设定，就会自动通过深度学习无限趋近。算法深度学习的结果，可能会与设计之初大相径庭。基于此，算法运用者往往以算法错误结果系由机器自动化决策造成进行抗辩。另外，算法的原理和互动机制具有一定的隐秘性，外界难以得知。

即使算法运用者披露了算法模型、机制机理，首先，算法具有一定的复杂性和专业性，难以从算法模型、机制机理本身评判其优劣。其次，算法的结果错误，可能源于算法模型本身的漏洞，算法部署和运行的错误，数据收集清洗的瑕疵等。最后，某些算法的模型设计、机制机理本身不一定有明显问题，但仅此也并不意味着算法运用者对错误结果不存在主观过错。

二、确立算法运用者的责任主体地位——否定“技术中立”

法律规制的对象只能是人的行为。算法运用者有关“技术中立”的抗辩，实质是对算法受法律规制的否认。实际上，算法是人机交互的结果。算法通过深度学习获得的“自我决策权”，是在人类设定的目标范围内所取得。算法的设计、部署、运行到算法的调整、补漏，均是人为实施的结果，算法的自我学习能力亦是算法设计者所赋予。算法设计者对算法基于外部实时网络环境作出的反应并非完全不可预测，对算法基于自我学习发生的运行偏差也完全有能力进行纠正。算法运用者对算法这一技术的利用本身创设了危险发生的可能性，因此，算法错误造成的损害，最终应由算法运用者承担。如以“技术中立”否认算法运用者的责任主体地位，将陷入算法错误无人承责，算法损害无从主张的境地，不符合民法公平原则和诚信原则。

三、审查算法运用者主观过错的“外观主义”规则

如前所述，对算法模型、机制机理进行审查，并不能有效解决算法运用者主观过错的认定问题。基于此，司法审查应将关注视角从技术本身转移到技术带来的权利、义务、责任关系变动，不拘泥于从算法本身审查主体过错，而是从外部动态要素综合考量算法运用者的主观过错，以此应对算法黑箱、算法复杂性专业性、机器自动学习等带来的审查干扰。

认定算法运用者的主观过错，应结合平台的法律主体地位、算法错误的明显程度、数据所涉权益的重要程度、平台规模、平台营利模式及获利情况等动态因素，在个性化的场景中综合判断。一方面，算法错误越常规、越明显，与业务的基础架构、底层建筑、功能发挥越相关，算法运用者未尽到相应注意义务，被认定为侵权的可能性就越大。另一方面，针对非敏感数据，在发生错误

结果时原则上应当允许算法运用者通过事后救济的方式予以纠正。针对敏感数据，应当要求算法运用者秉持更加审慎、严谨的态度，采取更为有效的核查手段。

四、算法责任的分配应考虑多方主体利益平衡

算法规制的最终目的，是在尽可能不牺牲社会公共利益的基础上，利用规则引导算法运用者、技术开发者自行消化算法不当结果导致的社会成本。一方面，要着重考虑数据主体的权益保护，充分救济其因遭受算法错误结果侵害带来的损失。另一方面，应使个案裁判发挥促进算法运用者优化算法模型机制机理、引导大数据产业良性健康发展的正面效应。同时，还应保障社会公众从算法运用、大数据产业发展中获得的公共利益，保障其知情权及信赖利益。

编写人：广州互联网法院　麦应华

三、违反安全保障义务责任纠纷

5

经营者未尽到安全保障义务应承担主要赔偿责任

——贺某燕诉王某涛等生命权、身体权、健康权案

【案件基本信息】

1. 裁判书字号

河南省郑州市中级人民法院（2021）豫01民终11429号民事判决书

2. 案由：生命权、身体权、健康权纠纷

3. 当事人

原告（被上诉人）：贺某燕

被告（上诉人）：王某涛

被告：商业管理公司、物联网管理公司

【基本案情】

2021年2月5日，贺某燕在美食广场路过王某涛所经营的一店铺中的柜台处滑倒摔伤，此时该店铺处于非营业状态。贺某燕受伤后被送至医院治疗，经诊断，骶4椎体骨折，断端错位。2021年2月5日、2月26日、4月3日，贺某燕到医院就诊，诊断证明：骶骨骨折。以上医疗费用共计1819元。通过开庭审理查明，置业公司与商业管理公司签订《房屋租赁协议》，房屋建筑面积：

2621.3平方米，租赁期限自2018年5月10日起至2025年5月9日止。经营范围为零售、餐饮、超市……2020年11月5日，商业管理公司与王某涛签订《租赁合同》，约定王某涛承租商铺编号为整体餐饮区，建筑面积1200平方米……租赁期限自2020年11月6日至2020年11月5日……乙方（王某涛）独立经营、自负盈亏，并独立承担在经营活动中产生的一切责任。随后双方又签订了《安全管理责任书》《商品质量保证协议》《餐饮业商户特别规定》。同时查明，物联网管理公司系涉案商场的物业管理方。

【案件焦点】

本案侵权的责任主体及双方承担赔偿责任比例应如何划分。

【法院裁判要旨】

河南省郑州市二七区人民法院经审理认为：行为人因过错侵害他人民事权益造成损害的，应当承担侵权责任。侵害他人造成人身损害的，应当赔偿医疗费、护理费、交通费、营养费、住院伙食补助费等为治疗和康复支出的合理费用，以及因误工减少的收入。被侵权人对同一损害的发生有过错的，可以减轻侵权人的责任。王某涛作为美食广场的实际经营人应保证其租赁店铺范围内的道路干净、平整，因店铺地面积水导致贺某燕路过时滑倒，王某涛未做到管理责任，应对本案的纠纷承担80%的责任，贺某燕未尽到注意义务承担20%的责任。

河南省郑州市二七区人民法院依照《中华人民共和国民法典》第一千一百六十五条、第一千一百七十三条、第一千一百九十八条，《最高人民法院关于审理人身损害赔偿案件适用法律若干问题的解释》第六条第一款及《中华人民共和国民事诉讼法》第六十四条第一款的规定，作出如下判决：

一、王某涛于本判决生效之日起十日内赔偿贺某燕医疗费、误工费、营养费、护理费、交通费等共计16166.72元；

二、驳回贺某燕的其他诉讼请求。

王某涛不服一审判决，提起上诉。

河南省郑州市中级人民法院经审理认为：《中华人民共和国民法典》第一千一百九十八条第一款规定，宾馆、商场、银行、车站、机场、体育场馆、娱乐场所等经营场所、公共场所的经营者、管理者或者群众性活动的组织者，未尽到安全保障义务，造成他人损害的，应当承担侵权责任。本案中，王某涛经营管理的美食广场作为开放式场所，其无论是在经营期间还是在闭店时刻，均负有一定的安全保障义务。贺某燕在途经王某涛经营管理的一店铺的柜台外时摔伤，从视频资料显示的情形看，并非仅因贺某燕穿高跟鞋所致，而系地面湿滑引发，据此，一审法院认定王某涛作为经营管理者应对贺某燕摔伤承担主要责任并认定其承担责任的份额为80%，实体处理并无不当。

河南省郑州市中级人民法院依照《中华人民共和国民事诉讼法》第一百七十条第一款第一项的规定，作出如下判决：

驳回上诉，维持原判。

【法官后语】

本案涉及美食广场内的租赁场地存在安全隐患导致侵权的法律责任问题。

一、经营“开放式空间”法律责任主体分析

民事主体要成为诉讼案件中的适格主体，必须与诉讼案件有法律上的权利义务关系，即直接利害关系。本案所涉纠纷为生命权、身体权、健康权纠纷，从本案查明的事实和双方提供的证据来看，贺某燕作为遭受人身损害的原告，在维护自身合法权益时需要起诉“适格的被告”，若起诉被告主体不当，将影响其实体权益的实现。就本案来讲，与遭受人身损害的纠纷没有直接利害关系的自然人或者法人不能作为“适格的被告”。

本案中，贺某燕在开放式的空间活动遭受人身伤害，涉及法律关系主体众多，有商铺的实际经营者、商铺的出租方，还有美食广场的物业管理方，从诉讼主体上看，以上三方均可作为被告。在一审阶段，商业管理公司作为出租方、物联网管理公司作为涉案空间内的物业管理方被提起诉讼，他们是否为“适格的被告”还需依法处理。王某涛与商业管理公司签订的《租赁合同》，约定“承租区域的卫生、清洁、消防、人员安全等日常管理工作，甲方（商业管理公司）不承担管理责任”。而通过审理查明，王某涛承租区域内的日常保洁打扫工作不在物业公司的管理服务范围。王某涛作为租赁美食广场柜台的实际经营者，应履行经营场地内的日常管理义务和合约确定的其他义务。因其怠于行使相关义务致使贺某燕人身受到伤害的，与本案的侵权行为具有法律上的利害关系，应当为本案的适格被告，承担过错行为的法律责任。

二、赔偿责任比例承担的析理

本案属于在开放式空间发生的人身损害赔偿责任纠纷，王某涛作为开放空间内租赁商铺的实际经营者，应对进入其营业场所的人员尽到合理限度范围内人身、财产安全的保障义务，这是法定强制性义务。根据《中华人民共和国民法典》第一千一百九十八条第一款规定：“宾馆、商场、银行、车站、机场、体育场馆、娱乐场所等经营场所、公共场所的经营者、管理者或者群众性活动的组织者，未尽到安全保障义务，造成他人损害的，应当承担侵权责任。”

聚焦该案，王某涛作为美食广场的实际经营人应保证其租赁店铺范围内的道路干净、平整，应该尽到管理责任。在其经营的店铺地板积水较滑的情况下应采取防护措施如铺设地垫、设置警示标志、及时组织人员进行提示等保障进入营业场所人员的人身安全，因店铺地面积水导致贺某燕路过时滑倒，对原告的人身伤害应承担未尽到安全保障义务的赔偿责任。而王某涛作为经营者未履行好安全保障义务，致本次纠纷发生，存在较大过错，对原告的损失应承担主要赔偿责任；贺某燕作为完全民事行为能力人，行走时未尽到谨慎注意义务，对损害结果的发生，具有一定过错，应承担次要责任。综合考虑双方过错及损害后果，遵循公平原则，一审法院酌定针对贺某燕损失由其自行承担20%的责任，王某涛承担80%的责任。二审法院依法维持了原判，彰显了该案裁判的公正性，切实维护了当事人的合法权益。

编写人：河南省郑州市二七区人民法院　张彦鹏　王京州

6

安全保障义务的适用需满足责任主体和责任限度两个条件

——黄某荣、张某兰诉交通投资公司等生命权、健康权、身体权案

【案件基本信息】

1. 裁判书字号

云南省昆明市中级人民法院（2021）云01民终3367号民事判决书

2. 案由：生命权、健康权、身体权纠纷

3. 当事人

原告（上诉人）：黄某荣、张某兰

被告（被上诉人）：交通投资公司、甲市地方公路管理段

被告：甲市人民政府、投资开发公司、甲市交通运输局、某省交通运输厅、乙市交通运输局

【基本案情】

黄某会于1997年5月15日出生，母亲张某兰、父亲黄某荣。其与母某尧、周某波、作某林原系工程机械公司的员工，平时吃饭及住宿均在公司里面。2019年5月29日晚，四人先在公司吃饭，其间，黄某会、作某林分别喝了一碗白酒。吃完饭后，黄某会邀约母某尧、周某波、作某林去往投资开发公司中小企业孵化基地后面的水塘拿鱼。该基地北边系A公路，该线路呈东西走向，路两边有隔离护栏，A公路在工业园区处设有一个过水涵洞及一个下穿式交通涵洞。交通涵洞供车辆及行人通行，过水涵洞距离交通涵洞100米左右，此处无道路通行至此。因为自然流水的原因，在涵洞出水口处形成了一个水塘，水深1.2米左右，水塘内有呈东西走向的铁丝网隔离栏。事发当晚，四人来到水

塘处，黄某会自己一人下水拿鱼，另外三人未下水，在水塘拿鱼过程中，黄某会钻入涵洞中死亡。黄某会的死亡原因经甲市公安局刑事科学技术室出具检验报告，检验意见为“黄某会尸体上未检见机械性外力损伤痕迹”。事故发生后，经过人民调解委员会调解，母某尧、周某波、作某林、工程机械公司向黄某会父母支付120000元。另查明，A公路系国道，该项目的业主系交通投资公司，至今未竣工验收，先行投入使用后由甲市地方公路管理段管理维护。

【案件焦点】

七被告是否应当为黄某会的死亡承担赔偿责任。

【法院裁判要旨】

云南省安宁市人民法院经审理认为：公民的生命健康权受法律保护。根据《中华人民共和国侵权责任法》第六条、第三十七条的规定，对本案的责任认定作如下评析：

首先，关于黄某会死亡原因及地点的问题，根据检验报告，检验意见为“黄某会尸体上未检见机械性外力损伤痕迹”，通过检验报告，排除了刑事犯罪的可能，至于真正的死亡原因，无法确定，根据《最高人民法院关于适用〈中华人民共和国民事诉讼法〉的解释》第九十条的规定，原告应当承担举证不利的后果。至于死亡地点，根据甲市消防救援大队的救援经过可以判断，黄某会死亡的地点为A公路下方过水涵洞。

其次，关于涵洞管理机关的问题，交通投资公司作为A公路建设的业主，该公路项目未竣工验收，但已实际投入使用，其对该公路应有相应的管理责任。A公路改扩建工程，事发路段属于国道，现公路实际由甲市地方公路管理段管理维护，因此甲市地方公路管理段系事发路段的管理机关。因交通投资公司、甲市地方公路管理段可依法独立承担相应的民事责任，根据法律规定，故本院确定交通投资公司、甲市地方公路管理段作为黄某会死亡地点的责任主体。甲市人民政府、投资开发公司、甲市交通运输局、某省交通运输厅、乙市交通运输局非本案适格的被告，原告要求上述五被告承担赔偿责任无事实及法律依据，本院不予支持。

最后，关于侵权责任的承担。第一，本案是否适用安全保障义务。本院经查明，事发地点的过水涵洞不属于车辆、行人通行的地方，涵洞自然流水形成的水塘也与日常生活中的鱼塘性质不同，并且事发地点无道路通行至此，因此事发地点不属于公共场所，交通投资公司、甲市地方公路管理段不负有事发地点的安全保障义务。第二，通过侵权责任的构成要件分析，原告应当就七被告存在违法行为、主观过错，产生损害后果，损害后果与违法行为之间存在因果关系承担举证责任。但是原告提交的证据仅能证明死者在饮酒后与案外人相约一同到水塘拿鱼导致死亡这样一个事实。黄某会作为一名完全民事行为能力人，理应预见到饮酒后去水塘拿鱼的危险性，并且根据事发时的时间点来判断，事发的时候已经临近天黑，会导致其人身危险性进一步增加。对此类危险后果的预见性，不需要管理机关事先的警告、提醒，而是自身应当提高安全意识，避免危险的发生。事发地点的水塘水深1.2米左右，并且还有同行人员，水塘本身不足以发生危及死者生命安全的危险，之所以发生死者死亡的悲剧，是因为死者自己钻入涵洞所致，并非事发地的实际管理者侵权行为造成。结合过水涵洞所处的位置，该危险的发生，超出了事发地点实际管理者所能预见到的范围，死者作为完全民事行为能力人，应当对自身的行为带来的后果具有一定的预见性并承担相应的责任。通过庭审查明的事实，七被告对死者的死亡不存在过错，因此不应当承担赔偿责任。

因母某尧、周某波、作某林、工程机械公司非本案的当事人，经本院释明，原告明确表示不追加上述当事人作为本案的被告，对其责任问题，本院不予评析。

综上所述，从法理的角度分析，因黄某会的死亡系自身行为造成，应当自己承担责任。因此，对原告的各项诉讼请求，本院不予支持。

云南省安宁市人民法院依照《中华人民共和国侵权责任法》第六条、第三十七条，《最高人民法院关于适用〈中华人民共和国民事诉讼法〉的解释》第九十条之规定，作出如下判决：

驳回黄某荣、张某兰的全部诉讼请求。

黄某荣、张某兰不服一审判决，提起上诉。

云南省昆明市中级人民法院经审理认为：本案的争议焦点是两被上诉人是否应承担侵权赔偿责任。上诉人主张两被上诉人交通投资公司、甲市地方公路管理段对死者黄某会的死亡后果承担侵权赔偿责任，对此其应当举证证明其主张的侵权主体存在侵权行为、产生的损害后果、侵权行为与损害后果之间存在因果关系等。而根据本案审理查明的事实，死者黄某会的死亡地点系公路下方的过水涵洞，死亡过程为，事发当晚，四人来到水塘处，黄某会自己一人下水拿鱼，另外三人未下水，在水塘拿鱼的过程中，黄某会独自钻入涵洞中导致死亡，之后黄某会的死亡原因经甲市公安局刑事科学技术室出具检验报告，检验意见为“黄某会尸体上未检见机械性外力损伤痕迹”。从上述事实过程分析来看，正如一审所述，公路下方过水涵洞系特定用途的场所，并非提供给普通大众的日常生活公共场所，且死者黄某会作为完全民事行为能力人系主动钻入涵洞摸鱼，其对行为给自身安全造成的严重危险性放任不管而直接导致损害后果的发生，故该损害后果的发生系由其自身过错原因导致，两被上诉人作为涵洞的管理人不应对此损害后果承担超出预见范围的安全管理义务，不应承担侵权损害赔偿责任。综上，上诉人的上诉主张不能成立，本院予以驳回。一审判决认定事实清楚，适用法律正确，本院予以维持。

云南省昆明市中级人民法院依据《中华人民共和国民事诉讼法》第六十四条、第一百七十条第一款第一项之规定，作出如下判决：

驳回上诉，维持原判。

【法官后语】

根据《中华人民共和国民法典》第一千一百九十八条规定：“宾馆、商场、银行、车站、机场、体育场馆、娱乐场所等经营场所、公共场所的经营者、管理者或者群众性活动的组织者，未尽到安全保障义务，造成他人损害的，应当承担侵权责任。因第三人的行为造成他人损害的，由第三人承担侵权责任；经营者、管理者或者组织者未尽到安全保障义务的，承担相应的补充责任。经营者、管理者或者组织者承担补充责任后，可以向第三人追偿。”本条规定对

《中华人民共和国侵权责任法》第三十七条进行了修改，修改的内容主要体现在两个方面：一是对第一款的修改，通过列举的方式增加了机场、体育场馆这两类典型的公共场所；二是将安全保障义务主体表述由原来的“公共场所的管理人”调整为“经营场所、公共场所的经营者、管理者”。因此，关于安全保障义务的适用问题，应从两个维度进行把握，首先需要判断责任主体是否是本条列举的经营场所、公共场所的经营者、管理者，其次需要严格适用条件，经营场所、公共场所的经营者、管理者的安全保障义务范围应限于应尽合理限度范围内的使他人免受人身及财产损害的义务，与其管理和控制能力相适应。

本案当中，事发当晚，死者黄某会饮酒后邀约其余三人到公路下方的过水涵洞拿鱼，黄某会独自一人下水拿鱼，另外三人未下水，在水塘拿鱼的过程中，黄某会钻入涵洞中死亡。关于本案的责任承担问题，首先，需要查明事发地的责任主体是谁，本案当中，交通投资公司作为A公路建设的业主，该公路项目虽未竣工验收，但已实际投入使用，其对该公路应有相应的管理责任。A公路改扩建工程，事发路段属于国道，现公路实际由甲市地方公路管理段管理维护，因此甲市地方公路管理段系事发路段的管理机关。故交通投资公司、甲市地方公路管理段系事发地点的责任主体。排除了甲市人民政府、投资开发公司、甲市交通运输局、某省交通运输厅、乙市交通运输局系事发地点的责任主体，上述五被告因不是事发地点的责任主体，故无须承担责任。

其次，关于安全保障义务的适用问题，因公路下方过水涵洞系特定用途的场所，并非提供给普通大众的日常生活公共场所，因此事发地点的管理者交通投资公司、甲市地方公路管理段不属于经营场所、公共场所的经营者、管理者，他们不是安全保障义务的适格主体。另外经营场所、公共场所的经营者、管理者承担责任的范围应限于应尽合理限度范围内的使他人免受人身及财产损害的义务，超出该范围，则安全保障义务人无须承担责任，本案通过责任主体及责任范围两个方面进行了全面分析说理，厘清了安全保障义务的边界，对同类案件具有一定的借鉴意义。

编写人：云南省安宁市人民法院　道永升

7

安全保障义务人是否承担次要责任应根据个案情况做具体分析

——周某丰等诉西饼店、食品公司生命权、身体权、健康权案

【案件基本信息】

1. 裁判书字号

浙江省丽水市中级人民法院（2021）浙 11 民终 1170 号民事判决书

2. 案由：生命权、身体权、健康权纠纷

3. 当事人

原告（被上诉人）：周某丰、周惠芬、周某华、周某俊

被告（上诉人）：西饼店、食品公司

【基本案情】

2021 年 4 月 2 日 18 时 48 分，受害人潘某妹手持蛋糕券前往蛋糕店领取蛋糕，步行至该店门口处发生意外，撞到了该店的落地玻璃，往后踉跄两步后摔下台阶致后脑着地受伤，被送往医院经抢救无效后于 2021 年 4 月 6 日死亡。受害人潘某妹的配偶周某丰及子女周惠芬、周某华、周某俊认为本案蛋糕店店面落地玻璃通透明亮，没有任何警醒提示标志，与旁边的正门相映照，极易让人以为落地玻璃处系该店入口，且该店门口步道狭窄、紧临台阶，未设置扶手等任何防护设施，致使潘某妹发生意外死亡，应承担全部责任，故起诉本案蛋糕店店面经营管理人西饼店、食品公司，要求其赔偿全部损失。西饼店、食品公司认为涉案蛋糕店店面大门边框采用加宽设计，有木质把手，顶部有英文字母与数字标识，门口处铺有深色地毯，位置明显，不易让人产生错觉，台阶高度

仅为0.462米且非临空面，根据《民用建筑设计通则》，不需要设置防护设施，并在老人摔倒后立即采取救护措施，已经尽到安全保障义务。老人摔倒的原因系自身误将落地玻璃当门，不应由被告承担主要责任。本院认定因本次事故造成潘某妹死亡的损失包括：死亡赔偿金52397元/年×5年=261985元；丧葬费36039元；医疗费66268.25元（包括被告已支付的30000元）；精神损害抚慰金50000元；交通费10元/天×4天=40元；合计414332.25元。

【案件焦点】

1. 西饼店、食品公司有无尽到安全保障义务；2. 若未尽到安全保障义务，应承担多少比例的赔偿责任。

【法院裁判要旨】

浙江省丽水市莲都区人民法院经审理认为：宾馆、商场、银行、车站、机场、体育场馆、娱乐场所等经营场所、公共场所的经营者、管理者或者群众性活动的组织者，未尽到安全保障义务，造成他人损害的，应当承担侵权责任。案涉店面临街面的装修采用落地玻璃设计，从事发当时的录像来看，当时天色已经渐暗、店内开灯，店内亮、店外暗的明暗关系使分隔店内外落地玻璃的存在变得易于被人忽略，但是该落地玻璃上却未设置明显的警示标志，故涉案店铺的经营管理者未尽到合理限度内的安全保障义务，应承担相应的侵权责任；受害人潘某妹行走时未注意观察大门的位置，误将落地玻璃当成门，以致撞到玻璃后倒地身亡，其自身的存在过错；故酌情确定西饼店、食品公司承担50%的赔偿责任。

浙江省丽水市莲都区人民法院依照《中华人民共和国民法典》第一千一百七十三条、第一千一百七十九条、第一千一百八十三条、第一千一百九十八条，《最高人民法院关于审理人身损害赔偿案件适用法律若干问题的解释》第六条、第九条、第十四条、第十五条，《中华人民共和国民事诉讼法》第六十四条的规定，作出如下判决：

西饼店、食品公司于本判决生效之日起十五日内赔偿原告周某丰、周惠芬、周某华、周某俊人民币177166.13元。

西饼店、食品公司不服一审判决，提出上诉。

浙江省丽水市中级人民法院经审理认为：西饼店、食品公司作为店铺经营管理者，对门店及店门口区域具有服务管理责任，对服务区域内活动的人要进行必要的警示、说明、通知等，针对老年人、未成年人及残疾人等，应负有更为审慎的注意义务，以预防损害的发生。涉案店铺落地玻璃上未张贴警示标识或其他足够引起他人注意的标志，以致落地玻璃容易让人忽视而发生事故，对本次事故应承担相应的赔偿责任。受害人潘某妹作为年逾八旬的老人，在步行台阶时应对自身安全尽到更为谨慎的注意义务，规避可能致使其受伤的不利因素，然其在行走时一直低头而未观察大门的位置，以致撞上玻璃后倒地经抢救无效死亡，其自身亦存在过错，应承担一定的过错责任。因此，一审法院根据事故发生的原因、双方各自的过错程度，酌情确定上诉人按50%的比例承担赔偿责任，并无不当。

浙江省丽水市中级人民法院依照《中华人民共和国民事诉讼法》第一百七十条第一款第一项规定，作出如下判决：

驳回上诉，维持原判。

【法官后语】

本案事实清楚，双方均无争议，且均认可自己一方应承担相应责任。从本案客观事实出发，死者及店铺的经营管理者，双方均存在过错，均应对损害结果的发生承担部分责任，即双方中没有一方可以免责。本案核心的争议在于，被告方应承担的具体责任比例问题。

本案中，对造成死者摔倒损害后果的行为进行分析，死者系积极作为方，被告系消极不作为方。负有安全保障义务的主体未尽到安全保障义务时，受害人因自身过错而致损，大多数情况下由受害人承担主要责任，但这并不能当然成为本案判决被告承担次要责任的理由，因为每个案件的情况并不相同。就个案而言，被告作为经营者应承担的责任是否必然是次要责任，并不能一概而论，而应具体问题具体分析。本案中，一、二审法院判决被告承担50%的责任，笔者认为，并无不当。

第一，通体透明落地玻璃的设计确实存在安全隐患。将通体透明的落地玻璃作为建筑物内外分隔的物，在人们不注意的情况下，确实存在撞上去的风险，很多人也都存在撞到玻璃上的不愉快体验。大多数人撞到玻璃后也并不会造成损害后果，但这并不能证明这种设计的安全隐患不存在。事故发生时，屋里开着灯、屋外光线暗、中间隔着透明玻璃，在该环境下，忽略玻璃存在的风险又进一步增加。

第二，店铺经营管理者消除上述安全隐患的成本很低。虽然通体透明落地玻璃的设计存在安全隐患，因消除该安全隐患的成本非常低，故采用落地玻璃设计的建筑非常多。例如，一些尚未施工完成的建筑，用涂料在玻璃上涂上“注意玻璃”，或者用不透明的胶带在玻璃上贴个“×”等；在已经投入使用的建筑中，在玻璃墙边摆设几盆盆栽或者在玻璃上张贴一些图案（也包括广告、海报）等，就可以有效地引起行人的注意。但本案的透明玻璃上无任何提醒标识。

第三，结合以上两点，店铺经营管理者通体透明落地玻璃的设计确实存在安全隐患，而安全隐患在极易消除且消除成本很低的情况下，店铺经营管理者未积极作为消除安全隐患，放任风险继续存在，因此店铺经营管理者存在明显的过错。从经济分析法学的角度，一、二审法院判决被告承担50%的责任，并无不当。

另外，裁判者在裁判时，不仅仅要考虑双方当事人之间的权利义务关系，同时应考虑判决对公众的指引功能。本案一审、二审判决，在准确划分原、被告权利义务的基础上，对于宾馆、商场、银行、车站、机场、体育场馆、娱乐场所等经营场所、公共场所的经营者、管理者或者群众性活动的组织者，未尽到安全保障义务，造成他人损害的具体情形进行了探讨，通过判决积极引导相应的安全保障义务的保障者积极排查安全隐患、排除安全风险，从而减少纠纷的发生。

编写人：浙江省丽水市莲都区人民法院　朱海峰　周苏琦

8

娱乐场所经营者对消费者过度娱乐行为的安全保护责任

——廖某文、何某琴诉韦某双等生命权案

【案件基本信息】

1. 裁判书字号

广西壮族自治区柳州市中级人民法院（2021）桂 02 民终 3206 号民事判决书

2. 案由：生命权纠纷

3. 当事人

原告（上诉人）：廖某文、何某琴

被告（被上诉人）：韦某双、李某权、覃某发

【基本案情】

原告廖某文、何某琴系死者廖某朝的父母，被告韦某双系娱乐场所经营者，被告李某权、覃某发系与死者廖某朝同行的朋友。

2020 年 9 月 7 日 22 时左右，廖某朝与朋友即被告李某权、覃某发到由被告韦某双经营并管理的音响体验馆包厢内唱歌饮酒娱乐，此次活动从 9 月 7 日晚上持续进行至 2020 年 9 月 8 日清晨。待廖某朝的同行朋友离去后，廖某朝仍独自一人裸露上身躺在体验馆包厢内，未有任何衣物或物品遮盖保暖。该体验馆工作人员叶某在 2020 年 9 月 8 日 13 时发现死者异常后拨打 120 进行急救，并拨打 110 进行报警。

另查明，医院出具的居民死亡医学证明推断书载明：死者姓名为廖某朝，死亡时间为 2020 年 9 月 8 日，死亡原因为猝死。

【案件焦点】

1. 娱乐场所的经营者对消费者过度娱乐行为是否存在安全保障义务；2. 本案责任比例的认定。

【法院裁判要旨】

广西壮族自治区柳州市柳南区人民法院经审理认为：被告韦某双对于死者廖某朝裸露上身彻夜唱歌饮酒、酒后不着衣物躺卧沙发等过度娱乐行为，是可以预见到其会产生身体不良反应的风险的，对廖某朝过分娱乐行为可能面临的风险亦应做好充分预见防范措施，韦某双作为娱乐场所的管理者应尽到安全保障义务，而韦某双仅口头叮嘱工作人员照看廖某朝，却因疏忽大意而未能尽到适当的管理和照看义务，对于廖某朝的死亡存在一定过错。在责任比例的认定上，廖某朝本人作为完全民事行为能力人，明知自己的过度娱乐行为可能会让身体产生沉重负担，仍将自身陷于风险中，对自身的死亡承担主要过错；又由于原告廖某文、何某琴放弃要求被告李某权、覃某发进行责任承担，综合考虑本案实际情况和双方过错程度，韦某双应对因廖某朝死亡产生的赔偿费用负10%的赔偿责任。

广西壮族自治区柳州市柳南区人民法院依照《中华人民共和国合同法》第一百二十条、第一百二十二条，作出如下判决：

一、被告韦某双向原告廖某文、何某琴赔偿医疗费、死亡赔偿金、误工费、交通费、丧葬费合计73588.9元；

二、驳回原告廖某文、何某琴的其他诉讼请求。

廖某文、何某琴不服一审判决，提起上诉。

广西壮族自治区柳州市中级人民法院经审理认为：廖某朝应明知通宵饮酒有害身体健康，且自身体形较胖却未注意防范过度娱乐行为的风险，仍彻夜在娱乐场所内裸露上半身饮酒娱乐，最终导致猝死结果的发生，应承担主要过错责任；被告韦某双作为娱乐场所的经营者，未对消费者尽到合理的安全保障义务，因其疏忽导致了损害结果的发生，故要求韦某双承担10%的赔偿责任。

广西壮族自治区柳州市中级人民法院依据《中华人民共和国民事诉讼法》

第一百七十条第一款第一项之规定，作出如下判决：

驳回上诉，维持原判。

【法官后语】

随着社会经济的发展，公众的娱乐方式日趋丰富，音响体验馆等娱乐场所因其私密性强、自由度高且有高度社交性而备受欢迎。但是，其中的娱乐者经常在大量饮酒的同时进行过度娱乐，因身体疾病等原因，突发疾病甚至死亡的情况时有发生，死者家属也屡屡要求娱乐场所经营者赔偿损失。在这其中，娱乐场所往往不存在一般经营场所、公共场所的安全防范设施缺乏的问题，主要是基于娱乐者自身的过度娱乐行为而发生事故，这就产生了娱乐场所经营者对于过度娱乐行为是否存在安全保障义务，如何界定其中的义务标准问题。

安全保障义务是公共场所的管理者应承担的保护活动参加者人身及财产安全的法定义务，法理基础是社会活动安全注意义务，其目的是保护他人的人身和财产安全，主要内容是要求义务人必须采取一定的行为来维护他人的人身或者财产免受侵害。《中华人民共和国民法典》第一千一百九十八条第一款有相关规定，即宾馆、商场、银行、车站、机场、体育场馆、娱乐场所等经营场所、公共场所的经营者、管理者或者群众性活动的组织者，未尽到安全保障义务，造成他人损害的，应当承担侵权责任。经营者承担的安全保障义务包括如下方面：提供安全防范设施设备，并确保其正常运行；说明、通知、协助、照顾等附随义务；在致害行为发生后，安全保障义务人应当及时给予受害人必要的帮助，如报警、送医等。

在娱乐场所中，娱乐者在日常工作繁忙之余放纵、过度娱乐的情况在所难免，并未超出经营者的合理预见范围，故应当存在相应的安全保障义务。判断娱乐场所经营者是否尽到安全保障责任，应当从下列因素中考虑：

（1）过度娱乐行为的方式、持续时间。具体到本案中，虽然该廖某朝所处的包厢无明显的危险设施，但是娱乐场所内时有发生的过度娱乐行为仍具有一定的危险性，如特定体质的人可能会对通宵行为产生不适、饮酒行为易让人处于意识模糊的状态以至于自身难以察觉危险。廖某朝长时间醉酒、脱掉上衣裸露上半身的行为已经属于具有一定危险性的过度娱乐行为。

（2）安全保障义务人是否具有预防、控制损害的行为。娱乐场所经营者除了在事前于醒目的位置粘贴相关危险提示的标语之外，还应当具有一定的预防、控制过度娱乐的义务，如通过送食品的服务员了解、及时劝阻过度娱乐行为，在娱乐结束后防止过度娱乐者长期滞留无人看管的娱乐场所，必要时采取及时联系医生、警察等措施。本案中，经营者假如及时发现情况，是可以协助廖某朝回到住所的，并且也有能力在意识到廖某朝异常后及时、恰当地采取联系医生、警察等措施，在义务人给予注意和防范下，是存在避免损害结果发生的可能性的。但是，在娱乐过程中，经营者并无及时了解、劝阻行为。在廖某朝朋友散场后，工作人员见到裸露上身躺在包厢的廖某朝，按照日常经验法则应当意识到醉酒状态下长时间没有衣物的遮盖保暖会使身体处于危险状态中，应当预见到该行为可能会导致损害而没有预见，贻误了救治时机，虽然发现情况后拨打了救助电话并通知了警察，但最终未能有效降低或减轻损害的后果。

（3）安全保障义务人对过度娱乐行为的担责限度。根据其疏于提醒、注意、救助的行为与损害结果加重之间具有的因果关系，仅以未能阻止损害扩大的范围为限。从立法目的来看，安全保障义务之规定是为了促使安全保障义务人作出一定必要且适当的行为保护场所内的人员免受不当危险的侵害，但这并不意味着受害者可以免除照顾自己人身安全的义务。安全保障义务是一种注意义务，其目的不在于完全避免损害结果的发生，而是注重“履行”必要且适当的防范行为。对于娱乐场所管理者而言，只要其对经营场所内可能产生的安全隐患进行了足够的防范、警示及救助措施，那么其就尽到了这种注意义务。在本案中，廖某朝的行为属于自陷风险，作为行为者应当是主要过错方。娱乐场所工作人员无法预见廖某朝的身体健康状况，虽未能阻止损害结果的发生但其在察觉到异常后拨打了救助电话并通知了警察，不应过分苛责于被告未能阻止损害结果的发生，故判令被告韦某双承担10%的赔偿责任已充分考虑了过错相适应的原则，这种责任分担方式，符合侵权损害赔偿的比例原则，也与民法的公平精神相契合，较为合情合理。

本案的典型意义在于基于娱乐场所的特殊性对其中的安全保障义务进行了标准化判断，结合了安全保障义务的一般判断标准对过度娱乐行为的发现、预防、救助等方面进行了界定，对此类案件的审理具有一定的参考价值。

编写人：广西壮族自治区柳州市柳南区人民法院　卢怡振

9

非营利性“公共场所”管理人的安全保障义务审查

——赵某梅诉物业公司健康权案

【案件基本信息】

1. 裁判书字号

福建省厦门市中级人民法院（2021）闽02民终1182号民事判决书

2. 案由：健康权纠纷

3. 当事人

原告（上诉人）：赵某梅

被告（上诉人）：物业公司

【基本案情】

赵某梅并非A小区业主，由于其小孩在A小区上补习班，赵某梅经常至该小区接送小孩。2019年6月26日，天气情况为小雨，赵某梅骑电动车进入A小区接小孩下课，在小区内骑行时不慎摔倒受伤。之后，赵某梅被送往厦门市中医院入院治疗，诊断结果为左踝关节粉碎性骨折，共住院30天，花费医药费58440.99元。2019年11月，赵某梅起诉请求A小区的物业公司赔偿其经济损失316533.59元。审理过程中，物业公司确认A小区内的道路上准许骑行电动车；小区保安岗亭会对来访人员进行询问，来访人员说明事项后会放行进入小区。

【案件焦点】

物业公司是否应对赵某梅在 A 小区内摔倒受伤承担赔偿责任。

【法院裁判要旨】

福建省厦门市湖里区人民法院经审理认为：A 小区内的道路上平时准许电动车骑行，而事发当天的天气情况又为小雨，此种情况下骑行电动车势必存在安全隐患。物业公司作为 A 小区的管理者，应对小区内的业主以及正常访客尽到安全保障义务，故酌定物业公司对赵某梅的损失承担 20%的赔偿责任。

福建省厦门市湖里区人民法院依照《中华人民共和国侵权责任法》第六条第一款、第十六条、第二十二条、第二十六条、第三十七条第一款之规定，作出如下判决：

一、物业公司于判决生效之日起七日内赔偿赵某梅 62598 元；

二、驳回赵某梅的其他诉讼请求。

赵某梅、物业公司不服一审判决，提出上诉。

福建省厦门市中级人民法院经审理认为：法律之所以对宾馆、商场、银行、车站、娱乐场所等这类公共场所特别设定安全保障义务，是因为这类场所的特殊性，这种特殊性主要表现在安全保障义务人与受保护的人之间的一种较为紧密的关系，如缔约磋商关系或合同法律关系。居民住宅小区属于该小区居民的活动场所，虽然小区业主与物业公司也会订立相关的物业管理合同，但这种合同有一定的局限性，仅限于该小区业主与物业公司之间就物业管理上的约定，显然与上述规定的公共场所不是一个类项。由于赵某梅非涉案地 A 小区业主，因此其与物业公司之间自然没有相关的物业管理合同。赵某梅主张，物业公司允许非业主进出小区，就应当提高安全保障义务的程度。但是，事故当天是下雨天气，赵某梅是骑行电动车在平坦的路面上摔倒的，“雨天路滑”是所有普通正常人的基本常识，即使周围没有相关的提示，赵某梅也应当有基本的自我安全注意义务。当然，如果说是因为小区内部公共区域的路面改造而产生的路面障碍或坑洼，如路面堆土、挖坑，物业公司没有设置警示标识而发生意外事故，作为物业管理公司自然要承担责任，而本案并不存在类似情况。因此，赵某梅要求物业公司承担责任是缺乏依据的。

福建省厦门市中级人民法院依照《中华人民共和国民事诉讼法》第六十四条、第一百七十条第一款第二项的规定，作出如下判决：

一、撤销福建省厦门市湖里区人民法院民事判决；

二、驳回赵某梅的全部诉讼请求。

【法官后语】

安全保障义务首次规定于《最高人民法院关于审理人身损害赔偿案件适用法律若干问题的解释》第六条第一款，即“从事住宿、餐饮、娱乐等经营活动或者其他社会活动的自然人、法人、其他组织，未尽合理限度范围内的安全保障义务致使他人遭受人身损害，赔偿权利人请求其承担相应赔偿责任的，人民法院应予支持”。后《中华人民共和国侵权责任法》第三十七条在司法解释的基础上对安全保障义务的主体进行了更为详细的列举，规定“宾馆、商场、银行、车站、娱乐场所等公共场所的管理人或者群众性活动的组织者，未尽到安全保障义务，造成他人损害的，应当承担侵权责任”。《中华人民共和国民法典》第一千一百九十八条则基本保留了《中华人民共和国侵权责任法》第三十七条的体例，但新增加了“机场”“体育场馆”两类安全保障义务的主体，且对“经营场所”和“公共场所”的表述作了区分，规定“宾馆、商场、银行、车站、机场、体育场馆、娱乐场所等经营场所、公共场所的经营者、管理者或者群众性活动的组织者，未尽到安全保障义务，造成他人损害的，应当承担侵权责任”。“经营场所”和“公共场所”具体应如何界定，以及针对“经营场所”和“公共场所”在安全保障义务的标准方面是否应该适用不同的裁判规则呢？

“经营场所”一般以营利为目的从事经营活动，虽然进入经营场所的人员非必然与经营者发生交易，但每个人都可能是潜在的消费者从而使经营者获利，即经营场所的经营者、管理者系在为其潜在的消费者提供安全保障义务，这符合收益与风险相一致理论，也是“经营场所”管理人安全保障义务内部正当性的基础。而非营利性“公共场所”虽为社会公众开放并提供公共服务却并不以营利为目的，为避免收益与风险的过度失衡，笔者认为，相比“经营场所”，非营利性的“公共场所”的安全保障义务的裁判标准更应秉持谦抑性原则，即公共场所的经营者、管理者的安全保障义务应当限于其可预见的范畴，更应限于其管理和控制能力的合理范围内，避免安全保障义务之要求过于严苛。

本案中，住宅小区显然并非“经营场所”，而是本小区居民这一特定人群活动、休憩的公共场所，因此住宅小区物业公司的安全保障义务的首要对象应是与其缔结物业服务合同关系的业主。虽然，本案原告系经小区保安同意进入小区，但不能因为原告在小区内平坦路面骑行电动车时不慎摔倒受伤，就简单的认定小区物业应当承担安全保障义务之责任，因为要求物业在小区所有区域都设置雨天路滑的警示标志，或是在小区地面全部铺设防滑设施，都已经超出了小区物业管理的必要性和可能性。除非因小区物业的先行行为引发了一定程度的危险，如小区内部公共区域的路面因改造而产生了路面障碍或坑洼，则小区物业就应当负有更高的注意义务去避免被允许进入小区场所的人遭受该损害，否则尽到一般善良管理人的注意标准即可。

编写人：福建省厦门市中级人民法院　李仁莹　纪赐进

10

高速公路养护单位未随时清障不代表违反安全保障义务

——陈某国诉高速公路公司财产损害赔偿案

【案件基本信息】

1. 裁判书字号

北京市第三中级人民法院（2021）京03民终18785号民事判决书

2. 案由：财产损害赔偿纠纷

3. 当事人

原告（上诉人）：陈某国

被告（被上诉人）：高速公路公司

【基本案情】

2020 年 12 月 11 日 14 时 40 分，在高速公路进京方向 23.1 公里处，陈某国驾驶小型轿车由北向南行驶，发生交通事故，造成车辆接触部位损坏，无人受伤。车辆行驶中，前部、底部与路中不明物体相接触，车辆前部、底部损坏。交通事故认定书中认定陈某国有《北京市道路交通事故简易程序处理规定》第八条第一项车辆发生单方道路交通事故的过错行为，为全部责任。陈某国向本院提交的汽车维修服务公司维修结算单以及发票显示，为修理上述车辆共发生修理费（含拖车费）4720 元。

事故发生路段处于高速公路公司养护管理范围内。高速公路公司向本院提交了公路路产巡视记录本，巡视记录显示：在 2020 年 12 月 10 日 17 时 0 分至 12 月 11 日 8 时 30 分，高速公路公司共巡视 3 次，巡视项目包括道路情况、控制区、安全设施、专项情况等，具体巡视情况中标注："05：51 高速公路进京 K36+400 发生一起事故，无路损、无人伤、占用超车道，09：33 移交给下一班组；17：00 出巡，20：30 返回驻地；3：30 勤务车辆顺利通过。"在 2020 年 12 月 11 日 8 时 30 分至 12 月 11 日 17 时 0 分，高速公路公司共巡视 2 次，巡视项目包括道路情况、控制区、安全设施、专项情况等，具体巡视情况中标注："接上一班组移交，05：51 高速公路进京 K36+400 发生一起事故，无路损、无人伤、占用超车道，11：35 事故处理完毕；14：35 在高速公路进京 K24+200 有遗撒，占用超车道，现场已清理；15：31 接路产指挥中心通知，高速公路进京 K23+800 有遗撒，占用超车道，15：32 上述位置遗撒已清理。"陈某国称其对上述证据不了解，不发表质证意见。

【案件焦点】

高速公路公司是否尽到了对高速公路的安全保障义务。

【法院裁判要旨】

北京市密云区人民法院经审理认为：根据《中华人民共和国侵权责任法》第八十九条的规定，在公共道路上堆放、倾倒、遗撒妨碍通行的物品造成他人损害的，有关单位或者个人应当承担侵权责任。《最高人民法院关于审理道路交通事故损害赔偿案件适用法律若干问题的解释》第十条规定，因在道路上堆放、倾倒、遗撒物品等妨碍通行的行为，导致交通事故造成损害，当事人请求行为人承担赔偿责任的，人民法院应予支持。道路管理者不能证明已按照法律、法规、规章、国家标准、行业标准或者地方标准尽到清理、防护、警示等义务的，应当承担相应的赔偿责任。交通运输部公布的《公路养护技术规范》（JTG H10—2009）第4.1项规定，对路面的养护应当符合“经常清扫路面，及时清除杂物、清理积雪积冰，保持路面整洁，做好路面排水”的要求。交通运输部在关于对《关于请求明确〈公路养护技术规范〉有关条款含义的紧急请示的答复》（交公便字〔2001〕66号）中对“及时”作出解释，“及时”并不等于“随时”，《公路养护技术规范》没有也不可能要求公路养护单位对路面杂物做到随时清除。因此，如果公路养护单位按照规定的频率或有关工作要求做到了定期清扫，即不能认为其“疏于养护”。《北京市收费公路运营监督管理办法》（京路法制发〔2008〕104号）中规定，路产巡视每天不少于三次。本案中，高速公路公司提供了2020年12月10日17时0分至12月11日17时0分的路产巡视记录，由每天的巡视记录装订成册，对巡视时间、巡视车号、巡视员、巡视次数、巡视地点、本班巡视里程、巡视类别、具体巡视情况、处理路产案件情况等均有明确记录，下方由交班人、当班班长、接班人签字，尤其是在具体巡视情况记录中，对存在异常情况的时间、地点、事故情况、处理情况等均详细记录，本院认可路产巡视记录的真实性。高速公路公司在2020年12月10日17时0分至12月11日17时0分进行五次路产巡视，符合相关管理条例和技术规范的要求。在高速公路处于全天候不间断运行的情况下，即使高速公路管理者可以利用监控等科技手段、按照要求对公路进行管理巡视，也只能在发现路上杂物时及时赶往处理，无法预料异常情况何时出现，也不可能做到公路上一产生杂物就立即到达现场并随时清除。因此，在公路管理者按照有关规定巡视、养护，且在发现障碍物时及时清除，就应当认定其尽到了安全保障义务。综上，现有证据不足以证明高速公路公司对涉案交通事故的发生存在疏忽或怠于履行职责等过错，故对于陈某国要求高速公路公司承担侵权赔偿责任的诉讼请求，缺乏事实依据，本院不予支持。

北京市密云区人民法院依照《中华人民共和国侵权责任法》第八十九条、《最高人民法院关于审理道路交通事故损害赔偿案件适用法律若干问题的解释》第十条、《中华人民共和国民事诉讼法》第六十四条、《最高人民法院关于适用〈中华人民共和国民事诉讼法〉的解释》第九十条、《最高人民法院关于适用〈中华人民共和国民法典〉时间效力的若干规定》第一条第二款之规定，作出如下判决：

驳回陈某国的诉讼请求。

陈某国不服一审判决，提起上诉。

北京市第三中级人民法院同意一审法院的裁判意见。

【法官后语】

安全保障义务是指经营者在经营场所对消费者、潜在的消费者或者其他进入服务场所的人的人身、财产安全依法承担的安全保障义务。安全保障义务是在诚实信用原则下基于公平、正义的需求而得出的，是一种法定义务。

《中华人民共和国侵权责任法》第三十七条规定：宾馆、商场、银行、车站、娱乐场所等公共场所的管理人或者群众性活动的组织者，未尽到安全保障义务，造成他人损害的，应当承担侵权责任。因第三人的行为造成他人损害的，由第三人承担侵权责任；管理人或者组织者未尽到安全保障义务的，承担相应的补充责任。《中华人民共和国民法典》第一千一百九十八条规定：宾馆、商场、银行、车站、机场、体育场馆、娱乐场所等经营场所、公共场所的经营者、管理者或者群众性活动的组织者，未尽到安全保障义务，造成他人损害的，应当承担侵权责任。因第三人的行为造成他人损害的，由第三人承担侵权责任；经营者、管理者或者组织者未尽到安全保障义务的，承担相应的补充责任。经营者、管理者或者组织者承担补充责任后，可以向第三人追偿。《最高人民法院关于审理道路交通事故损害赔偿案件适用法律若干问题的解释》（法释〔2012〕19号）第十条规定，因在道路上堆放、倾倒、遗撒物品等妨碍通行的行为，导致交通事故造成损害，当事人请求行为人承担赔偿责任的，人民法院应予支持。道路管理者不能证明已按照法律、法规、规章、国家标准、行业标准或者地方标准尽到清理、防护、警示等义务的，应当承担相应的赔偿责任。该司法解释于2020年12月29日修订，原第十条被删除，因其内容被《中华人民共和国民法典》第一千二百五十六条吸收，故不再重复规定。《中华人民共和国民法典》第一千二百五十六条规定："在公共道路上堆放、倾倒、遗撒妨碍通行的物品造成他人损害的，由行为人承担侵权责任。公共道路管理人不能证明已经尽到清理、防护、警示等义务的，应当承担相应的责任。"

民事责任的归责原则分为过错责任原则、无过错原则和公平责任原则三种。关于违反安全保障义务的归责原则，适用过错责任原则，这一点并无争议，但在过错责任原则中，有一种特殊的责任形态——过错推定原则，两者主要的区别在于举证责任的分配上，前者的举证责任在受害人，后者实行举证责任倒置，由侵权人举证证明其不存在过错。关于违反安全保障义务到底是适用过错责任原则还是适用过错推定原则，笔者认为，应适用过错推定原则，即在损害发生时，商场、银行等公共场所应当证明其已尽到安全保障义务，否则推定其主观上对损害的发生存在过错。

那么如何判断某公共场所是否违反了安全保障义务，是不是只要在公共场所内有损害发生，该公共场所就当然要承担相应责任，答案是否定的。损害发生后，要判断所在公共场所是否存在违反安全保障义务情形，应从法律标准、行业标准等方面进行考量。安全保障义务的本质，是将社会交往中所存在的一般风险，在受害人与相关当事人之间进行分配。并且，其所分配的这些风险，都仅仅是一般的风险。也正是如此，其在风险的分配方案上，自然要区别于其他对高危风险进行规避的风险责任承担。因此，考虑到一般致害风险的发生，并不是相关责任主体履行义务就能绝对避免的，而是只要采用合理的措施对一般风险进行规避即可。因此，安全保障义务的承担，其本身必须是合理的，而且是可能的。

对于高速公路的养护单位而言，高速公路的安全保障管理存在一定特殊性，在高速公路处于全天候不间断运行的情况下，即使高速公路管理者可以利用监控等科技手段、按照要求对公路进行管理巡视，也只能在发现路上杂物时及时赶往处理，无法预料异常情况何时出现，也不可能做到公路上一产生杂物就立即到达现场并随时清除。因此，在公路管理者按照有关规定巡视、养护，且在发现障碍物时及时清除，就应当认定其尽到了安全保障义务。

编写人：北京市密云区人民法院　曲爽

11

公共交通管理者安全保障义务的界定

——杨某玲等诉公交公司违反安全保障义务责任案

【案件基本信息】

1. 裁判书字号

河南省郑州市中级人民法院（2021）豫01民终8042号民事判决书

2. 案由：违反安全保障义务责任纠纷

3. 当事人

原告（上诉人）：杨某玲、王某萍、王某平、王某红、王某杰

被告（上诉人）：公交公司

【基本案情】

2018年11月7日，王某某蹬乘公交车时脚踏空，导致左腿受伤。2018年11月7日至11月29日，王某某在医院住院治疗22天，主要诊断为胫腓骨干骨折，其他诊断为2型糖尿病、冠状动脉粥样硬化性心脏病、外周动脉粥样硬化等。后王某某主要诊断病因为代谢性脑病和冠状动脉粥样硬化性心脏病等。2019年11月25日，王某某因呼吸衰竭死亡。杨某玲、王某萍、王某平、王某红、王某杰以公交车停靠距离过远，未尽到安全保障义务为由，将公交公司起诉至人民法院。

另经二审查明：2014年12月10日发布，2015年4月5日实施的JT/T 934—2014《城市公共汽电车驾驶员操作规范》第5.11项规定："按站停靠，靠近路边停直，且距离马路边石最远不超过80厘米至100厘米；不在站点滞留。"

【案件焦点】

乘客蹬乘公交车时受伤，公共交通管理者是否尽到了安全保障义务。

【法院裁判要旨】

河南省郑州高新技术产业开发区人民法院经审理认为：公交公司负有保障乘客安全的义务。事故发生时，王某某已进入公交公司管理的区域，但公交公司未尽到安全保障义务，应承担相应责任。鉴于事故发生时，王某某年龄已达81岁，并患有疾病，且由其配偶陪同一起出行，酌定公交公司承担本次事故赔偿责任的20%，故公交公司应当赔偿原告医疗费、营养费等共计73479.36元。

河南省郑州高新技术产业开发区人民法院依照《中华人民共和国民法典》第一千一百七十九条、第一千一百八十三条之规定，作出如下判决：

一、被告公交公司于本判决生效后十日内赔偿原告杨某玲等人73479.36元。

二、驳回原告杨某玲等人的其他诉讼请求。

双方当事人均不服一审判决，提出上诉。

河南省郑州市中级人民法院经审理认为：案涉公交车辆停靠距离符合 JT/T 934—2014《城市公共汽电车驾驶员操作规范》“距离马路边石最远不超过 80 厘米至 100 厘米”的行业标准。公交公司负有保障乘客免遭损害的安全保障义务，但安全保障义务内容的确定应限于公交公司的管理控制能力的合理范围之内。王某某配偶明知王某某本人年老体弱，但在上车过程中未尽到相应照顾扶助义务，导致王某某在上车过程中自行摔伤，后果令人痛惜，但该损害后果与公交公司之间不具有法律上的因果关系，因此公交公司没有违反安全保障义务，亦对王某某的损害后果不存在过错。因此，杨某玲等人上诉主张公交公司未尽到安全保障义务应赔偿其损失缺乏事实及法律依据，不予支持。公交公司上诉主张已尽到安全保障义务不应赔偿受害人损失的理由正当，予以支持。

河南省郑州市中级人民法院依据《最高人民法院关于适用〈中华人民共和国民法典〉时间效力的若干规定》第一条第二款、《中华人民共和国侵权责任法》第三十七条、《中华人民共和国民事诉讼法》第一百七十条第一款第二项之规定，作出如下判决：

一、撤销河南省郑州高新技术产业开发区人民法院民事判决；

二、驳回杨某玲等人的诉讼请求。

【法官后语】

公交车已成为现行城市出行的重要交通工具之一。公交车管理者为公众提供安全的出行保障，不仅是公众的期盼，也是法律对公交车管理者的要求。《中华人民共和国侵权责任法》和《中华人民共和国民法典》均规定，公共场所的经营者、管理者，未尽到安全保障义务，造成他人损害的，应当承担侵权责任。因此，公交车管理者应当为公众提供必要的安全保障，否则就可能承担相应的民事责任。那么因公众自身原因在公共场所受到的损害，是否应归责于公共场所的管理者，这涉及公共场所管理者安全保障义务边界的法律界定问题。在判定管理者是否尽到安全保障义务时，通常应从法律规定、行业规范、法律的引导作用和法律的经济性等方面进行判定。管理者承担的安全保障义务是有合理限度的，而非无限的。如果管理者在管理中符合上述标准，因公众自身原因导致损害后果发生的，管理者不应承担民事责任。

具体到本案中，从行业规范来看，公交车在停靠时与站台的距离，符合JT/T 934—2014《城市公共汽电车驾驶员操作规范》[①] 的相关规定。同时，因公交车后视镜向外突出，加之路况复杂等原因，公交车与站台过近时，会发生后视镜及车体被剐蹭现象，故并不能苛责公交车在停靠时，实现与站台间的无缝对接。在现有条件下，案涉公交车在停靠过程中，并无不当行为。从法律的引导和法律的经济性角度分析，公交车管理者是否应当采取公交车与站台之间实现无缝对接的措施，以保障老人和儿童安全蹬车。当前，由于公交车型号不同，公交车踏板与站台的高度不一致等原因，如果实现无缝对接，就涉及站台、公交车的改造以及技术手段的实现等多方因素，这既不符合当前公交车设计现状，也会极大地增加社会公共成本支出。法律虽具有引导作用，但法律也具有经济性，法律的引导不能过于超越当前现状，不然必然会导致判决结果难以执行，或执行判决所消耗的成本远远超过判决所实现的效果。老人、儿童乘坐公共交通工具出行时，除公交车管理者应尽到安全保障义务外，也应加强自身保护，尤其是身体出行不便的老人，其陪同亲属应尽到照顾老人的义务，才能有效避免事故的发生。这是双方应共同履行的义务。

随着越来越多的人选择乘坐公共交通出行，公共交通管理者应不断提高服务质量，为公众提供安全、舒适的乘坐环境。但这并不必然要求公共交通管理者需要承担无限的责任。准确界定公共场所管理者的责任和公众合法利益之间的边界，才能够更好地有助于促进社会公众事业的发展。

编写人：河南省郑州市中级人民法院　张海峰

① 该标准于2021年5月1日废止。JT/T 934—2021《城市公共汽电车驾驶员操作规范》为现行行业标准，其第6.10项规定："应按站停靠，靠近路边停直，车辆轮胎外侧距离路缘石外缘宜控制在80cm以内。"

12

高风险滑雪运动中伤害事故的侵权赔偿责任认定

——王某诉滑雪场违反安全保障义务责任案

【案件基本信息】

1. 裁判书字号

北京市第三中级人民法院（2021）京 03 民终 13644 号民事判决书

2. 案由：违反安全保障义务责任纠纷

3. 当事人

原告（上诉人）：王某

被告（被上诉人）：滑雪场

【基本案情】

2019 年 12 月 8 日，王某和其丈夫郇某共同前往滑雪场滑雪。当日 12 时 30 分左右，王某和郇某共同乘坐滑雪场四人吊椅缆车到达四座平台，王某在下车过程中摔倒受伤。后王某到医院治疗，经诊断为踝关节骨折、胫骨骨折，支付医疗费 36858.47 元。2021 年 3 月 24 日，司法鉴定中心出具法医学司法鉴定意见书，鉴定意见为：王某致残程度等级为十级，误工期为 120~180 日、护理期为 60~90 日、营养期为 60~90 日。王某认为其摔伤的主要原因是滑雪场缆车存在质量等问题，并申请对缆车在运行中是否符合《客运架空索道安全规范》（GB 12352—2018）相关标准进行鉴定。因超出鉴定资质范围，鉴定机构退回鉴定材料。

王某主张滑雪场未尽到安全保障义务，存在以下过错：1. 缆车吊椅距离地面过低，导致王某被缆车剐倒以后没有逃离空间。2. 缆车操作人员没有相关资质。3. 滑雪场拒绝提供录像视频。4. 缆车的运行速度过快。上述四种情形均不符合《客运架空索道安全规范》（GB 12352—2018）规定。5. 滑雪场下缆车的地面是平坦的，没有坡度，其他滑雪场的中级道和高级道下缆车的地面都有斜坡。6. 滑雪场的工作人员事发时没有在岗位上，在出现危险的时候没有进行紧急制动。

另经审理查明：滑雪场以事发前一天天气寒冷，将摄像头冻坏为由，未提供事发当日的录像。

【案件焦点】

1. 滑雪场是否存在过错以及是否尽到安全保障义务；2. 滑雪场应当承担的责任比例。

【法院裁判要旨】

北京市密云区人民法院经审理认为：滑雪本身就是一项危险性体育运动项目，滑雪者应充分预见到滑雪运动的危险性，王某在未熟练掌握相关技术的前提下乘坐缆车并在下缆车时摔伤，其自身存在主要过错，对损害的发生承担主要责任。滑雪场在王某下缆车过程中未采取有效措施帮助王某脱离危险亦存在过错，应承担次要责任。故对王某要求滑雪场赔偿其各项损失合理部分的请求，法院予以支持。

北京市密云区人民法院依照《中华人民共和国侵权责任法》第六条、第十六条、第二十六条、第三十七条，《中华人民共和国民事诉讼法》第六十四条，《最高人民法院关于适用〈中华人民共和国民法典〉时间效力的若干规定》第一条第二款的规定，作出如下判决：

一、滑雪场于判决生效之日起七日内赔偿王某 63718.94 元；

二、驳回王某的其他诉讼请求。

王某不服一审判决，提出上诉。

北京市第三中级人民法院经审理认为：根据《最高人民法院关于民事诉讼证据的若干规定》第九十五条的规定，一方当事人控制证据无正当理由拒不提交，对待证事实负有举证责任的当事人主张该证据的内容不利于控制人的，人民法院可以认定该主张成立。本案中，滑雪场在无正当理由拒不提供事发当日的录像视频的情况下，本院可以认定王某的主张成立。滑雪场亦未能举证证明事发当日操作缆车的作业人员具有相应资质以及 2019 年当年的索道年检报告，本院推定滑雪场存在缆车吊椅高度不符合国家标准、未保证摄像设备正常运行、缆车作业人员不具备相应资质等过错，其未能尽到相应的安全保障义务。

滑雪场作为滑雪场地的经营者、管理者，未按照客运索道相关国家标准的要求履行相应的安全保障义务，导致王某下缆车时摔倒受伤，故其应对王某的损害后果承担主要责任。王某自身亦未能尽到合理的注意义务导致损害后果的发生，应承担次要责任。一审法院认为滑雪场承担次要责任，王某承担主要责任系事实认定不清，本院依法予以调整。对于王某合理部分的请求，本院在滑雪场承担 60%责任的基础上予以支持。

北京市第三中级人民法院依照《中华人民共和国侵权责任法》第三十七条，《最高人民法院关于审理人身损害赔偿案件适用法律若干问题的解释》第十七条、第十八条、第十九条、第二十条、第二十一条、第二十二条、第二十三条、第二十四条、第二十五条，《中华人民共和国民事诉讼法》第一百七十条第一款第二项的规定，作出如下判决：

一、维持北京市密云区人民法院民事判决第二项；

二、变更北京市密云区人民法院民事判决第一项为滑雪场于本判决生效之日起七日内赔偿王某 127437.9 元。

【法官后语】

滑雪运动具有危险性高、专业技术强的特征，因此引致人身损害事故的主要原因包括滑雪场未尽到安全保障义务、受害者自身未尽到谨慎注意义务以及第三人介入导致的损害等。

该类案件纠纷一般都涉及高危体育运动人身损害的法律责任认定问题。在《中华人民共和国民法典》明确规定自甘冒险规则之后，该类案件在认定侵权责任时容易与过失相抵规则相混淆，导致责任认定失当。就本案来说，主要涉及两个方面的问题，一是滑雪场是否尽到安全保障义务；二是滑雪受害者在多大范围内风险自担。

一、滑雪场是否尽到安全保障义务的司法认定

安全保障义务是指宾馆、商场、银行、车站、机场、体育场馆、娱乐场所等经营场所、公共场所的经营者、管理者或者群众性活动的组织者，所负有的在合理限度范围内保护他人人身和财产安全的义务。通说认为，违反安全保障义务侵权责任适用过错责任原则。只要被侵权人证明义务人未尽安全保障义务，并且已经造成了被侵权人的损害，即可直接从损害事实和违反安全保障义务的行为中认定义务人有过错。安全保障义务实质上是判断经营者、管理者或者组织者过错的标准，是否履行了该种义务，需要根据案件的具体情况权衡多种因素后加以判断。

本案中，滑雪场作为滑雪场地的经营者、管理者，应当具备滑雪行业要求的相关专业资质和管理能力，其对安全保障注意义务的履行亦应高于对普通人的标准，即要达到与其专业管理能力相匹配的程度。滑雪场未能举证证明事发当日操作缆车的作业人员具有相应资质以及当年的索道年检报告，其应当承担举证不能的法律后果。因滑雪场未按照客运索道相关国家标准的要求履行相应的安全保障义务，导致王某下缆车时摔倒受伤，应对王某的损害后果承担主要责任。

二、滑雪受害者在多大范围内风险自担

滑雪运动的高危险性对滑雪者自身也有着较高的要求。按照理性人原则，滑雪者对滑雪运动固有的风险是明知或者是应知的，参与该项运动即意味着自愿置身其中。实践中，滑雪运动导致的损害一部分来自滑雪者自身，包括未按规定穿戴滑雪器具、选择不适合自己的滑道、未尽到谨慎注意义务等。但是，《中华人民共和国民法典》第一千一百七十六条所规定的自甘冒险规则与过失相抵规则明显不同，滑雪受害者具有承受风险的意愿，并不意味着其要自行承担滑雪运动所造成的损害。滑雪者自甘冒险并非指滑雪者参与滑雪本身属于有过失的行为，而是指在一定范围内排除其他滑雪者行为的违法性，且不免除滑

雪场地经营者的任何注意义务。本案中，王某在滑雪场滑雪并未与其他滑雪者进行对抗，亦并非因其他滑雪者的行为而受到损害，因此不符合《中华人民共和国民法典》第一千一百七十六条规定的自甘冒险规则的构成要件。王某对自身安全未尽到谨慎的注意义务，与滑雪场未尽到安全保障义务的行为相结合共同造成了损害的发生，应当适用过失相抵规则。

因此，综合考虑双方的过错程度及王某的损伤情况，法院酌定滑雪场承担60%的责任，王某自行承担40%的责任，符合本案实际情况。

编写人：北京市密云区人民法院　鲁跃晗

13

旅游者户外登山遇险，旅游经营者的安全保障义务责任认定

——蒋某等诉旅行社、旅行社分公司违反安全保障义务责任案

【案件基本信息】

1. 裁判书字号

北京市第二中级人民法院（2021）京02民终3174号民事判决书

2. 案由：违反安全保障义务责任纠纷

3. 当事人

原告（被上诉人）：蒋某、李某、张某

被告（上诉人）：旅行社、旅行社分公司

【基本案情】

2019年11月17日，李某梅报名参加由旅行社分公司组织的旅游项目。当日13时40分左右，李某梅一行16名游客在两名领队的带领下登上山顶，在山顶休息过程中，李某梅前往悬崖边一块大石头上准备拍照，后不慎坠落悬崖。

李某梅遇险后，旅行社分公司的两名领队下山施救，并拨打救援电话。因山地救援困难，李某梅直到 2019 年 11 月 18 日凌晨 2 时左右才被送往附近某医院抢救，该院诊断为：高处坠落伤、死亡，并出具《死亡医学证明书》。原告为李某梅支付医药费、救护车费、尸体处理等费用。

审理中，原告主张旅行社分公司组团游玩的地点是未经开发的野山，李某梅坠崖的原因系当时天气有风，李某梅在山顶拍照时突遇大风，将其吹落悬崖。旅行社分公司作为该旅游项目的组织者，没有告知攀爬野山的风险，也未考虑到天气情况，未尽到安全保障义务，因此应当对李某梅的死亡承担赔偿责任。原告提交国家预警发布中心发布的《大风预警通知》、随团游客的情况说明、派出所的询问笔录等证据来证明事故发生时的事实情况。二被告则辩称旅游地点属于旅游景区，李某梅的坠崖与大风天气无关，其系因自行偏离路线前往悬崖边拍照才失足跌落。

庭审中，二被告提交《团队境内旅游合同》，该合同第八条责任免除的第一款规定，因旅游者自身原因（如违法犯罪行为、过失行为、行为判断失误、疾病、自甘风险参加某些旅游项目等）、不可抗力或者旅行社、履行辅助人已尽合理注意义务仍不能避免的事件，导致旅游合同无法履行或者旅游者人身、财产权益受到损害的，旅行社不承担赔偿责任，但应当协助处理，因此支出的合理费用应由旅游者承担。据此，二被告主张李某梅因自身原因造成事故，其已尽到救助义务，不应当承担赔偿责任。原告对该证据不予认可，称合同落款处没有李某梅的签字，合同最后一页是签到表，双方没有签订旅游合同。

另查，两名领队无导游资质，且是第一次带队上三皇山。死者李某梅的法定继承人为：独女蒋某、之父李某、之母张某。

再查，旅行社为李某梅在某保险公司投保了旅游意外险，且保险公司已于 2020 年 11 月 11 日向蒋某、李某、张某支付身故定额给付金 35 万元。

【案件焦点】

1. 旅行社分公司是否已尽到相应安全保障义务；2. 李某梅是否具有过错及双方的过错责任比例。

【法院裁判要旨】

北京市丰台区人民法院经审理认为：旅游经营者未尽到安全保障义务，造成旅游者人身损害的，旅游者请求旅游经营者承担责任的，人民法院应予支持。根据已查明事实，李某梅报名参加由旅行社分公司组织的登山项目，在山顶拍照时坠崖身亡。案发地无具体单位进行管理和维护，李某梅坠崖地位于山顶，事发时气象局已发出大风预警，旅行社分公司作为专业的旅游经营者，其应当预见到组织野外登山旅游项目可能产生的危及人身之风险，并据此判断是否应当停止山地户外活动或作出其他防护措施。然而旅行社分公司却忽视了天气和地形因素，指派了无当地旅游经验和相关资质的人员领队，其行为存在过错。虽然领队在李某梅遇险后及时施救，但在李某梅脱离队伍拍照时，未及时制止，旅行社分公司亦未在旅游过程中进行风险告知和警示，故旅行社分公司应当对李某梅的意外死亡承担赔偿责任。二被告依据旅游合同中的免责条款免除责任，但该旅游合同落款处未有李某梅的签字，故提供格式条款一方免除其责任的条款应为无效。需要指出的是，李某梅作为完全民事行为能力人应系自身安危的第一责任人。其在山顶游玩时，为了追求拍照效果，自行脱离队伍，偏离登山主线路，不顾危险而站在悬崖边的岩石上，最终不幸遇险，亦有过错。法院结合双方的过错程度，确定李某梅对自身的损害后果承担30%的责任、旅行社分公司承担70%的责任。另根据《中华人民共和国民法总则》规定，旅行社分公司作为旅行社的分支机构，产生的赔偿责任可以先以其管理的财产承担，不足以承担的，由旅行社承担。

关于赔偿的各项费用，原告主张的医药费、救护车费，结合李某梅的救助情况来看，应属于合理范围，尸体处理所需费用，应纳入丧葬费范畴，法院不再单独处理。原告主张的其他费用于法有据，具体数额与本院计算一致，本院均予以认可。

北京市丰台区人民法院依照《中华人民共和国民法总则》第七十四条、《中华人民共和国侵权责任法》第二十六条、《最高人民法院关于审理旅游纠纷案件适用法律若干问题的规定》第七条之规定，作出如下判决：

一、旅行社分公司于本判决生效之日起七日内给付原告蒋某、李某、张某医疗费、急救车费、死亡赔偿金、被抚养人生活费、丧葬费及精神损害抚慰金，合计1061862.76元；

二、旅行社对上述款项承担补充赔偿责任；

三、驳回原告蒋某、李某、张某的其他诉讼请求。

旅行社、旅行社分公司不服一审判决，提出上诉。

北京市第二中级人民法院经审理同意一审法院的裁判意见。

北京市第二中级人民法院依照《中华人民共和国民事诉讼法》第一百七十条第一款第一项的规定，作出如下判决：

驳回上诉，维持原判。

【法官后语】

本案件值得探讨的问题有两个：

第一个问题是旅行社分公司作为组织户外登山活动的旅游经营者，其承担的安全保障义务范围的司法认定。

根据《最高人民法院关于适用〈中华人民共和国民法典〉时间效力的若干规定》第二条的规定，民法典施行前的法律事实引起的民事纠纷案件，当时的法律、司法解释有规定，适用当时的法律、司法解释的规定，但是适用民法典的规定更有利于保护民事主体合法权益，更有利于维护社会和经济秩序，更有利于弘扬社会主义核心价值观的除外。本案争议事实发生于民法典施行前，故应适用当时的法律及司法解释，即《中华人民共和国侵权责任法》《最高人民法院关于审理旅游纠纷案件适用法律若干问题的规定》。根据《中华人民共和国侵权责任法》第三十七条第一款、《最高人民法院关于审理旅游纠纷案件适用法律若干问题的规定》第七条第一款的规定，旅游经营者具有安全保障义务。旅游经营者在旅游者发生人身损害后应承担的责任为应尽而未尽安全保障义务之过错责任。

在当下“体育+旅游”热行业环境下，选择户外运动（如户外登山攀岩、户外漂流、骑行穿越等）的旅游者越来越多。相较于传统的旅游产品，此类旅游活动受天气、地形等自然因素的影响更大，风险性更高。作为组织该类户外运动的经营者，其安全注意义务的标准应高于其他旅游活动。本案即为旅游者在旅游经营者组织的户外登山运动中发生伤亡的案例。在认定旅游经营者是否尽到安全保障义务时，考量的内容有三：

1. 旅游经营者事前是否尽到了合理限度的风险预防义务。合理限度指在一般人谨慎判断所能感知或防范明显事件的基础上，结合组织者的专业技能、主体性质、某项户外运动特点等情况，对可能发生的风险进行预知和防范。例如，对该项运动有无经验、是否前期进行深入的了解、有无调查活动路线、是否结合当地天气地理情况制订详细的活动方案及有无配备较专业及齐全的领队及准备装备、应急预案和救援设备是否齐全。

2. 旅游经营者对游客是否尽到了事先的审查、告知义务。旅游经营者需对参加某项特殊户外活动的人员尽到事先的审查和告知义务。对活动的内容、难度、可预见的风险因素进行提示，审查参与者的身体状态和相关活动经验，对参与者在活动过程中需要遵循的要求及其他相关注意事项进行告知和警示。

3. 旅游经营者在活动中是否尽到了谨慎行为义务。在活动过程中，旅游经营者应结合不同参与者的身体及心理状况及时给予必要的帮助；根据自身的经验和知识及时预测、判断风险，在紧急情况下合理变更计划；对突发事件作出正确判断和采取措施，及时救助及向外界寻求帮助等。

本案中，旅行社分公司组织的系登山赏秋户外运动项目，在气象部门已经发布大风蓝色预警的情况下，其事前并未结合具体情况对当时天气环境下登山是否具有不可控风险等作出评估，亦未对活动方案进行有针对性的调整。根据查明的事实，领队并无资质且无该处游览活动的带队经验。赏秋活动具有团队行进的分散性，旅行社分公司未对旅游路线潜在风险进行合理评估，领队人员亦配备不足。同时本案中亦无证据显示旅行社分公司及领队针对游览活动中可能遇到的风险及相关注意事项对游客进行过告知或提示，亦未在游客发生危险举动时及时制止，故综合以上种种，即使旅行社分公司事发后及时对遇险游客进行了必要的救助，亦不能免除其未尽到其他的安全保障义务之责任。

第二个问题是自甘风险原则在旅游经营者责任中的适用。户外运动本身的性质决定了其内在的固有风险，司法实践中自甘风险系旅游经营者一方的一项重要的抗辩事由。在户外运动中，判断是否适用自甘风险原则的一个关键就是：区分造成损害后果的风险是由于活动参与者疏忽大意的行为所造成的，还是该活动本身的内在风险。这里应区分自甘风险及与有过错。虽然二者十分相似，但作为减轻或者免除加害人责任的不同抗辩事由，仍然是有区别的。其一，对于受害人的注意义务和程度要求不同。自甘风险受害人对于他所愿意承担的危险有清楚、明确的认知，这种认知不仅要求受害人意识到潜在风险的存在，更应当包括潜在风险的性质、程度、范围以及可能发生的后果和责任的认知。而过失相抵对于受害人的注意程度并非出于注意义务考量，受害人单纯的不注意也可能构成过失相抵的适用。其二，自甘风险体现为受害人以基础法律关系中的同意表现出自愿承担危险意思，而过失相抵这种不存在基础法律关系，受害人即使出于故意，也并未通过民事行为表示主动去承担风险的意思。本案中，旅游者李某梅系完全民事行为能力人，其自行脱离队伍、偏离登山主线路、不顾危险于悬崖边拍照，对于其死亡后果显然存在的是疏忽大意的过失。因此，李某梅自身亦对于其死亡结果的发生具有过错。故而法院认为本案意外的发生系旅行社分公司安全保障义务不到位、旅游者放任自身危险等多种因素偶然结合导致，但旅游者的过错，无法免除旅游经营者的安全保障义务责任。最终在认定双方过错责任比例的基础上判决旅行社分公司应对李某梅伤亡造成的损失承担70%的主要责任。

应当说，选择户外运动不仅收获了美好的景色，也收获了豁达的心情和面对困难不怕挑战的勇气。无论是户外运动的经营者，还是户外运动的参与者，本着对自己负责和对他人负责的态度，都应该在各自的领域范围内尽到各自的义务。本案判决从法律示范作用的角度，向公众分析了户外运动行业各类主体应遵守的行为规范，对户外运动行业的发展与规范起到了一定的促进作用。

编写人：北京市丰台区人民法院　肖荣

14

经营场所内经营者安全保障义务的认定

——杜某诉药店违反安全保障义务责任案

【案件基本信息】

1. 裁判书字号

山东省淄博市中级人民法院（2022）鲁 03 民终 1404 号民事判决书

2. 案由：违反安全保障义务责任纠纷

3. 当事人

原告（被上诉人）：杜某

被告（上诉人）：药店

【基本案情】

2021 年 6 月 1 日 17 时左右，年近 70 岁的杜某到药店买药，在该药店内行走时突然摔倒在地，造成身体受伤。杜某摔倒受伤后被送到医院住院治疗，伤情经诊断为右股骨颈骨折，经医学司法鉴定中心鉴定，杜某的伤情已构成九级伤残。因杜某与药店协商未果，遂诉至法院，请求判令药店赔偿医疗费、伤残赔偿金等损失 207835.84 元。杜某称是由于药店地面有水才滑倒的。药店否认杜某摔倒时地面有水，且称杜某是因年老体弱自己不慎摔倒而受伤，不应当承担赔偿责任。

【案件焦点】

经营场所内经营者安全保障义务应如何认定。

【法院裁判要旨】

山东省沂源县人民法院经审理认为：杜某在药店买药时由于地面有水滑倒

受伤的事实有证人张某慧的证言佐证，药店否认地面有水应当提供监控视频资料予以反驳，因其有条件举证但未举证，故对其辩称事实不予采纳，对杜某主张因药店地面有水致其滑倒在地的事实予以认定。药店作为从事经营活动的公共场所管理者，对包括进入其经营场所的杜某具有合理限度范围内的安全保障义务，但其工作人员未及时清理地面水渍，也未采取其他必要的安全警示或提醒措施，对杜某滑倒受伤的损害后果具有过错，应当承担相应的侵权责任。杜某作为完全民事行为能力人，对自身安全未尽到足够的安全注意义务，对自身滑倒受伤的损害后果亦具有一定过错，可减轻药店的赔偿责任。

山东省沂源县人民法院根据《中华人民共和国民法典》第一千一百九十八条，《最高人民法院关于审理人身损害赔偿案件适用法律若干问题的解释》第六条、第七条、第八条、第九条、第十条、第十一条的规定，作出如下判决：

一、药店赔偿杜某医疗费 23058.84 元、住院伙食补助费 480 元、伤残赔偿金 96167 元、鉴定费 2080 元、误工费 28800 元、护理费 18000 元、营养费 4500 元、交通费 200 元，合计 173285.84 元的 60%，计款 103971.50 元，该款与药店已支付的 1000 元相折抵后还应支付 102971.50 元；

二、药店赔偿杜某精神损害抚慰金 2000 元；

三、驳回杜某的其他诉讼请求。

药店不服一审判决，提起上诉。

山东省淄博市中级人民法院经审理认为：药店作为从事经营活动的经营者、管理者，应当对进入其经营场所的人员在合理限度内承担免受人身及财产损害的义务。杜某进入药店后因地面有水导致滑倒摔伤，药店对地面水渍未采取能够预防或消除危险的必要措施，违反了安全保障义务。药店的上诉请求不能成立，应予驳回。一审认定事实清楚，适用法律正确。

山东省淄博市中级人民法院依照《中华人民共和国民事诉讼法》第一百七十七条第一款第一项的规定，作出如下判决：

驳回上诉，维持原判。

【法官后语】

本案主要涉及经营场所对违反安全保障义务行为的认定问题。民法理论认为，需要尽适当注意义务却没有尽这种义务，就具有民法上的过错，就应当承担过错的民事赔偿责任。

《中华人民共和国民法典》第一千一百九十八条第一款规定，宾馆、商场、银行、车站、机场、体育场馆、娱乐场所等经营场所、公共场所的经营者、管理者或者群众性活动的组织者，未尽到安全保障义务，造成他人损害的，应当承担侵权责任。该规定首次明确了经营场所的经营者需承担的安全保障义务，那就是在特定的服务场所，权利人的人身和财产安全应当得到保障，义务人应当对这种人身和财产安全履行相应的积极作为义务或者消极不作为义务。

本案中，原告到被告的经营场所购买药物，是典型的消费者，属于安全保障义务的权利主体；而被告作为从事药品销售的经营者，属于对该场所负有法定安全保障义务或者具有事实上控制力的公民、法人或其他社会组织，是明确的义务主体，符合《中华人民共和国民法典》第一千一百九十八条关于经营者安全保障义务的规定。双方在本案中的争议焦点是被告是否尽到了安全保障义务、原告对损害事实的发生是否具有过错。从法律规定和司法实践来看，对安全保障义务行为的正确认定，主要应当从以下三个方面进行审查：

第一，关于经营者合理限度内的安全保障义务的界定及范围、标准问题。经营者的安全保障义务主要源于法律的规定，也可因契约而生，甚至是依据经营的实际情况和社会生活的一般常识，但最终都表现为一种法律上的负担；经营者利用其经营的场所、设施，从中获利，就应对其场所具有控制危险发生和扩大的能力；减轻、避免危险发生的成本由经营者来承担也符合经济学规律，在经营场所的消费者及其他人无能力亦没有义务来承担这些风险成本。因此，经营者未尽合理限度范围内的安全保障义务，就会产生损害赔偿责任，但经营者的安全保障义务不是无限的，判断经营者安全保障义务的“合理限度”，应当根据与安全保障义务人所从事的营业或者其他社会活动相适应的安全保障义务的必要性和可能性，结合具体情况来认定。

本案中，被告作为经营者，在其经营场所内，应当保障消费者的人身和财产安全，包括对可能造成危险的设施、行为设置明显的标志并采取相应的保护措施，但被告未提供证据证实其在店内设置了“小心地滑”等警示标志或者采取了其他相应的保护措施，导致原告摔倒受伤，属于未履行相应的积极作为义务，且事故发生后，对造成事故的原因，被告认可药店内有监控视频，但以没有保存已被周期性更新为由未提供，属于有条件举证但未举证，应视为被告未能尽到合理限度范围内的安全保障义务，因此原告在被告处购买药物过程中摔伤，被告理应赔偿其损失。

第二，关于安全保障义务的归责原则和举证责任问题。安全保障义务的归责原则应适用过错责任原则，关于安全保障义务人过错的举证责任应当由谁来承担的问题，通说认为，仍应由受害人一方来承担，因为民法典中的安全保障义务本身就是为受害人的权利保护而创设的，所以受害人就安全保障义务人的过错进行举证是利益平衡的结论。本案中，原告举证证实其因正常需求到药店购买药品，被告药店内地面积水导致自身摔伤和发生损害后果的事实，该事实已通过证人证实，且不存在故意摔倒的主观故意，原告的举证责任已经完成；而被告称已尽到合理限度范围内的安全保障义务，但未能提供充分有效的证据予以证明，因此对原告滑倒受伤的损害后果具有过错，应对原告遭受的损害承担赔偿责任。

第三，关于免除或减轻经营者责任的条件问题。在特殊侵权责任中，对受害人的注意义务要求较低，而加重了所有人、管理人的注意义务和民事责任，其目的就在于更好地保护公众的人身和财产权利。在这类案件中，可以免除或减轻经营者民事责任的情形有三种：第一种，受害人故意造成，即自我加害的，则由受害人对其自己的行为承担责任，可以免除经营者的责任；第二种，由第三人的行为造成，则由该第三人来承担责任；第三种，受害人或第三人有明显过错的，可以减轻经营者的责任。本案中，原告虽然年龄较大，但日常生活中，能够在固定摊位上自主经营，其具备正常行走和生活的条件，其作为完全民事行为能力人应当能够辨别日常危险行为，但其对自身安全未尽到足够的安全注意义务，对滑倒受伤的损害后果具有一定过错，可适当减轻被告的赔偿责任。因此，本案根据双方的具体行为及本案的实际情况，确定由被告承担原告损失的60%符合法律的规定。

综上，民法典对经营者需承担的安全保障义务进行设定，主要目的就是促使安全保障义务人加强服务、商品等领域安全保障方面管理，以更加人性化的服务体现对人的关照和尊重，也有利于合理分配损害责任，补偿受害人的损失。本案中，被告虽以地面没有积水和被告年老体弱为由拒绝承担责任，但从原、被告提供的相关证据分析，被告的行为显然不能从法律上成为其已经履行安全保障义务的合法理由，依法不应予以采信。故本案人民法院根据民法典的相关规定判决被告承担主要赔偿责任，符合法律规定，无疑是正确的。

编写人：山东省沂源县人民法院　刘文葆

四、教育机构责任纠纷

15

限制民事行为能力人在教育机构受到人身损害后的责任认定问题

——梁某诉某小学等生命权、健康权、身体权案

【案件基本信息】

1. 裁判书字号

北京市第三中级人民法院（2021）京03民终16335号民事判决书

2. 案由：生命权、健康权、身体权纠纷

3. 当事人

原告（被上诉人）：梁某

被告（上诉人）：某小学

被告（被上诉人）：郝甲、郝乙、王某某

【基本案情】

郝甲是郝乙之父，王某某是郝甲之母。2019年5月22日，梁某在某小学课间活动时，郝乙追逐梁某，梁某在奔跑过程中撞到其他学生，致梁某右眼外伤。2019年5月29日至6月3日，梁某于医院住院5天，诊断为右眼眼球下壁骨折。2019年6月3日至6月6日，梁某于医院住院3天，诊断为视神经损伤。

2019年6月10日至7月12日，梁某于医院住院32天，诊断为视神经损伤。梁某还曾前往多家医院就诊。梁某就前述治疗实际支出医疗费1007.4元、配镜费650元。本案审理过程中，梁某申请对其右眼伤情进行伤残等级和营养期、护理期鉴定。2021年1月15日，研究所出具《司法鉴定意见书》，鉴定结论为：1. 依据现有鉴定条件，被鉴定人梁某的右眼眶尖综合征、视神经损伤致其右眼盲目的伤残/残疾等级为八级；2. 被鉴定人梁某的伤后护理期考虑以60日至90日为宜、营养期考虑以45日至60日为宜，具体请结合实际发生情况使用。梁某就此支付鉴定费4200元。

【案件焦点】

1. 梁某、某小学、郝甲、王某某是否需要对梁某所受损害承担责任；2. 如需承担，责任比例应如何确定。

【法院裁判要旨】

北京市朝阳区人民法院经审理认为：行为人因过错侵害他人民事权益，应当承担侵权责任。限制民事行为能力人在学校或者其他教育机构学习、生活期间受到人身损害，学校或者其他教育机构未尽到教育、管理职责的，应当承担责任。本案中，梁某在学校期间，与郝乙追逐并撞到他人致己方受伤，事发当时，事发地附近并无教师或相关人员维持秩序，学校作为管理者并未尽到管理职责，应对梁某承担赔偿责任；关于郝乙，根据监控视频及现场学生陈述，梁某受伤的直接原因系在奔跑中撞到其他学生，并非郝乙直接实施侵权行为所致，梁某的受伤与郝乙的追逐并无直接因果关系，梁某要求郝乙承担侵权责任缺乏事实依据。故梁某要求某小学赔偿各项损失的诉讼请求，具有事实及法律依据，法院依法予以支持；梁某要求郝甲、郝乙、王某某承担侵权责任的诉讼请求，缺乏事实依据，法院不予支持。关于法律适用，根据《最高人民法院关于适用〈中华人民共和国民法典〉时间效力的若干规定》第一条第二款的规定："民法典施行前的法律事实引起的民事纠纷案件，适用当时的法律、司法解释的规定，但是法律、司法解释另有规定的除外。"本案事实发生在民法典施行前，故仍适用《中华人民共和国侵权责任法》的相关规定。

北京市朝阳区人民法院依照《中华人民共和国侵权责任法》第六条、第三十六条,《最高人民法院关于适用〈中华人民共和国民法典〉时间效力的若干规定》第一条第二款之规定,作出如下判决:

一、某小学于判决生效之日起七日内赔偿梁某医疗费 1007.4 元、护理费 16000 元、住院伙食费 4000 元、营养费 3000 元、交通费 1000 元、精神损害抚慰金 20000 元、伤残赔偿金 453612 元、配镜费 650 元、鉴定费 4200 元;

二、驳回梁某的其他诉讼请求。

某小学不服一审判决,提起上诉。

北京市第三中级人民法院经审理认为:关于法律适用问题。《最高人民法院关于适用〈中华人民共和国民法典〉时间效力的若干规定》第二十四条规定:“侵权行为发生在民法典施行前,但是损害后果出现在民法典施行后的民事纠纷案件,适用民法典的规定。”本案事发时间虽系 2019 年 5 月,但一审对梁某的伤残等级鉴定出具时间为 2021 年 1 月 15 日,即损害后果确定时间为《中华人民共和国民法典》施行后,故依照上述规定,本案应适用《中华人民共和国民法典》的规定。虽然某小学在上诉状中有关应以一审判决时间确定法律适用的意见不正确,但法院亦应依职权对法律适用问题予以确认。

关于某小学应承担何种责任。依据《中华人民共和国民法典》第一千二百条的规定:“限制民事行为能力人在学校或者其他教育机构学习、生活期间受到人身损害,学校或者其他教育机构未尽到教育、管理职责的,应当承担侵权责任。”就某小学是否尽到教育、管理职责,法院分析如下:第一,事发时,系由教室至操场进行体育活动。梁某所在班级的班主任未与学生们一同前往,而是让学生自行排队上操,其足以预见可能出现同学不听从班干部管理、出现违反纪律或危险行为不能及时处理等情况,客观上未能完全履行组织职责。第二,从监控视频可见,操场上人员密度大,各班列队整齐度差异较大,易发生冲撞或受伤。因而学校在组织学生进行体育活动时,应根据活动场所、人员密度等实际情况采取合理的管理措施,在列队和安全教育的落实上尚有改善空间。

综上，某小学未能完全尽到教育、管理职责，对事件的发生存在一定的过错，应当承担侵权责任。

与此同时，8周岁以上的未成年人为限制民事行为能力人，可以独立实施纯获利益的民事法律行为或者与其年龄、智力相适应的民事法律行为。本案中，梁某和郝乙虽然属于限制民事行为能力人，但排队上操、不追跑打闹、听从班干部指挥、遵守校规校纪属于与其年龄、智力相适应的行为要求。本案中，梁某和郝乙均存在不遵守学校纪律的行为，对损害后果的发生或扩大有过错，应各自承担相应的责任。综上，法院依法酌情判处梁某、某小学和郝乙按照二六二的比例承担责任。综上所述，某小学的上诉请求部分成立，法院予以支持。

北京市第三中级人民法院依照《中华人民共和国民法典》第一千一百七十二条、第一千一百七十三条、第一千二百条，《最高人民法院关于适用〈中华人民共和国民法典〉时间效力的若干规定》第二十四条，《中华人民共和国民事诉讼法》第一百七十条第一款第二项的规定，作出如下判决：

一、撤销北京市朝阳区人民法院民事判决；

二、某小学于本判决生效之日起七日内赔偿梁某医疗费604.44元、护理费9600元、住院伙食补助费2400元、营养费1800元、交通费600元、精神损害抚慰金12000元、伤残赔偿金272167.2元、配镜费390元、鉴定费2520元，以上合计302081.64元；

三、郝甲、王某某负连带责任于本判决生效之日起七日内赔偿梁某医疗费201.48元、护理费3200元、住院伙食补助费800元、营养费600元、交通费200元、精神损害抚慰金4000元、伤残赔偿金90722.4元、配镜费130元、鉴定费840元，以上合计100693.88元。

四、驳回梁某的其他诉讼请求。

【法官后语】

学校对在其管辖的时间和空间中学习和生活的未成年人负有教育、管理职责，但并不意味着未成年人在学校的任何损害，都由学校承担责任。学校未能尽到教育、管理职责，致使在其中学习或者生活的未成年人遭受人身损害的，应当承担与其过错相适应的侵权责任。

根据《中华人民共和国民法典》第一千一百九十九条、第一千二百条的规定，对于无民事行为能力人在幼儿园、学校或者其他教育机构遭受人身伤害的，采过错推定原则；对于限制民事行为能力人在幼儿园、学校或者其他教育机构遭受人身伤害的，采过错责任原则。所谓的“过错责任原则”，其基本含义是：行为人只对自己有过错的行为承担责任，不对没有过错的行为承担责任，所谓“有过错即有责任，无过错即无责任”。

《中华人民共和国民法典》第一千二百条规定：“限制民事行为能力人在学校或者其他教育机构学习、生活期间受到人身损害，学校或者其他教育机构未尽到教育、管理职责的，应当承担侵权责任。”该条文中有关学校“未尽到教育、管理职责的，应当承担侵权责任”的规定，说明学校在此类学生伤害事故中的责任，在性质上是违反教育、管理职责的过错责任，如果学校对事故的发生没有过错，那么学校就无须承担法律责任。根据《中华人民共和国民法典》第一千二百条的规定，在适用过错责任原则认定学校责任时，应当具备以下两个要件：一是在适用范围上，要求受害主体为在校学习、生活的限制民事行为能力人，即 8 周岁以上不满 18 周岁的未成年人。二是在主观过错上，要求学校对学生伤害事故的发生具有过错，即未尽到对在校生人身安全的注意义务。但与《中华人民共和国民法典》第一千一百九十九条采用过错推定原则不同的是，适用过错责任原则要求由受伤害学生及其监护人承担举证责任，证明学校对学生伤害事故的发生存在过错，否则应承担举证不利的后果。

本案中，梁某的损害后果确定时间为民法典施行后，依据《最高人民法院关于适用〈中华人民共和国民法典〉时间效力的若干规定》第二十四条，本案适用《中华人民共和国民法典》的规定。关于某小学应承担何种责任，梁某所在班级让学生自行排队上操，客观上未能完全履行组织职责，学校在组织学生进行体育活动时，也未能根据活动场所、人员密度等实际情况采取合理的管理措施，未能完全尽到教育、管理职责，对事件的发生存在一定的过错，应当承担侵权责任。与此同时，梁某和郝甲虽然属于限制民事行为能力人，但两人均存在不遵守学校纪律的行为，对损害后果的发生或扩大有过错，应各自承担相应的责任。一审法院判令某小学承担全部赔偿责任不当，二审法院根据各方的过错程度，依法酌情改判梁某、某小学和郝甲按照二六二的比例承担责任。

编写人：北京市第三中级人民法院 夏莉 屈露露

16

学校对不满8周岁的学生应负较高的监管注意义务

——刘某宇诉实验小学等教育机构责任案

【案件基本信息】

1. 裁判书字号

江苏省无锡市中级人民法院（2021）苏02民终2955号民事判决书

2. 案由：教育机构责任纠纷

3. 当事人

原告（上诉人）：刘某宇

被告（被上诉人）：实验小学、徐某钰、徐某盘、王某

【基本案情】

刘某宇，系实验小学二年级不满8周岁的学生。2019年9月3日下午，在学校第三节写字课上，其用手捂着右眼向班主任老师反映称“自己不小心用铅笔戳到眼睛了，眼睛看不清了”。班主任老师在查看刘某宇眼睛后，觉得只是流泪没有出血，便认为不严重，就安排其至教室办公室休息，因临近放学故没有在受伤时通知学生家长。班主任老师根据刘某宇的表述“自己不小心用铅笔戳到眼睛了”，认为系刘某宇自己原因戳到的眼睛，没有进行事故原因调查。在该校放学后，刘某宇家长接刘某宇时，学校才向家长告知刘某宇右眼受伤的

事情。放学后，刘某宇在家长带领下至医院救治。经医院诊断为“右眼眼球穿通伤”，在该院住院并进行了眼球缝合及植入晶片两次手术。在救治眼睛的过程中，刘某宇跟家长反映，系在课堂上跟同桌徐某钰抢夺铅笔的过程中，徐某钰突然松手，导致正对自己的铅笔尖一下子戳伤了右眼。

2020年7月，刘某宇向法院提出诉讼请求，要求判令实验小学、徐某钰、王某（徐某钰母亲）、徐某盘（徐某钰父亲）对其人身损害承担侵权责任，并赔偿造成的损失。

2020年9月11日，司法鉴定所出具司法鉴定意见书，鉴定结论为刘某宇人工晶体植入术后评定为九级残疾；其误工期（治疗休息期）150日，护理期45日，营养期45日为宜。法院经审理后认定刘某宇因眼睛损害造成的各项损失合计237966.28元。

【案件焦点】

实验小学等是否应对刘某宇的人身损害承担侵权责任。

【法院裁判要旨】

江苏省宜兴市人民法院经审理认为：无民事行为能力人在幼儿园、学校或者其他教育机构学习、生活期间受到人身损害的，幼儿园、学校或者其他教育机构应当承担责任，但能够证明尽到教育、管理职责的，不承担责任。实验小学向法院提交的班主任工作手册、日常班会课记录，能够证明实验小学尽到了管理、教育的职责，实验小学不应承担责任。刘某宇未提交与徐某钰抢夺铅笔致其眼睛受伤的证据，故徐某钰及其父母不应承担责任。刘某宇眼睛受伤是其自己造成，其应自行承担责任。

江苏省宜兴市人民法院依照《中华人民共和国侵权责任法》第三十八条之规定，作出如下判决：

驳回刘某宇的诉讼请求。

刘某宇不服一审判决，提起上诉。

江苏省无锡市中级人民法院经审理认为：学校作为教育机构，对就读的未成年人负有管理教育的法定职责。刘某宇作为不满 8 周岁的学生，学校需要尽到较高的监管注意义务。刘某宇在班主任教育管理的课堂上发生右眼穿通伤，且事发后学校未履行积极救治、及时告知家长的义务，也未及时调查事故发生的原因、伤害形成的过程，致使事实无法查清，无法为及时救治提供参考以及向可能的侵权人主张赔偿。实验小学提供的证据不足以证明其已尽到了相应的教育、管理职责，其应承担侵权责任。综合分析实验小学的过错情况，法院酌定实验小学承担 70%的赔偿责任；因无证据证明徐某钰存在侵权行为故而徐某钰及其父母不承担责任。刘某宇虽为无民事行为能力人，在课堂上也应遵守学校课堂纪律，其父母作为监护人对子女未尽到一定的安全教育义务，故刘某宇对损害后果应自负 30%的责任。

江苏省无锡市中级人民法院依照《中华人民共和国侵权责任法》第十六条、第二十六条、第三十八条，《最高人民法院关于审理人身损害赔偿案件适用法律若干问题的解释》第十七条、第十八条，《中华人民共和国民事诉讼法》第一百七十条第一款第二项的规定，作出如下判决：

一、撤销江苏省宜兴市人民法院民事判决；

二、实验小学于本判决发生法律效力后十日内给付刘某宇赔偿款 166576.40 元；

三、驳回刘某宇的其他诉讼请求。

【法官后语】

不满 8 周岁的未成年人属于法律规定的无民事行为能力人，他们在校学习、生活期间，虽然暂时脱离了监护人的管理和保护，但并不意味着对他们的管理和保护就可以有所减弱。学校作为教育机构，对未成年人负有教育、管理的法定职责，且由于不满 8 周岁的学生认知能力和行为能力欠缺，对他们的在校管理和保护，学校必须尽到较高的监管注意义务。具体分析如下：

1. 学校对不满 8 周岁学生应负较高监管注意义务是法定职责。《中华人民共和国侵权责任法》第三十八条规定了无民事行为能力人在教育机构学习、生活期间受到人身损害，教育机构如何承担责任的规定。《中华人民共和国民法典》第一千一百九十九条吸纳了《中华人民共和国侵权责任法》该条款的规则和精神，并再次将过错推定确定为民事责任的规则原则，将这一保护机制通过立法行为延续和丰富。因无民事行为能力人智力发育还不成熟，对事物的认知和判断存在明显欠缺，还不能充分辨认自己行为的性质，也不能充分理解自己行为的后果，故学校必须证明自己已经尽到了相当的注意义务并且实施了合理的行为才可以免除其侵权责任。这是立法对无民事行为能力人在校保护学校需尽到较高监管注意义务的充分体现。

2. 过错推定原则要求学校负更严格举证责任。《中华人民共和国教育法》《中华人民共和国未成年人保护法》以及教育部发布的《学生伤害事故处理办法》等法律、规章，规定了学校在安全教育、事故防范、事故处理等方面的义务和责任：如学校应当对学生进行必要的安全教育，采取相应的管理措施，预防和消除教育教学环境中存在的安全隐患；发生学生伤害事故的，学校应当及时救助受伤害学生，及时告知未成年学生的监护人；学校应根据实际情况及时采取相应措施，以免学生不良伤害后果的加重等。以上内容，涉及学生人身损害事故处理全流程：事故发生后学校应采取的措施（学校是否履行及时救助、告知义务）、事故原因分析（学校是否履行了安全教育义务、对事故原因是否有效调查）、事故后果控制（学校是否尽到防范损害扩大的义务），对学校尽到教育、管理职责的具体情形予以了规定。如果学校违反这类规定，应当认为其未尽到教育、管理职责。

3. 学校未尽监管责任应对不满8周岁学生在校遭受的伤害担责。虽然该案终审判决时，《中华人民共和国民法典》尚未正式实施，但《中华人民共和国民法典》已经颁布，该案判决时已经适用了《中华人民共和国民法典》第一千一百九十九条“教育机构的过错推定责任”的法条精神。未成年人权利保护的原则为“最有利于未成年人原则”，而无民事行为能力人，尚不能完全表达自己的意思，更是一个弱势群体，教育机构对他们的保护理应尽到较高的监管注意义务。

本案当事人刘某宇为不满8周岁的学生，系法律规定的无民事行为能力人，其在实验小学学习期间，受到了右眼球穿通伤的人身损害，并导致九级伤残。审查学校提供的证据，查明刘某宇受伤前后学校采取的教育、管理措施，并与学校理应依法承担的教育、管理义务一一比照，综合分析学校是否存在违反这类法律、法规的具体情形，并在此基础上判断学校是否尽到教育、管理职责，是否可以构成免责。学校的举证不足以证明其已经尽到监管责任，导致受伤学生未能得到及时救治，学校依法应承担民事赔偿责任。这一严格的学校举证、法院审查过程，构建起了对不满8周岁的学生在校保护更有力的司法屏障。

编写人：江苏省无锡市中级人民法院　诸佳英

17

中小学对未成年学生实施劳动教育活动安全保障义务的限度

——肖某诉某小学、保险公司教育机构责任案

【案件基本信息】

1. 裁判书字号

江西省吉安市中级人民法院（2021）赣08民终2703号民事判决书

2. 案由：教育机构责任纠纷

3. 当事人

原告（被上诉人）：肖某

被告（被上诉人）：某小学

被告（上诉人）：保险公司

【基本案情】

为积极施行学生劳动教育，某小学开展学生分发午餐劳动活动，三年级以上班级午餐时安排学生从食堂抬饭至班级。受害人肖某出生于2010年5月，现为该校五年级的学生，从三年级开始便接受学校安排抬饭，学校有经常性的安全教育。2020年9月30日中午，肖某继续受学校安排从事抬饭劳动，不慎在

当日第二次抬饭中绊脚摔倒，致左肱骨髁上骨折。摔伤时，共三名同学前后抬饭框，一同学在前，肖某与另一同学在后，摔伤处位于食堂至教室途中的水泥地面，路面开阔平坦。抬饭工具为方形塑料筐，高 30 厘米至 40 厘米，左右处有握手，装有盒饭 20 余盒，总重量为 20 余斤。肖某接受住院治疗后，经司法鉴定确认为九级伤残，受伤之日起护理期为 3 个月，营养期为 3 个月，后续医疗费为 2000 元。

某小学认为学校有经常性的安全教育，安排学生抬饭是正常劳动教育，具有积极意义，劳动强度未超出必要限度，故对肖某受伤不存在过错，不应承担赔偿责任。因无法达成协商意见，肖某诉至法院要求学校赔偿各项损失 206666.22 元。诉讼过程中，学校依法申请追加承保校（园）方责任保险的保险公司为被告。

【案件焦点】

如何合理确定学校对未成年学生实施劳动教育活动安全保障义务的限度。

【法院裁判要旨】

江西省吉安县人民法院经审理认为：根据《中华人民共和国义务教育法》第三十四条的规定，学校安排适龄学生接受与学生年龄相适应的劳动，是教育机构履行教育职能的一部分，从主观上来说，是符合教育学生成长、成才的目的的，故学校安排学生抬饭劳动本身并无过错。但某小学作为教育机构，在安排学生劳动教育时，应负有科学安排劳动内容、提供合适劳动工具、指导科学劳动方法、合理管理劳动过程等合理安全保障义务。肖某与另一同学走在后面，负重虽未超出体能，但后方视线不佳，徒手抬饭筐，存在绊脚摔跤等意外风险可能，某小学在劳动教育中，未对此风险科学防范并干预，存有过错。肖某年满 10 周岁，已接受过学校安排的抬饭劳动，对风险具备一定的识别能力，对自身安全应有与其认知相当的注意义务，其未按劳动常识“一左一右”前行，亦存在一定过错。故根据《中华人民共和国民法典》第一千二百条的规定，认定某小学承担 70%的赔偿责任，肖某自担 30%的责任。由于学校以注册学生为保险对象向保险公司投保了校（园）方责任保险，此次事故发生在保险期限内，依据《中华人民共和国保险法》第六十五条的规定，某小学应当承担的赔偿责任，可由保险公司依据保险合同约定，在责任限额内直接代为赔偿给肖某。

江西省吉安县人民法院依照《中华人民共和国民法典》第一千一百六十五条第一款、第一千一百七十三条、第一千一百七十九条、第一千一百八十三条、第一千二百条，《中华人民共和国保险法》第六十五条第二款和《中华人民共和国民事诉讼法》第六十四条第一款之规定，作出如下判决：

一、被告保险公司于本判决生效之日起七日内赔付原告肖某各项损失合计141768.35元；

二、驳回原告肖某的其他诉讼请求。

保险公司不服一审判决，提出上诉。

江西省吉安市中级人民法院经审理认为：一审判决认定事实清楚，适用法律正确，作出如下判决：

驳回上诉，维持原判。

【法官后语】

教育部发布《义务教育劳动课程标准（2022年版）》，将于2022年秋季学期开始执行，劳动成为义务教育阶段的必修课程。学校结合学生身心发展特点，安排学生从事适度的劳动教育，有益于播撒热爱劳动的种子，培养德智体美劳全面发展的社会主义建设者和接班人。

劳动本身具有一定风险性。审理此类案件时，应合理确定学校在劳动教育活动中的“教育、管理、保护职责”，充分发挥法律的教育、指引功能，以强化学校、学生的安全防范意识，加强教师的工作责任心，尽最大可能地减少、避免事故的发生，而不应片面地、过分强调学生利益，置学校利益于不顾，导致学校教育教学活动空间被过度压缩，劳动教育活动因噎废食。

学校是否在劳动教育中尽到“教育、管理、保护职责”，一般应从以下几个方面考量：

1. 劳动课程设置科学，符合学生的年龄、体能、身心发展状况。

2. 选择合适劳动工具，指导科学劳动方法。在劳动前，学校应开展必要的劳动安全教育，选择安全合适的劳动工具，并就如何正确使用劳动工具、劳动的实施步骤、注意事项、劳动风险防范方法等具体事项，进行科学演示、指导、提示。

3. 安排专人管理劳动过程，全过程做好风险排查防范。未成年学生风险识别意识和避险能力较差，学校应事先做好应急预案，事中安排专人现场管理，全过程做好风险排查防范，发现不安全因素，应进行必要的提示、说明、劝告、协助、制止。例如，本案中，学生绊脚摔伤虽事发突然，但与在场教师未及时提醒、未及时纠正学生按一般操作规范“一左一右”前行，存在一定的关联。

4. 损害发生后，学校应采取合理的救助措施。在劳动过程中，一旦发生伤害事故，应根据实际情况，及时采取合理的救助措施，以最大限度地减少、消除损害结果。同时，需及时告知未成年的监护人。

5. 学生对自己的人身安全也应负有与其认知相当的注意义务。《学生伤害事故处理办法》第六条规定“学生应当遵守学校的规章制度和纪律；在不同的受教育阶段，应当根据自身的年龄、认知能力和法律行为能力，避免和消除相应的危险”。未成年人虽身心发展不完全成熟，但随着年龄增长，具备一定的认知能力和风险识别能力，也应承担与其认知相当的注意义务。学生有过错时，应适用过失相抵原则，相应减轻学校的责任。例如，本案该未成年学生，年满10周岁，具有两年抬饭经验，按常理知晓“一前一后”比“一左一右”的前行方式更容易绊脚摔跤，却未按照操作规范劳动，应承担一定的责任。

法院在最大限度保障未成年人合法权益的同时，也应合理评判学生的过错情况，适用过失相抵原则，相应减轻学校的责任。从良法善治角度出发，依法保障教育教学活动的正常开展，最大限度地杜绝事故的发生。此外，学校应尽量购买相应的保险，形成风险替代机制。

编写人：江西省吉安市吉安县人民法院　彭小宁

18

教育惩戒不得转化为体罚或变相体罚

——孙某诉某中学教育机构责任案

【案件基本信息】

1. 裁判书字号

重庆市第三中级人民法院（2021）渝 03 民终 1694 号民事判决书

2. 案由：教育机构责任纠纷

3. 当事人

原告（上诉人）：孙某

被告（上诉人）：某中学

【基本案情】

孙某系某中学高中 2020 级的一名学生。2019 年 9 月 23 日，班主任龚老师在教室外面巡查时发现班上有部分学生上课时打瞌睡、英语课听写时翻书的行为后，在第四节晚自习时到教室，要求违反课堂纪律的学生起立，并要求违纪学生第二天早上在学校操场接受罚跑 10 圈左右（未违纪学生不要求晨跑）。2019 年 9 月 24 日 7 时许，孙某在某中学操场和其他同学接受班主任龚老师罚跑过程中，突然倒地、意识不清、呼之不应，被同学发现后，经班主任龚老师和其他学生采取简单急救措施后，被送到卫生院急救。当日上午，孙某转到医院治疗，入院诊断为：1. 心跳呼吸停止原因待查：心源性？神经源性？其他？2. 心肺复苏术后综合征。3. 酸碱平衡失调。2019 年 9 月 25 日，孙某转入另一医院住院治疗，入院诊断为：1. 心肺复苏术后综合征；2. 心律失常；3. 多器官功能障碍综合征……住院治疗 91 天后转院，共计花去医疗费 30 多万元。之后，孙某相继先后转入多家医院等住院治疗。

之后，孙某的伤病因果关系、伤残等级、护理依赖、康复费和残疾辅助器具费经司法鉴定所鉴定，鉴定意见为：1. 孙某目前情况与晨跑运动存在因果关系，晨跑运动参与度约为50%；2. 孙某目前属一级伤残；3. 孙某属完全护理依赖，护理人数以2人认定为宜；4. 孙某康复治疗需费用……案件审理过程中，某中学申请对孙某受伤与晨跑有无因果关系、晨跑运动参与度、伤残等级等进行重新鉴定。经委托鉴定，司法鉴定所作出司法鉴定意见：1. 据提供资料，理论上不排除晨跑诱发孙某心脏呼吸骤停。但其法理上的参与程度，不属于法医鉴定范畴。2. 孙某截瘫伴重度排便、排尿功能障碍属一级伤残。3. 孙某需要终身完全护理依赖，其护理人数以1人认定为宜。4. 孙某出院后所需康复治疗费用以实际发生金额认定为宜……

【案件焦点】

1. 某中学的龚老师对孙某的受伤是否存在过错；2. 关于孙某受伤，某中学应否承担责任以及承担责任的比例。

【法院裁判要旨】

重庆市丰都县人民法院经审理认为：孙某受伤系学校班主任龚老师变相体罚学生即罚跑所致，该学校应当承担相应的责任。龚老师要求违纪学生早上在操场罚跑10圈左右，该晨跑对象相对特定，且对晨跑圈数作了一定的要求，具有明显的针对性，该晨跑具有变相体罚学生的性质，案涉伤害事故发生前后该班级均未进行晨跑。虽然要求违纪学生参与晨跑具有达到教育、惩戒和锻炼身体以提升学习精神状态的目的，但需以不损害学生身体健康为前提。要求接受罚跑10圈左右并非对每位参加罚跑的学生来说都是适量的运动，基于长跑运动的长度和强度特性，过量运动将会存在一定的潜在风险。学生服从班主任老师的管理参加晨跑即接受罚跑，老师对学生则负有安全保障的义务，其应当在跑步前对学生进行相应的安全教育、提醒，充分了解并考虑学生身体差异及承受能力，采取科学、合理、适度的方式进行，尽量避免学生因过量或者不适当的运动造成身体损害。学校教师或者其他工作人员体罚或者变相体罚学生，或者造成的学生伤害事故，学校应当依法承担相应的责任。某中学存在通过罚跑方式变相体罚学生的行为，应当承担相应的责任。

孙某在伤害事故发生前或发生时并无证据证明其有特异体质、特定疾病或者异常心理状态，即使受害人孙某患有特定疾病或存在特异体质，但该疾病并非必然向着与侵权损害的相同方向发展，若孙某不参与罚跑即晨跑运动，完全可能正常生活。故综合认定涉案罚跑即晨跑运动与孙某的伤害事故具有因果关系，对涉案伤害事故的发生，某中学和孙某各承担50%的责任。

重庆市丰都县人民法院作出如下判决：

某中学赔偿孙某医疗费、残疾赔偿金等各项损失费用共计90多万元。

双方均不服一审判决，提起上诉。

重庆市第三中级人民法院同意一审法院的裁判意见，并依照《中华人民共和国民事诉讼法》第一百七十条第一款第一项的规定，作出如下判决：

驳回上诉，维持原判。

【法官后语】

一、教育惩戒不能转变为体罚或者变相体罚

明确区分教育惩戒和体罚之间的区别，有利于学校和老师正确履行教育惩戒职责。根据《中小学教育惩戒规则（试行）》第二条第二款的规定，教育惩戒是指学校、教师基于教育目的，对违规违纪学生进行管理、训导或者以规定方式予以矫治，促使学生引以为戒、认识和改正错误的教育行为。第十二条规定，教师在实施教育惩戒过程中，不得有以击打、刺扎等方式直接造成学生身体痛苦的体罚，超过正常限度的罚站、反复抄写，强制做不适的动作或者姿势，以及刻意孤立等间接伤害身体、心理的变相体罚等行为。教育惩戒是教育行为，体罚或变相体罚是违法行为，教师实施体罚或变相体罚是侵犯学生的合法权益行为，将依法承担相应法律责任。教育惩戒不是单纯的惩罚，只为造成痛苦的教育惩戒是没有意义的，不能以损害学生身体或心理健康为目的。若教育惩戒不能合理、适度，实施的教育惩戒措施超过了必要的限度或没有考虑特定学生的具体情况，可能就会造成学生的身心健康受到侵害，教育惩戒措施转变为体罚或变相体罚。

二、教育机构若存在体罚或者变相体罚学生的行为，应当依法承担相应的侵权责任

学校教师或者其他工作人员体罚或者变相体罚学生，将根据教育机构的过错程度，依法承担相应的责任。班主任龚老师发现该班的部分学生上课时打瞌睡、英语课听写时翻书的情况后，要求违纪学生第二天早上到其学校操场罚跑10圈左右。虽然班主任对孙某在内的部分学生罚跑的目的并非使学生受到伤害，而是帮助学生提升精神，更好地完成学习任务，取得好成绩，其出发点是善意的，但不能改变该罚跑属于体罚或者变相体罚学生的行为，且其罚跑客观事实上造成了孙某的损害后果，与孙某受伤具有直接的因果关系。让多名学生都罚跑10圈左右超过了必要的限度，也没有考虑到个别学生或许不能跑10圈左右的具体情况，因此某中学应当依法承担赔偿相应的侵权责任。

三、实施教育惩戒应当遵循合理合法、适度有效等原则，不能把教育惩戒变成体罚或变相体罚

教育惩戒是学校教育行为中的常态行为，但教育惩戒只是手段不是目的，学校、教师应当依法履行职责，实施教育惩戒应当遵循法律法规、学校规定和教育规律，根据学生行为情节严重程度，结合实际情况和学生个人特殊性等选择最佳教育惩戒方式，让学生更好地认识错误改正错误。对多名学生实施同等普遍教育惩戒时，注意不能一概而论，要充分考虑个别学生的特殊情况，防止因个别学生接受不了该教育惩戒而产生不良影响和后果。实施教育惩戒前应当采用正面教育引导方式，在实施教育惩戒时要加强关注被教育惩戒学生的情绪和状态，加强心理疏导，避免发生意外。一方面，教育机构要通过积极管教和教育惩戒的实施达到育人的效果，及时纠正学生错误言行，培养学生的规则意识、责任意识。另一方面，教育行政部门应当支持、指导、监督学校及其教师依法依规实施教育惩戒，确保学校和老师实施教育惩戒不超过必要的限度，符合常理和教育规律，发挥教育惩戒的积极作用，达到应有的教育目的。

编写人：重庆市丰都县人民法院　湛野

五、产品责任纷纷

19

产品缺陷的责任竞合问题

——吴某吉诉刘某芳、电器厂产品责任案

【案件基本信息】

1. 裁判书字号

江苏省无锡市中级人民法院（2020）苏02民终5450号民事判决书

2. 案由：产品责任纠纷

3. 当事人

原告（被上诉人）：吴某吉

被告（被上诉人）：电器厂

被告（上诉人）：刘某芳

【基本案情】

2019年6月10日，吴某吉至刘某芳开的渔具店（于2019年7月1日注销）购买增氧泵一台，渔具店出具收据一张。2020年2月10日3时19分，吴某吉所有的房屋室内起火，后经消防大队处置灭火，火灾事故认定书认定起火原因为增氧泵在充电过程中内部锂电池热失控引发火灾。2020年3月13日，保险公司出具鉴定报告，确定涉案房屋及相关财产的损失金额为200252.24元，吴某吉支付鉴定费10000元。

2020年2月25日，吴某吉与出租方张某签订租房协议一份，由吴某吉租赁张某的房屋，租期一年，自2020年3月1日至2021年2月28日，年租金为24000元，押金为1000元（年租金和押金已由吴某吉支付给张某）。

审理中，刘某芳陈述涉案增氧泵是吴某吉从她处购买，她是从代理商处买的，事故后她去现场看了，和鉴定报告上的是一样的，对起火原因没有异议，吴某吉租赁情况她知道，对于房租金额是认可的，她也是受害者，责任应该由生产者承担。电器厂提供和刘某芳的录音、购物网站相同规格产品的截图、电池供应商的产品规格确认书，用以证明刘某芳并非从其单位进货，其单位生产的产品有电池保护装置，但吴某吉和刘某芳对此不予认可。

【案件焦点】

1. 案涉增氧泵是否系刘某芳经营的渔具店出售给吴某吉；2. 如刘某芳系销售方，本案的损失及赔偿责任应如何认定。

【法院裁判要旨】

江苏省宜兴市人民法院经审理认为：根据《中华人民共和国侵权责任法》规定，因产品存在缺陷造成他人损害的，生产者应当承担侵权责任。因销售者的过错使产品存在缺陷，造成他人损害的，销售者应当承担侵权责任。因产品存在缺陷造成损害的，被侵权人可以向产品的生产者请求赔偿，也可以向产品的销售者请求赔偿。渔具店作为销售方未能销售符合安全标准的增氧泵，应对本次增氧泵引起的火灾造成吴某吉的损失承担赔偿责任，渔具店已经注销，其经营者刘某芳应承担赔偿责任。吴某吉因增氧泵引发火灾所主张的房屋及财产损失200252.24元、鉴定费10000元、租赁费24000元，以上合计234252.24元，应由刘某芳负担。租房押金1000元并非实际损失，1000元水电费无票据佐证，对该2000元法院不予支持。

江苏省宜兴市人民法院依照《中华人民共和国侵权责任法》第三条、第四十一条、第四十二条、第四十三条，《最高人民法院关于民事诉讼证据的若干规定》第二条、第四条之规定，作出如下判决：

一、刘某芳于判决生效之日起十日内赔偿吴某吉各项损失 234252.24 元；

二、驳回吴某吉对电器厂的诉讼请求；

三、驳回吴某吉的其他诉讼请求。

刘某芳不服一审判决，提出上诉。

江苏省无锡市中级人民法院经审理认为：本案二审争议焦点为：案涉增氧泵是否系刘某芳经营的渔具店出售给吴某吉；如刘某芳系销售方，本案的损失及赔偿责任应如何认定。在诉讼过程中，一方当事人陈述的于己不利的事实，或者对于己不利的事实明确表示承认的，另一方当事人无须举证证明。关于案涉增氧泵，刘某芳在一审中已认可系吴某吉从其处购买，其现在上诉又予以否认，并称是受到了吴某吉的恶意引导，双方存在恶意串通诉讼的情形，则刘某芳应对其该上诉主张承担举证责任。经审查刘某芳提供的其与吴某吉的微信聊天记录，相应聊天内容中虽提及补开收据，但双方在聊天中均未提到案涉增氧泵并非在刘某芳处购买。在吴某吉依法可向生产者主张赔偿的情形下，其要求刘某芳配合提供生产厂商的信息亦属合理，从双方聊天内容来看，难以认定构成恶意串通。法律本身对产品责任承担有明确规定且刘某芳是在明确知晓吴某吉已将其作为被告提出赔偿请求后自认的相应事实，故刘某芳以吴某吉聊天中提到的“我这边不会影响你”“要对你负责的”等内容构成恶意引导为由推翻其自认的事实，本院不予采信。因此，刘某芳现提供的证据尚不足以推翻其一审已自认的事实，一审认定刘某芳经营的渔具店系涉案的增氧泵的销售方并无不当。消防部门已明确系案涉增氧泵在充电过程中内部锂电池热失控引发火灾，刘某芳目前也未能提供任何证据证明系吴某吉使用不当造成增氧泵内部锂电池热失控，故一审法院采信消防部门的意见，认定系因案涉增氧泵不符合安全标准引发火灾并无不当。渔具店作为该增氧泵销售者应对吴某吉的损失承担赔偿责任。因渔具店已注销，故相应责任应由其经营者刘某芳承担。刘某芳目前未能提供充分证据证明该增氧泵系电器厂生产，亦未能明确供货者的具体信息，故一审法院未判令电器厂承担责任、未追加刘某芳所述的供货方，符合法律规定。关于因案涉增氧泵存在质量问题给吴某吉造成的损失，吴某吉在一审中提供了专业机构出具的鉴定报告，刘某芳一审对该鉴定报告并未提出异议，亦表示现场确实与鉴定报告中反映的一样，另经审查鉴定报告中亦并非所有物品均按全损计算，对于白酒仅是按照更换包装计算损失，刘某芳现也无充分证据推翻该鉴定报告，故一审采信鉴定报告中载明的损失亦无不当。对于租赁费损失，刘某芳虽在一审中对吴某吉主张的金额予以认可，但根据二审查明的情况可以反映出吴某吉存在另租车库居住的事实，吴某吉对同时租赁两处予以居住无法作出合理说明，故其一审主张的租赁费是否实际发生确实存疑。鉴于吴某吉在二审中明确表示本案租赁费现按照500元/月主张1年，共计6000元，刘某芳对该租金标准并无异议，且结合吴某吉的房屋因火灾实际受损情况，其主张计算1年的租赁费损失亦属合理，故本案的租赁费损失现调整按照6000元计算。另刘某芳主张吴某吉对本起火灾事故发生存在过错的依据不足，故对其提出的吴某吉应对案涉损害后果自负大部分责任的上诉意见，不予采纳。综上，结合新的证据情况对一审认定的租赁费用损失予以调整。对其他争议问题，一审认定并无不当，刘某芳的上诉理由不能成立，对其主张不予支持。

江苏省无锡市中级人民法院依照《中华人民共和国民事诉讼法》第一百七十条第一款第二项之规定，作出如下判决：

一、维持江苏省宜兴市人民法院民事判决第二项；

二、撤销江苏省宜兴市人民法院民事判决第一项、第三项；

三、刘某芳于本判决生效之日起十日内赔偿吴某吉各项损失216252.24元；

四、驳回吴某吉的其他诉讼请求。

【法官后语】

产品责任又称为产品侵权损害赔偿责任，是指因产品有缺陷造成他人财产、人身损害，产品的生产者、销售者应承担的民事责任。《中华人民共和国民法典》第一千二百零二条规定，“因产品存在缺陷造成他人损害的，生产者应当承担侵权责任”。第一千二百零三条规定，“因产品存在缺陷造成他人损害的，被侵权人可以向产品的生产者请求赔偿，也可以向产品的销售者请求赔偿。产品缺陷由生产者造成的，销售者赔偿后，有权向生产者追偿。因销售者的过错使产品存在缺陷的，生产者赔偿后，有权向销售者追偿”。

产品责任是一种特殊的侵权责任，其具有两层含义。第一，它是一种侵权责任而不是一种违约责任，不以加害人与受害人之间存在合同关系为前提，而是基于产品缺陷造成他人损害这一事实而产生的。无论是与缺陷产品的生产者或销售者有直接合同关系的消费者、用户，还是其他第三人，因使用缺陷产品造成人身损害或财产损失的，受害人均可要求赔偿。第二，它是一种特殊的侵权责任，不同于其他一般侵权责任。其特殊性主要表现在归责原则的适用上，普通侵权责任适用过错责任原则，而产品责任大多适用无过错责任或者严格责任的归责原则。受害人无须证明加害人有过错，只需证明产品具有缺陷、受害人存在损害的事实、缺陷产品与损害之间具有因果关系。

对缺陷产品的生产者和销售者规定的归责原则又有所不同：

1. 对生产者适用严格责任原则的归责原则。《中华人民共和国产品质量法》第四十一条第一款的规定，“因产品存在缺陷造成人身、缺陷产品以外的其他财产（以下简称他人财产）损害的，生产者应当承担赔偿责任”。由此可见，缺陷产品的生产者承担产品责任不以主观过错为要件，不论生产者有无过错，都应对缺陷产品所致损害承担责任。

2. 对销售者适用过错责任为主、严格责任为辅的归责原则。《中华人民共和国产品质量法》第四十二条规定，“由于销售者的过错使产品存在缺陷，造成人身、他人财产损害的，销售者应当承担赔偿责任。销售者不能指明缺陷产品的生产者也不能指明缺陷产品的供货者的，销售者应当承担赔偿责任”。

3. 生产者与销售者之间的责任关系。《中华人民共和国产品质量法》第四十三条规定，“因产品存在缺陷造成人身、他人财产损害的，受害人可以向产品的生产者要求赔偿，也可以向产品的销售者要求赔偿。属于产品的生产者的责任，产品的销售者赔偿的，产品的销售者有权向产品的生产者追偿。属于产品的销售者的责任，产品的生产者赔偿的，产品的生产者有权向产品的销售者追偿”。由此可见，缺陷产品的生产者与销售者之间虽有明确的责任界限，但当面对缺陷产品受害人时，生产者和销售者之间就存在连带责任关系。缺陷产品的生产者、销售者内部如何承担责任、如何追偿是他们的内部关系问题，不得因此影响对受害人的责任承担，而受害人可以选择其中之一承担侵权责任。

4. 生产者可以免责的情形。《中华人民共和国产品质量法》第四十一条第二款的规定，“生产者能够证明有下列情形之一的，不承担赔偿责任：（一）未将产品投入流通的；（二）产品投入流通时，引起损害的缺陷尚不存在的；（三）将产品投入流通时的科学技术水平尚不能发现缺陷的存在的”。

综上，在产品缺陷造成损害的侵权责任上，受害人存在选择赔偿主体的权利，且该侵权赔偿责任存在终局责任人的问题，即由造成缺陷的主体承担最终的责任。

编写人：江苏省宜兴市人民法院　丁平　应文涯

20

进口食品缺乏检验、检疫是否适用惩罚性赔偿的司法认定

——柯某飞诉冷链食品经营部、阮某友产品责任案

【案件基本信息】

1. 裁判书字号

湖北省武汉市中级人民法院（2021）鄂 01 民终 7719 号民事判决书

2. 案由：产品责任纠纷

3. 当事人

原告（上诉人）：柯某飞

被告（被上诉人）：冷链食品经营部、阮某友

【基本案情】

柯某飞系职业打假人，阮某友系租用冷链门面从事肉、禽及水产品销售的个体工商户，经营字号为“冷链食品经营部”。2018 年 4 月 8 日至 9 月 16 日，柯某飞与冷链食品经营部工作人员就其要求购买的冻品牛仔骨的品种、数量、价格协商一致后，柯某飞用支付宝转账的方式，分十四次支付了购买冻品牛仔骨的货款。冷链食品经营部工作人员将从路边流动冷藏车现金购买的无发票、无检疫证明、无中文标签的案涉牛仔骨，分十四次销售给举报人柯某飞，销售金额 283288 元。柯某飞用秘拍设备将购买过程全程进行了录像。柯某飞购买上述冻品牛仔骨后，存放于其租用的冷库内，并支付了仓储费。后柯某飞索赔未果后向市场监督管理局进行了举报。随后市场监督管理局对柯某飞所购买的牛仔骨进行抽样检验，结果显示上述产品符合 GB 2707—2016《食品安全国家标准 鲜（冻）畜、禽产品》要求。2020 年 9 月 8 日，冷链食品经营部、阮某友向柯某飞退还了货款 283288 元及仓储费 31798 元。经柯某飞同意，冷链食品经营部将案涉牛仔骨全部召回，随即主动自行销毁。后市场监督管理局作出行政处罚决定书，认为冷链食品经营部经营未按规定进行检疫、无中文标签牛仔骨，且未查验供货者的许可证和检验检疫证明的行为，违反了相关法律规定，予以罚款 424932 元。冷链食品经营部已缴纳了罚款。

柯某飞与冷链食品经营部、阮某友协商返还食品价款且按购价十倍赔偿未果，柯某飞诉至法院。请求判令：1. 冷链食品经营部、阮某友返还价款 283287 元；2. 冷链食品经营部、阮某友支付惩罚性赔偿 2832870 元，以上两项合计 3116157 元；3. 冷链食品经营部、阮某友互负连带责任；4. 冷链食品经营部、阮某友承担本案诉讼费用。

【案件焦点】

1. 案涉牛仔骨是否符合食品安全标准；2. 原告十倍赔偿的请求能否得到支持。

【法院裁判要旨】

湖北省武汉市洪山区人民法院经审理认为：关于案涉商品是否符合食品安

全标准。食品经营者应守法经营，禁止经营未按规定进行检疫或者未经检验的肉类制品，应查验供货者的许可证和食品出厂检验合格证或者其他合格证明，经营预包装食品的包装上应当有中文标签，但其未履行上述义务，违反了食品安全法的相关规定，已由相关监管部门予以处罚。然而，涉案牛仔骨虽不符合上述要求，并不等同于不符合食品安全标准，根据监管部门委托专业检测机构对涉案牛仔骨进行的检测表明，其符合 GB 2707—2016《食品安全国家标准 鲜（冻）畜、禽产品》要求，故并非不符合食品安全标准的食品。关于是否应适用十倍惩罚性赔偿，根据《中华人民共和国食品安全法》第一百四十八条第二款之规定，对经营者适用十倍惩罚性赔偿应同时具备两个要件：一是经营者销售了不符合食品安全标准的食品；二是经营者主观上系明知。“不符合食品安全标准的食品”，应指食品实质上有毒、有害，对人体健康可能造成任何急性、亚急性或者慢性危害的食品。柯某飞主张十倍惩罚性赔偿，应举证证实涉案牛仔骨不符合食品安全标准，但该食品已经专业检测机构检测证明符合《食品安全国家标准鲜（冻）畜、禽产品》要求，且柯某飞系职业打假人，在购买时明知该食品无中文标签、缺乏检验检疫证明，并即时录像，购买后也一直保存在冷库并未食用，现该食品已进行无害化销毁处理，未对柯某飞及他人造成任何急性、亚急性或者慢性危害。因此，柯某飞要求的十倍赔偿，不应予以支持。

湖北省武汉市洪山区人民法院根据《中华人民共和国食品安全法》第一百四十八条第二款、第一百五十条，《中华人民共和国民事诉讼法》第六十四条之规定，作出如下判决：

驳回柯某飞的全部诉讼请求。

柯某飞不服一审判决，提出上诉。

湖北省武汉市中级人民法院经审理认为：进口的食品应当符合我国食品安全国家标准，经出入境检验检疫机构依照进出口商品检验相关法律、行政法规的规定检验合格，以及按照国家出入境检验检疫部门的要求随附合格证明材料，方能入境销售。本案中，案涉牛仔骨属于生鲜类肉制品，被告作为进口食品销售者，应举证证明该产品来源以及检验检疫符合我国食品安全标准。但该牛仔骨无检疫检验证明、无中文标签，亦无海关发放的通关证明等进口食品所应具备的资料，产品来源及质量不明。即使纠纷发生后销售者进行的理化安全性指标检验符合有关国家标准，但不能证明该产品的生物安全性指标也符合国家相关安全标准。故销售者应承担举证不能的不利法律后果，向原告退还货款且承担货价十倍赔偿，二审法院对一审法院的认定予以调整。

湖北省武汉市中级人民法院依照《中华人民共和国食品安全法》第三十四条、第九十二条、第一百四十八条第二款，《最高人民法院关于审理食品药品纠纷案件适用法律若干问题的规定》第六条以及《中华人民共和国民事诉讼法》第一百七十条第一款第二项的规定，作出如下判决：

一、撤销湖北省武汉市洪山区人民法院民事判决；

二、冷链食品经营部、阮某友向柯某飞支付赔偿金2832880元；

三、驳回柯某飞的其他诉讼请求。

【法官后语】

关于进口食品安全问题，要明确其是否符合食品安全标准。依照《中华人民共和国食品安全法》第九十二条的规定："进口的食品、食品添加剂、食品相关产品应当符合我国食品安全国家标准。进口的食品、食品添加剂应当经出入境检验检疫机构依照进出口商品检验相关法律、行政法规的规定检验合格。进口的食品、食品添加剂应当按照国家出入境检验检疫部门的要求随附合格证明材料。"第三十四条规定："禁止生产经营下列食品、食品添加剂、食品相关产品……（八）未按规定进行检疫或者检疫不合格的肉类，或者未经检验或者检验不合格的肉类制品……"《最高人民法院关于审理食品药品纠纷案件适用法律若干问题的规定》第六条规定："食品的生产者与销售者应当对于食品符合质量标准承担举证责任。认定食品是否安全，应当以国家标准为依据……"依据上述法律规定，进口食品应当符合我国食品安全国家标准，并按照我国出入境检验检疫部门的要求附随合格证明材料方能入境销售。案涉牛仔骨属于生鲜类肉制品，被告作为销售者应举证证明该产品来源以及检验检疫符合我国食品安全标准。且对于生鲜类肉食产品的进口检验，包括生物安全性检查和理化安全性指标检查，即检疫和理化安全性指标检测。即使案涉牛仔骨经事后进行的理化安全性指标检验符合有关国家标准，但仍不能证明该产品的生物安全性指标也符合国家相关安全标准。被告在不能举证证明该批牛仔骨符合我国食品安全标准的情况下，应承担相应的赔偿责任。

关于是否适用十倍价款惩罚性赔偿的问题，依照《中华人民共和国食品安全法》第一百四十八条第二款的规定："生产不符合食品安全标准的食品或者经营明知是不符合食品安全标准的食品，消费者除要求赔偿损失外，还可以向生产者或者经营者要求支付价款十倍或者损失三倍的赔偿金；增加赔偿的金额不足一千元的，为一千元……"本案被告在销售案涉牛仔骨时，未查验国家出入境检验检疫要求的检验检疫合格证明、供货者的许可证，未确认该牛仔骨是否符合我国食品安全标准且属于合法准许入境销售的产品，对我国食品安全及生态安全构成较大的潜在隐患，应当认定为"明知不符合食品安全标准"而销售，需依法承担十倍惩罚性赔偿责任。即使原告购买后并未食用，被告已将涉案牛仔骨进行无害化销毁处理，未对原告及他人造成任何急性、亚急性或者慢性危害，但案涉惩罚性赔偿并不以消费者人身权益遭受损失为前提。因此，该食品尚未食用并已销毁处理及原告"知假买假"并不能作为本案不适用惩罚性赔偿的抗辩理由。另外，从社会功能层面分析，"民以食为天，食以安为先"，规范食品生产经营活动、防范食品安全事故发生，对保障公众身体健康和生命安全意义重大。我国对于进口食品实行严格的入境销售管理制度，未经检验检疫的生鲜制品在我国销售，不仅会影响我国公众身体健康和生命安全，而且可能影响到我国的生态安全。本案适用十倍价款的惩罚性赔偿，能对经营者起到应有的警示作用，也可以合理地保护消费者的正当权益，不仅维护食品消费领域正常交易秩序，对于保障和改善民生亦具有重要意义。

编写人：湖北人武汉市中级人民法院　熊雪婷

21

故意多次购买过期食品以主张惩罚性赔偿的限制适用

——阙某波诉百货店产品销售者责任案

【案件基本信息】

1. 裁判书字号

广东省广州市海珠区人民法院（2021）粤0105民初23343号民事判决书

2. 案由：产品销售者责任纠纷

3. 当事人

原告：阙某波

被告：百货店

【基本案情】

阙某波于2021年6月20日在百货店花费9.9元购买了一瓶香辣酱，该商品的生产日期为2020年4月13日，保质期为14个月，该商品已过保质期。阙某波认为，根据《中华人民共和国食品安全法》第四条、第三十四条、第一百四十八条等规定，百货店应向其退还货款及赔偿1000元。

经广东省广州市海珠区人民法院检索关联案件，阙某波近一年来在广东省广州市提起了逾300件产品责任纠纷案件，案情相似。阙某波几天内在百货店购买过期的香辣酱多瓶。其中，阙某波因在百货店购买到与本案同品牌的过期的香辣酱，已最先提起另案，在该案判决中，广东省广州市海珠区人民法院判决百货店支付赔偿金1000元给阙某波。

阙某波在庭审中明确表示其明知涉案食品在购买时已经超过保质期，且其购买涉案食品就是为了主张惩罚性赔偿金。

【案件焦点】

百货店是否应当支付惩罚性赔偿金。

【法院裁判要旨】

广东省广州市海珠区人民法院经审理认为：阙某波提交的其购物全过程视频、购物小票等，足以证明阙某波在百货店处购买了已经超过保质期的香辣酱。百货店将该过期食品销售给阙某波，应认定属于销售明知是不符合食品安全标准的食品的情形，阙某波要求退还货款，应予支持。

根据查明的事实，阙某波在短期内多次前往百货店处重复购买同一种类的过期食品，并在购买涉案食品时全程拍摄视频录像，阙某波购买该食品的数量、次数以及行为方式明显异于普通消费者，其购买涉案食品并非出于生活消费需要，而是为了固定索赔证据以获取赔偿金。

诚然，阙某波购买、举报过期食品的行为系社会监督形式之一，其诉讼行为具有一定的社会公益性。然民事主体从事民事活动，不得违背公序良俗。阙某波在发现商家出售的食品已超过保质期的情况下，应当立即采取有效措施，及时通知商家对过期食品进行下架处理，而非反复购买，如此才能避免使不特定消费者产生食品安全事故，才能切实促进食品安全状况实现根本好转。阙某波通过重复购买同一食品多次提起诉讼以获取暴利的行为，属于违背社会公序良俗的情形。因此，为平衡打击销售过期食品行为的公益性和牟利性，参照关于食品安全举报仅奖励最先举报人的习惯做法，在广东省广州市海珠区人民法院已于另案的判决中对百货店销售过期的香辣酱的行为作出了惩罚的情况下，对阙某波提出的惩罚性赔偿请求所涉的公益性已在该案中予以体现，故对阙某波在本案中再次就百货店销售过期的香辣酱的行为提出的惩罚性赔偿请求因违背社会公序良俗而予以规制。对阙某波要求百货店支付赔偿金1000元的请求，不予支持。

广东省广州市海珠区人民法院根据《中华人民共和国民法典》第八条，《中华人民共和国食品安全法》第三十四条之规定，作出如下判决：

一、百货店在本判决生效之日起七日内一次性退还货款9元给阙某波；

二、驳回阙某波的其他诉讼请求。

判决后，双方当事人均未上诉，本判决现已生效。

【法官后语】

有观点认为，销售明知是不符合食品安全标准的食品是销售者的重大过错，故应支持惩罚性赔偿。也有观点认为，如果支持通过诉讼牟利，显然与食品安全法惩罚性赔偿制度之立法初衷不符，亦有悖于民事诉讼诚实信用原则，故不应予以支持。就个案而言，这两种思路并无对错之分。

一、职业打假行为的认定

为了与普通消费者区分开来，迫切需要为“食品职业打假行为”以及“食品职业打假人”下一定义。笔者认为，食品职业打假行为是指购买者有意购买其认为不符合食品安全标准的食品后，起诉生产销售者“退一赔十”，进而从中牟利的行为。同理，起诉生产销售者的原告，即为食品职业打假人。一般而言，食品职业打假人一旦发现其认为不符合食品安全标准的食品后，会在短期内多次频繁购买，在进行购买行为时均会全程拍摄视频录像，故其取证方式会明显不同于普通消费者，其购买行为明显也不是出于生活消费需要，而是为了固定索赔证据。对于出现上述因素的购买行为，应认定其购买行为属于职业打假行为。

二、合理规制职业打假行为的必要性

一方面，食品职业打假人购买、举报过期食品的行为系社会监督形式之一，食品职业打假人的诉讼行为具有一定的社会公益性。另一方面，食品职业打假人通过重复购买同一食品多次提起诉讼以获取暴利的行为，属于违背社会公序良俗的情形。如果一味地对此种通过诉讼牟取暴利的行为全部支持，将导致类似的诉讼频繁发生，并会导致司法裁判客观上引发支持牟取暴利、危害公序良俗的不良社会后果。

三、“首案赔付”的导入及适用

本案中，商家出售过期食品的行为必须予以惩罚，而食品职业打假人因此而牟取暴利的行为也应当予以规制，如何寻求一个最佳平衡点？为此，笔者对于食品职业打假人提起诉讼的案件进行了分析，并在此基础上，大胆参考引入《最高人民法院关于审理消费民事公益诉讼案件适用法律若干问题的解释》第十五条“消费民事公益诉讼案件的裁判发生法律效力后，其他依法具有原告资格的机关或者社会组织就同一侵权行为另行提起消费民事公益诉讼的，人民法院不予受理”以及《食品药品违法行为举报奖励办法》第七条“同一案件由两人及以上举报人分别以同一线索举报的，奖励第一时间举报人……对同一举报人的同一举报事项，不重复奖励”的理念，提出“首案赔付”的裁判规制。

“首案赔付”是指不同原告在同一时期因购买同一被告的同种食品后均提出惩罚性赔偿的，参照地方政府关于食品安全举报仅奖励最先举报人的习惯做法，并依据《中华人民共和国民法典》第十条的规定，对立案在先原告提出的依法成立的惩罚性赔偿予以支持。

“同一时期购买”是指法院向被告首次送达起诉状之前的合理时间段内，不同原告向该被告购买同种食品的行为。法院首次送达起诉状之后，其他原告再次购得该被告同种不符合食品安全标准的食品而提起诉讼的，不受前款限制。

因销售者销售不符合食品安全标准食品的行为已经被揭露，在前案中已经被判处惩罚性赔偿，维护社会公益的目的已经达到，参照《最高人民法院关于适用〈中华人民共和国民事诉讼法〉的解释》第二百九十一条和《最高人民法院关于审理消费民事公益诉讼案件适用法律若干问题的解释》第十五条的规定，对立案在后的其他原告提出的同种食品的惩罚性赔偿请求，不予支持，但对原告提出的全额退款请求，依然予以支持。

本案既守护了人民群众“舌尖上的安全”，又促使商家诚信经营，消费者维权依法而为，为类似案件的审理提供了新的裁判思路。

编写人：广东省广州市海珠区人民法院　刘伊莎

22

药食同源目录不能作为判定添加物质是否属于药品的唯一法定依据

——杨某诉商贸公司产品质量责任案

【案件基本信息】

1. 裁判书字号

河南省南阳市中级人民法院（2022）豫13民终1831号民事判决书

2. 案由：产品质量责任纠纷

3. 当事人

原告（上诉人）：杨某

被告（被上诉人）：商贸公司

【基本案情】

2021年11月17日，杨某在网购平台与商贸公司经营的店铺客服人员协商购买用于熬制卤肉的香料包，后双方经过多次电话联系，并由该店铺客服人员将案涉香料包的包装袋及配料拍照发给杨某，经杨某确认后，该店铺客服人员共计向杨某提供案涉香料包76包，总计价款1122元。杨某于2021年11月26日收货后，当即向该店铺客服人员提出案涉产品含有广木香，根据国家卫生健康委员会发布的药食同源目录，广木香不属于按照传统既是食品又是中药材的物质，而案涉香料包是普通食品并非保健食品，却非法添加属于中药材的广木香，不符合《中华人民共和国食品安全法》所规定的食品安全内容，应当给予"退一赔十"的赔偿。此后，双方协商未果，杨某诉至法院。

另查明，案涉香料包外包装袋明确显示，产品名称：香料包（食用农产品）配料：八角，香桂皮，三奈，月桂叶，高良姜，草果，香果，孜然，小茴香，白寇，砂仁，筚拨，广木香，香排草，白芷，肉豆蔻，甘草，丁香，灵草，栀子。保质期：六个月。案涉网店由商贸公司设立经营，该公司成立于2016年，经营范围包括食品经营。再查明，根据国家卫生健康委员会发布的既是食品又是药品的物品名单，其中并不包括广木香。但国家卫生健康委员会发布的可用于保健食品的物品名单，其中包括广木香，但不得作为普通食品原料使用。

【案件焦点】

1. 含有广木香的香料包是否属于不符合食品安全标准的产品；2. 是否应当支持杨某要求商贸公司赔偿价款十倍金额的诉讼请求。

【法院裁判要旨】

河南省新野县人民法院经审理认为：依据《中华人民共和国食品安全法》第二条第二款的规定：“供食用的源于农业的初级产品（以下称食用农产品）的质量安全管理，遵守《中华人民共和国农产品质量安全法》的规定。但是，食用农产品的市场销售、有关质量安全标准的制定、有关安全信息的公布和本法对农业投入品作出规定的，应当遵守本法的规定。”案涉香料包外包装袋明确显示为食用农产品，结合案涉香料包的来源及加工，也可以认定其为食用农产品。故案涉香料包应适用《中华人民共和国农产品质量安全法》的规定，但该法并无十倍赔偿的规定，故杨某要求十倍赔偿无法律依据，依法不予支持。杨某未提供证据证明其因案涉产品遭受人身或财产损害，以及含有广木香的案涉产品有毒，存在足以造成杨某实际损害的危险，故杨某要求商贸公司赔偿无事实证明及法律依据，亦不予支持。商贸公司明确表示同意退还给杨某货款1122元，并愿意接收杨某所称剩余的74包香料包，系其真实意思表示，不违反法律规定，依法予以准许。

河南省新野县人民法院依照《中华人民共和国民法典》第四百九十一条第二款，《中华人民共和国食品安全法》第二条第一款第六项，《中华人民共和国农产品质量安全法》第二条，《中华人民共和国民事诉讼法》第六十七条第一款规定，作出如下判决：

一、商贸公司返还杨某1122元，杨某返还商贸公司香料包74包，均于判决生效之日起十日内履行完毕；

二、驳回杨某的其他诉讼请求。

杨某不服一审判决，提出上诉。

河南省南阳市中级人民法院同意一审法院的裁判意见。并经审理认为：商贸公司提供的检验报告显示案涉香料包符合香辛料调味品标准，其包装上注明的商品名称、配料表、制作方法、生产日期、生产者等信息，足以使购买者了解必要的信息，不会造成误解。杨某并未提交证据证明案涉香料包不符合质量安全标准、对食用者的健康有害或有其他质量问题，应当承担举证不能的法律后果。且杨某所购香料包数量远超普通消费者的正常需求，刚收到货即索要十倍赔偿，且在短时间内起诉不同省份多个商家要求十倍赔偿，可见其诉讼有牟利之目的。无正当理由起诉合法产品及企业，与诚信、友善的社会主义核心价值观不符，此种风气不可助长。

河南省南阳市中级人民法院依照《中华人民共和国民事诉讼法》第一百七十七条第一款第一项之规定，作出如下判决：

驳回上诉，维持原判。

【法官后语】

《中华人民共和国食品安全法》第一百四十八条第二款规定：“生产不符合食品安全标准的食品或者经营明知是不符合食品安全标准的食品，消费者除要求赔偿损失外，还可以向生产者或者经营者要求支付价款十倍或者损失三倍的赔偿金；增加赔偿的金额不足一千元的，为一千元。但是，食品的标签、说明书存在不影响食品安全且不会对消费者造成误导的瑕疵的除外。”本案中，主要争议的是案涉香料包添加了广木香是否属于不符合食品安全标准的食品。

关于案涉香料包的属性认定问题。依据《中华人民共和国食品安全法》第二条第一款第六项的规定，对食品、食品添加剂、食品相关产品的安全管理适用食品安全法，但第二条第二款同时也规定了例外情形，即对供食用的源于农业的初级产品的质量安全管理，遵守《中华人民共和国农产品质量安全法》的规定。对何谓食用农产品，《食用农产品市场销售质量安全监督管理办法》第五十七条第一款进行了明确，即“食用农产品，指在农业活动中获得的供人食用的植物、动物、微生物及其产品……植物、动物、微生物及其产品，指在农业活动中直接获得的，以及经过分拣、去皮、剥壳、干燥、粉碎、清洗、切割、冷冻、打蜡、分级、包装等加工，但未改变其基本自然性状和化学性质的产品。”GB/T 4754—2017《国民经济行业分类》将“香料作物种植”“中药材种植”均划分为“农业”类。案涉香料包中的材料属于在农业活动中直接取得的产品，生产过程中未添加任何其他成分，销售者销售时也未改变其自然性状及化学性质，符合食用农产品的特征，产品属性应为食用农产品而非保健品或者食品，应当适用《中华人民共和国农产品质量安全法》的规定。

关于案涉香料包添加广木香是否不符合食品安全标准的问题。案涉香料包属于可食用农产品，其质量标准应当适用《中华人民共和国农产品质量安全法》。案涉香料包符合香辛料调味品标准，且其包装标识按照规定注明了必要信息，消费者可以充分了解该香料包的产品信息，不存在误导销售的情况，因此，原告主张损失赔偿缺少依据。

实践中存在一种观点，即一种物质被列入《中国药典》，就应被视为药品，如果该物质未被列入药食同源目录，那么对该物质的添加会被视为是药品添加。但药食同源目录并未涵盖所有在我国传统饮食中作为食材使用的中药材。比如，大蒜被收录入《中国药典》，未列入药食同源目录，但生活中，大蒜被作为一种普遍的调味品使用。《中国药典》是保证公众用药安全、保证标准质量所必须遵循的国家技术标准，但列入其中的物品不能一概认为属于药品，而应当综合考虑其所涉物质添加的目的是否是作为药品使用来判断是否违反食品安全标准。

《中华人民共和国食品安全法》的立法原意在于打击制售不安全食品的行为，不能被扩大适用。中华饮食源远流长，在煮肉、煲汤等烹饪过程中加入少量中药材是我国的传统饮食习惯。对销售含有中药材食用产品的行为是否违反

《中华人民共和国食品安全法》的规定，应当充分考虑产品特性、该中药材的特性、我国传统饮食习惯以及消费者是否因此受到损害等因素，不宜仅以药食同源目录进行“一刀切”的认定。同时，对这种行为审慎认定，也能够对滥用诉讼权利据以牟利的行为形成有效约束的效果，对保障企业正常稳定的经营环境具有积极意义。

编写人：河南省高级人民法院　周杰

六、医疗损害责任纠纷

23

不能排除关联性的医疗过错行为应认定为与损害后果具有因果关系

——倪某龙等诉医院医疗损害责任案

【案件基本信息】

1. 裁判书字号

江苏省苏州市中级人民法院（2021）苏 05 民终 11530 号民事判决书

2. 案由：医疗损害责任纠纷

3. 当事人

原告（被上诉人）：倪某龙、倪某云、倪某丽

被告（上诉人）：医院

【基本案情】

倪某龙、倪某云、倪某丽是王某勤家属。2019 年 6 月 9 日，王某勤因“咳嗽半月余”至医院入院治疗。入院诊断为：肺部感染、高血压。后王某勤于 2019 年 6 月 11 日 12：39 跌倒，12：43 病情持续加重呼吸心跳骤停，经抢救无效死亡。2019 年 6 月 11 日，患方家属表示拒绝进行尸体解剖。2019 年 9 月 25 日，医学会作出医疗事故技术鉴定书，载明专家组分析认为，根据患者入院时

的病史、症状、体征结合辅助检查，医方入院诊断“肺部感染，高血压”正确，完善各项辅助检查，予头孢噻肟钠舒巴坦钠抗感染、氨溴索化痰等药物治疗，治疗方案符合诊疗规范。2019 年 6 月 10 日（入院第二天）患者仍有咳嗽咳痰，心脏超声检验报告提示右心增大伴三尖瓣中度关闭不全。医方未引起足够重视，未进一步采取相应措施（病情告知、病因分析、多科会诊），存在过错。2019 年 6 月 11 日（入院第三天）患者出现胸闷气喘，静息时即有，活动后明显加重，患者病情较前明显加重，针对病情，医方加用多索茶碱、吸入用布地奈德悬液、特布他林雾化液解痉平喘，螺内酯、托拉塞米等药物利尿减轻心脏前负荷，但医方仍未采取病情告知、病重通知、多科会诊、必要时转院等相应措施，存在过错。6 月 11 日 12：39 患者跌倒，12：43 患者呼吸心跳骤停，医方立即予以心肺复苏、心电监护、开通静脉通路、气管插管、球囊辅助呼吸，予多巴胺、肾上腺素等药物治疗。14：18 终因抢救无效死亡。医方的抢救措施并不违反诊疗规范。患者在短时间内突然死亡，医方死亡诊断“猝死”。专家组认为医方在诊治过程中存在过错，但鉴于患者死亡后未进行尸体解剖，根据现有资料亦无法临床推断死亡原因，故具体死亡原因不能明确，医方的过错与患者死亡后果之间的因果关系无法判定。该鉴定意见的结论为：根据《医疗事故处理条例》第二条、第三十三条等规定，无法判定本病例是否构成医疗事故。

【案件焦点】

1. 虽然因患方家属拒绝尸检导致死亡原因不明，但医方存在诊疗过错行为的，医方的诊疗过错与患者的死亡之间是否存在因果关系；2. 医方是否应当承担赔偿责任。

【法院裁判要旨】

江苏省苏州市吴江区人民法院审理认为：本案中因患方家属拒绝尸检，导致王某勤死亡原因不明，对此原告倪某龙等应承担不利后果。根据医疗事故技术鉴定书，被告医院在诊疗过程中存在以下过错：一是在心脏超声显示患者王某勤右心增大伴三尖瓣中度关闭不全的情况下，医院未引起足够重视，未进一步采取相应措施（病情告知、病因分析、多科会诊）；二是在入院第三天患者病情较前明显加重的情况下，医院仍未采取病情告知、病重通知、多科会诊、必要时转院等相应措施。虽然因患方家属拒绝尸检导致死亡原因不明，但不能排除被告医院诊疗过错与王某勤病情恶化及死亡之间存在的相应关系，故可认定被告医院的诊疗过错与患者的死亡存在一定程度的因果关系，被告医院应就上述过错承担相应的赔偿责任，酌情确定被告医院承担30%的赔偿责任。

江苏省苏州市吴江区人民法院依照《中华人民共和国侵权责任法》第十六条、第五十四条，《最高人民法院关于审理人身损害赔偿案件适用法律若干问题的解释》第十七条、第十八条，《最高人民法院关于确定民事侵权精神损害赔偿责任若干问题的解释》第八条、第十条，《最高人民法院关于适用〈中华人民共和国民法典〉时间效力的若干规定》第一条第二款，《中华人民共和国民事诉讼法》第六十四条的规定，作出如下判决：

被告医院赔偿原告倪某龙、倪某云、倪某丽医疗费等各项损失合计283742.6元，于本判决生效后十日内履行。

医院不服一审判决，提出上诉。

江苏省苏州市中级人民法院经审理认为：医院的诊疗行为存在过错，应当承担相应的赔偿责任，一审确定医院承担30%的赔偿责任，并无不妥。

江苏省苏州市中级人民法院依照《中华人民共和国民事诉讼法》第一百七十条第一款第一项之规定，作出如下判决：

驳回上诉，维持原判。

【法官后语】

《中华人民共和国侵权责任法》第五十四条及《中华人民共和国民法典》第一千一百一十八条均明确了医疗损害责任纠纷的归责原则为过错原则。依据《最高人民法院关于适用〈中华人民共和国民事诉讼法〉的解释》第九十一条第二项的规定，主张法律关系变更、消灭或者权利受到妨害的当事人，应当对该法律关系变更、消灭或者权利受到妨害的基本事实承担举证证明责任。在法律没有特别规定的情况下，对于权利受到妨害的情形采取“谁主张，谁举证”的一般规则。患者主张医疗损害责任，应当依照上述规定对相应的侵权责任构成要件事实承担举证责任。患者除证明到医疗机构就诊及损害事实外，还应当举证证明诊疗行为具有过错和因果关系要件。

医疗损害责任案件具有特殊性，由于其高度专业化、显著的实验性、探索性特点，对诊疗行为是否有过错、过错与患者损害之间是否有因果关系，一般需要借助专业的医疗损害鉴定来解决。患者对于过错或因果关系的举证，可以通过申请医疗损害鉴定来解决。本案中因患者家属拒绝尸检，导致死因无法查明，医方的过错与患者死亡后果之间的因果关系无法判定。因此，从举证责任分配的角度来分析，此不利后果应由举证方自行承担，故法院确定由患者家属自行承担主要责任。

侵权行为的构成有三个客观要件：加害行为、损害后果以及行为与后果之间的因果关系。侵权行为法上的因果关系是侵权构成不可或缺的客观要件。医疗损害责任纠纷中的因果关系一般是指医疗机构及医务人员在诊疗过程中的过错行为与患者遭受损害结果之间的法律关系。医疗损害责任纠纷案件中普遍存在原发疾病、个人体质及诊疗过错等共同作用导致损害发生的多因一果问题。根据因果关系与后果的关联程度，因果关系又可分为直接因果关系和间接因果关系。间接因果关系一般表现为医疗过错行为对患者损害结果起诱因、扩大、加重的作用，或者对提高生存率和治愈可能性起负面的作用，损害后果主要为就诊人体质、原发疾病以及其他行为所致。在侵权法实务中，判断因果关系成立与否主要采相当因果关系说。相当因果关系由“条件关系”及“相当性”所构成，即一方面要采用“若无，则不”的认定检验方式判断是否存在条件关系；另一方面要以相当性来合理界限侵权责任的范围。

本案中，鉴定意见根据诊疗规范认定医方在第二天、第三天的诊疗中均存在病情告知不充分等过错。医疗行为关乎患者的人身健康和生命财产安全，医疗机构和医护人员的职责是为病患治疗疾病解除病痛，这就要求医疗人员进行诊疗行为是极尽谨慎、勤勉的注意义务。虽然现有证据不足以证明医方的过错性医疗行为会导致患者死亡的后果，但医方的医疗过错行为明显延误了对患者的诊疗，与患者的治疗、病情发展具有关联性，对患者的死亡结果产生一定的影响，应当认定医疗过错行为与损害后果之间存在相当的因果关系。同时，也应认识到这种因果关系是一种间接因果关系，故法院最终确定医方承担次要赔偿责任。

编写人：江苏省苏州市吴江区人民法院　沈黎红　洪善伦

24

患者住院受损害的，医院应赔偿

——王某玲等诉甲医院医疗损害责任案

【案件基本信息】

1. 裁判书字号

新疆维吾尔自治区伊犁哈萨克自治州阿勒泰地区中级人民法院（2021）新43民终318号民事判决书

2. 案由：医疗损害责任纠纷

3. 当事人

原告（上诉人）：王某玲、赵某良、赵甲、赵乙

被告（上诉人）：甲医院

【基本案情】

王某玲、赵某良、赵甲、赵乙系死者赵某功的法定继承人。赵某功在住院期间由赵乙陪护，住院的费用均由其子女支付。

赵某功于2017年12月15日因反复胸闷伴心慌气短严重到甲医院入院治

疗，16 日采取股静脉穿刺进行透析后出现不适反应，医院立即停止透析急请 ICU[①] 会诊转科进行超滤治。19 日因右侧股动脉假性动脉瘤，急诊由甲医院转院至乙医院血管外科救治。后分别于 12 月 21 日、1 月 5 日、16 日对其进行了手术。30 日赵某功突发胸闷气短不适，急转 SICU[②] 积极抢救监护治疗，治疗 55 天。赵某功先后于 3 月、4 月两次因慢性肾功能不全尿毒症期、血肌酐高 1 年、血液透析，入住医院住院治疗。直到 5 月 4 日夜赵某功病故。其家属认为甲医院、乙医院对赵某功的病故存在过错，故起诉至法院，请求依法判令被告赔偿原告各类损失合计 1408233 元。

一审中，2020 年 7 月 2 日原告以甲医院、乙医院对赵某功的诊疗行为是否存在过错，甲医院、乙医院的诊疗行为与赵某功的死亡之间有无因果关系，若有因果关系参与度是多少等问题向法院申请鉴定。司法鉴定意见书的鉴定意见为：右侧股动脉假性动脉瘤是甲医院造成的医源性损伤，存在主要过错，有直接因果关系。乙医院诊疗过程无过错行为，无因果关系。10 月 12 日司法鉴定所对原告提出的鉴定异议出具答复函，但原告仍有异议，遂申请鉴定人出庭接受询问。11 月 5 日鉴定人当庭接受询问并作出解答，并于 11 日就开庭期间接受询问的问题提交了书面答复补充说明，各方当事人对该补充说明均无异议。

【案件焦点】

1. 甲医院的医疗行为是否存在过错以及与患者的损害结果之间是否具有因果关系；2. 原告提请的经济损失的数额是否合理。

【法院裁判要旨】

新疆维吾尔自治区阿勒泰市人民法院经审理认为：患者在诊疗活动中受到损害，医疗机构及其医务人员有过错的，由医疗机构承担赔偿责任。患者赵某功在甲医院诊疗活动中受到损害，甲医院应当向其承担赔偿责任。依据司法鉴

---

① ICU，Intensive Care Unit 的简称，指重症加强护理病房。下文不再对此进行提示。

② SICU，Surgery Intensive Care Unit 的简称，指外科重症加强护理病房。下文不再对此进行提示。

定所的司法鉴定意见书及补充说明，可认定患者赵某功在甲医院2017年12月15日至19日诊疗期间，甲医院在此次诊疗过程中造成患者的右侧股浅动脉破裂形成假性动脉瘤，在病历中无明确告知记录，属未尽告知义务的过错，三天后因患者生命体征异常而转院治疗，存在延误救治的过错。因此甲医院在对患者此次的诊疗过程存在主要过错，与造成的损害后果存在直接因果关系。并由此造成赵某功转院至乙医院进行救治，住院治疗55天。故赵某功于上述期间在甲医院治疗及在乙医院住院期间所产生的所有损失均由甲医院承担赔偿责任。

对于患者赵某功后期在甲医院的诊疗期间，甲医院后期治疗与前期医源性损伤与死亡后果之间存在间接因果关系，但并非医源性损伤直接造成被鉴定人死亡的后果，医源性损伤参与度为20%-40%。故患者赵某功在2018年3月23日至5月4日甲医院治疗期间所产生的损失，甲医院应承担40%的赔偿责任。

另，虽然原告在治疗过程中通过社保报销了部分医疗费，但是该报销行为是患方与社保单位之间的法律关系，与医疗机构无关。医保报销医疗费用是社保机构与赵某功之间产生的合同关系，属于合同之债，赵某功与甲医院系基于医疗侵权行为而产生侵权法律关系，二者法律关系不同，在侵权法律关系中不能因为标的物的重合就对已由社保机构报销的医疗费予以扣减。侵权人甲医院应当根据过错程度赔付医疗费用，侵权人赔付后对于社保机构已经报销的部分，社会保险机构可行使追偿权。故对甲医院主张医疗费应当扣除社保部门报销的部分不予支持。原告及甲医院对乙医院的诊疗行为均无异议，亦无诉求，故乙医院在本案中不承担任何责任。

新疆维吾尔自治区阿勒泰市人民法院依照《中华人民共和国民法通则》第九十八条、第一百一十九条、第一百三十四第一款第七项，《中华人民共和国侵权责任法》第三条、第十六条、第十八条、第五十四条，《最高人民法院关于审理人身损害赔偿案件适用法律若干问题的解释》第一条、第十七条第一款及第三款、第十八条、第十九条第一款、第二十二条、第二十三条、第二十四条、第二十七条、第二十九条，《最高人民法院关于确定民事侵权精神损害赔偿责任若干问题的解释》第一条第一款第一项、第七条、第十条，《中华人民共和国民事诉讼法》第一百四十二条之规定，作出如下判决：

一、被告甲医院于本判决生效之日起十五日内赔偿原告王某玲、赵某良、赵甲、赵乙各项经济损失922590.39元；

二、驳回原告王某玲、赵某良、赵甲、赵乙的其他诉讼请求。

王某玲、赵某良、赵甲、赵乙、甲医院不服一审判决，提出上诉。

新疆维吾尔自治区伊犁哈萨克自治州阿勒泰地区中级人民法院经审理认为：根据《最高人民法院关于适用〈中华人民共和国民法典〉时间效力的若干规定》第一条第二款“民法典施行前的法律事实引起的民事纠纷案件，适用当时的法律、司法解释的规定，但是法律、司法解释另有规定的除外”的规定，本案涉医疗行为发生在《中华人民共和国民法典》施行前，所以本案适用《中华人民共和国民法典》施行前的法律、司法解释。

医疗机构及其从业人员在医疗护理活动中存在过错，导致患者在医疗机构就医时受到人身损害，医疗机构依法应承担侵权赔偿责任所引起的民事纠纷，应为医疗损害责任纠纷，本案一审案由确定为生命权纠纷不当，二审予以纠正。由于医疗损害责任纠纷涉及复杂的医学专业知识，故对医疗行为是否存在过错以及与患者的损害结果之间是否具有因果关系等问题，由专业性的医学组织或机构作出专业性结论意见，有利于认定事实、分清责任。

综上，五位上诉人的上诉请求与理由均无法律及事实依据，不予支持。一审判决认定事实清楚，适用法律正确，应予维持。

新疆维吾尔自治区伊犁哈萨克自治州阿勒泰地区中级人民法院依照《中华人民共和国民事诉讼法》第一百四十四条、第一百七十条第一款第一项之规定，作出如下判决：

驳回上诉，维持原判。

【法官后语】

根据《中华人民共和国民法典》第一千二百一十八条“患者在诊疗活动中受到损害，医疗机构或者其医务人员有过错的，由医疗机构承担赔偿责任”的规定，医疗损害责任适用过错责任原则，即只有医疗机构或者其医务人员在诊疗活动中有过错的，才对在该医疗机构就医的患者所受损害承担医疗损害的赔偿责任。

上述规定使医疗事故鉴定不再成为医疗诉讼的要件。患者受到损害，医疗机构只要有过错，就要承担赔偿责任。但是《中华人民共和国民法典》实施后，患方告医方，患方作为原告要先举证。实践中，大部分患方通过采取司法鉴定的方式举证，要求医方配合鉴定；如果医方对鉴定结论有异议，也可以同时申请医疗事故技术鉴定。如果两份证据相同，没有异议，法院可以根据证据直接判案；如果两份证据不同，法院会要求两份证据的提供者出庭质证，最终作出裁决。

在涉及医患纠纷的案件中，一定要对所谓的“诊疗”有所认识。诊疗活动包括诊断、治疗、护理等环节，是指通过各种检查，使用药物、器械及手术等方法，对疾病作出判断和消除疾病、缓解病情、减轻痛苦、改善功能、延长生命、帮助患者恢复健康的活动。

医疗机构有说明义务，患者有知情同意权。未尽到告知义务，医方承担责任。《中华人民共和国民法典》第一千二百一十九条规定：“医务人员在诊疗活动中应当向患者说明病情和医疗措施。需要实施手术、特殊检查、特殊治疗的，医务人员应当及时向患者具体说明医疗风险、替代医疗方案等情况，并取得其明确同意；不能或者不宜向患者说明的，应当向患者的近亲属说明，并取得其明确同意。医务人员未尽到前款义务，造成患者损害的，医疗机构应当承担赔偿责任。”这里需要注意的是，尽管医务人员尽到了本条第一款规定的义务，取得了患者或者其近亲属的同意，但如果在后续的诊疗活动中未尽到与当时的医疗水平相应的诊疗义务，造成患者损害的，医疗机构仍应当承担赔偿责任。

关于手术治疗、特殊治疗的风险说明、替代方案说明的义务，医疗机构可将证明这些义务的书面证据，包括知情同意书、告知书、其他经患方签字认可的病历记载等，作为证明医务人员是否尽到“前款义务”的必要证据，故不再需要通过鉴定来认定。只要医疗机构无法提供经过患方签字的上述书面证据，就足以认定医疗机构未尽到“前款义务”，造成患者损害的，医疗机构应当承担赔偿责任。

编写人：新疆维吾尔自治区阿勒泰市人民法院　郑利　周闯

25

违反行政法规及诊疗规范的责任为推定过错责任和不可推翻之责任

——张某尧等诉甲医院等医疗损害责任案

【案件基本信息】

1. 裁判书字号

江苏省徐州市中级人民法院（2021）苏 03 民终 4694 号民事判决书

2. 案由：医疗损害责任纠纷

3. 当事人

原告（被上诉人）：张某尧、沈某英、李某安、李甲、李乙

被告（上诉人）：甲医院

被告（被上诉人）：乙医院、丙医院

【基本案情】

2019 年 10 月 26 日，张某菊至甲医院进行碎石治疗，由冯某波操作碎石机进行体外冲击波碎石。术后，张某菊返回家中。2019 年 10 月 27 日，张某菊因右侧腰部疼痛伴呕吐 1 天入丙医院治疗，诊断为右肾绞痛，右侧输尿管结石碎石术后，右肾积水，急性肾功能不全，感染性休克入院后予以抗感染、止痛、补液等综合治疗。10 月 28 日凌晨转入 ICU 治疗，继续予以抗感染，后行右输尿管结石钛激光碎石术及输尿管镜下右。侧输尿管支架管植入术，术后给予抗感染、补液扩容，营养支持等治疗，在 8 时 20 分许出现感染性休克，后转入乙医院急诊科，10 时 10 分突发监护提示直线，给予胸外按压，肾上腺素等药物抢救，在 10 时 40 分恢复自主心律，后转入 ICU，诊断为呼吸心脏骤停心肺复

苏后，感染性休克，右肾结石碎石术后，肾功能异常，肝功能不全，低蛋白血症，后在10月31日18时48分出现心脏停搏，经抢救无效死亡。医学会于2020年7月3日作出医疗损害鉴定书，认为乙医院对张某菊的治疗行为无过错。为此，五原告支付了鉴定费10000元。

江苏省徐州市泉山区人民法院依职权追加丙医院为被告，并依法委托医学会对丙医院的医疗行为是否具有过错，与张某菊的死亡后果之间是否具有因果关系等进行鉴定。医学会于2020年11月12日作出医疗损害鉴定书，认为丙医院对张某菊的治疗行为无过错。此次鉴定费用，由甲医院按照法院要求预交。

在张某菊至丙医院治疗期间，共产生医疗费8575.80元，其中个人支付1850.74元。在张某菊至乙医院治疗期间，共产生门诊治疗费760.80元，住院医疗费68815.49元，其中个人和个人医保账户支付住院医疗费20764.93元。

根据行政处罚决定及询问笔录，为张某菊进行碎石治疗的冯某波未取得医师资格证及医师执业证书，属非卫生技术人员，冯某波在碎石治疗中未让张某菊签署手术知情同意书，也未书写病历。

【案件焦点】

医疗机构违反行政法规及诊疗规范，致使患者在诊疗活动中收到损害的，能否认定医疗机构具有过错。

【法院裁判要旨】

江苏省徐州市泉山区人民法院经审理认为：五原告因张某菊死亡产生的损失应当由甲医院承担全部赔偿责任。张某菊至甲医院进行碎石治疗是一个医疗行为，根据《中华人民共和国执业医师法》第三十九条的规定，非医师行医给患者造成损害的，依法承担赔偿责任。甲医院在为张某菊进行碎石治疗时聘用非医师人员冯某波进行操作，违反了《中华人民共和国执业医师法》的有关规定，根据《中华人民共和国侵权责任法》第五十八条的规定，因甲医院违反法律有关诊疗规范的规定，具有过错，且根据法律应当承担赔偿责任。根据《中华人民共和国侵权责任法》第五十五条规定，医务人员在诊疗活动中应当向患者说明病情和治疗措施，需要实施手术治疗等，医务人员还应当向患者说明医疗风险等，并取得其书面同意；而《病历书写基本规范》对于医疗机构的医务人员书写病历的具体规范作出了明确的要求，甲医院在为张某菊碎石治疗过程中，没有征得张某菊的书面同意，亦未书写治疗病案，而病案是医疗行为的客观记录，如果缺乏病案就无法客观反映医疗行为的过程，因甲医院无法提供为张某菊治疗的病历材料，一审法院未予准许参与鉴定，不能鉴定的后果系因甲医院违反法律规定造成，符合责任自担、风险自担的原则。医学会在鉴定意见书中载明根据现有病例判定张某菊的死亡原因为重症感染、感染性休克致多脏器功能性障碍，该认定属于鉴定机构根据病案材料作出的临床判定，符合鉴定准则要求。结合鉴定意见确定的丙医院及乙医院对张某菊的治疗符合诊疗规范的意见，因甲医院违反法律有关的诊疗规范的事实，故认定甲医院承担全部赔偿责任。

江苏省徐州市泉山区人民法院依照《中华人民共和国侵权责任法》第六条、第十五条第一款第六项、第十六条、第十八条、第二十二条、第五十四条、第五十八条第一款第一项，《最高人民法院关于审理人身损害赔偿案件适用法律若干问题的解释》第十七条、第十八条、第十九条、第二十一条、第二十二条、第二十三条、第二十四条、第二十七条、第二十九条，《最高人民法院关于确定民事侵权精神损害赔偿责任若干问题的解释》第一条、第十条，《最高人民法院关于适用〈中华人民共和国民法典〉时间效力的若干规定》第一条第二款，《中华人民共和国民事诉讼法》第一百四十二条、第一百四十四条的规定，作出如下判决：

一、甲医院于本判决生效后十日内赔偿张某尧、沈某英、李某安、李甲、李乙各项损失合计 1121042.27 元；

二、驳回张某尧、沈某英、李某安、李甲、李乙的其他诉讼请求。

甲医院不服一审判决，提起上诉。

江苏省徐州市中级人民法院同意一审法院裁判意见，依照《中华人民共和国民事诉讼法》第一百七十七条第一款第一项之规定，作出如下判决：

驳回上诉，维持原判。

【法官后语】

第一，《中华人民共和国执业医师法》第三十九条规定，非医师行医给患者造成损害的，依法承担赔偿责任。因医疗行为的特殊性，法律以强制性规定要求从事医疗的行为人应获取相应的执业资质，以保障患者在医疗机构进行诊疗的过程中，能够接受科学、合理及规范有效的诊疗服务，尽可能降低因缺乏实操性的专业能力所带来的损害后果。法律对于非医师的诊疗行为给予否定性评价，非医师的诊疗行为所致损害后果，符合侵权法律责任的构成要件，医疗机构作为责任人，应对本方人员的职务行为承担相应的损害赔偿责任。医疗机构内部的非法医疗行为不仅应当依照行政法律规定对医疗机构进行行政处罚，且在民事侵权法律关系中构成侵权损害，医疗机构同时应承担相应的民事赔偿责任。2022 年 3 月 1 日，《中华人民共和国医师法》（以下简称《医师法》）正式施行，对非医师行为处罚将进一步加大。《医师法》第五十九条规定："违反本法规定，非医师行医的，由县级以上人民政府卫生健康主管部门责令停止非法执业活动，没收违法所得和药品、医疗器械，并处违法所得二倍以上十倍以下的罚款，违法所得不足一万元的，按一万元计算。"《中华人民共和国执业医师法》同时废止。

第二，《中华人民共和国民法典》（以下简称《民法典》）第一千二百二十二条第一项规定，违反法律、行政法规、规章以及其他有关诊疗规范规定，致使患者在诊疗活动中受到损害的，推定医疗机构有过错。第一千二百一十八条规定，患者在诊疗活动中受到损害，医疗机构或者其医务人员有过错的，由医疗机构承担赔偿责任。首先，非医师的医疗行为违反了《医师法》的规定，且导致了损害后果的发生，应直接推定医疗机构存在过错。其次，病历是医务人员在医疗活动过程中形成的文字、数据、图表等资料的总和，系对患者病发症状的记录及此后进行诊断的依据。病历不但真实反映患者病情，也直接反映医院医疗质量及管理水平，在涉及医疗纠纷时，病历又是帮助判定法律责任的重要依据。制作并保存病历是规范化诊疗的必然要求，未制作抑或未规范化保存病历资料有违《医疗机构病历管理规定（2013 年版）》第八条和《民法典》

第一千二百二十五条的规定，医疗机构应承担相应的过错责任。最后，《民法典》第一千二百二十二条第一项规定的过错推定责任，属于直接的责任认定及不可推翻的责任认定。不同于《民法典》第一千一百六十五条第二款规定的过错责任，在推定存在医疗行为过错的情况下，医疗机构不能通过本证来证明自身不存在过错。法律、行政法规及诊疗规范，应属于医疗机构及医务人员在医疗活动中知晓并遵循的规定，此类强制性规定亦属于诊疗注意义务，是认定医疗机构存在过错的直接依据。遵循法律法规及诊疗规范，可以确保诊疗行为的合法性，反之则就应认定医疗机构存在过错，此时违法就被推定为过错。

第三，法律规定的推定医疗机构的过错责任，是依据违反诊疗注意义务而认定的过错责任，系以直接的因果关系认定的过错，但对于是否承担全部的损害赔偿责任，应以是否存在过错医疗以外的他因或者患者的自因对疾病的转归（病情的转移和发展）造成的影响作为裁判依据。而对于致使损害结果发生之他因存在的举证责任，应按照“谁主张，谁举证”之举证原则，由主张他因存在方承担民事举证责任。本案中，法院委托鉴定所获的结论认定乙医院、丙医院无过错，故在医疗损害赔偿之负担中应排除其责任。

编写人：江苏省徐州市泉山区人民法院　刘现伟　王鹏里

26

医疗损害责任纠纷中多种请求权聚合的责任认定

——贾某辉诉某医院等医疗损害责任案

【案件基本信息】

1. 裁判书字号

北京市第三中级人民法院（2021）京 03 民终 4251 号民事判决书

2. 案由：医疗损害责任纠纷

3. 当事人

原告（上诉人）：贾某辉

被告（被上诉人）：某医院、商贸公司、医疗器械公司

【基本案情】

2017 年 2 月，贾某辉在某医院进行右肺上叶切除+中叶部分切除+淋清术前 1 日，某医院为贾某辉右上肢置案涉导管 1 套。次日，某医院为贾某辉进行了手术。2017 年 3 月，贾某辉办理出院手续，但案涉导管无法拔除，某医院多次尝试拔除导管未果，遂联系案涉导管销售商商贸公司的技术员王某为贾某辉进行案涉导管拔除，但拔除过程中导管发生断裂，导管残端遗留在贾某辉右上肢静脉中。后贾某辉又于其他医院就诊尝试取出体内残留的导管，但未能成功，案涉导管至今仍残留在贾某辉体内。后贾某辉将某医院及商贸公司、医疗器械公司诉至法院，要求某医院、商贸公司及医疗器械公司连带赔偿其医疗费、营养费、交通费、误工费及精神损害抚慰金等损失。

【案件焦点】

1. 某医院与商贸公司是否应承担赔偿责任以及二者如何承担责任；2. 医疗器械公司是否应承担赔偿责任。

【法院裁判要旨】

北京市通州区人民法院经审理认为：行为人因过错侵害他人民事权益，应当承担侵权责任。二人以上分别实施侵权行为造成同一损害，能够确定责任大小的，各自承担相应的责任；难以确定责任大小的，平均承担赔偿责任。根据查明的事实，贾某辉在某医院的诊疗活动中发生案涉导管残端遗留静脉内无法取出的情况，这无疑可以认定为对于贾某辉的损害。某医院允许商贸公司员工进行拔管的行为已经违反了行政法规，故可以认定某医院对于贾某辉的上述损害后果的发生存在过错。现有证据无法证明案涉导管存在质量问题，商贸公司、医疗器械公司提供的及本院调取的证据可以证明案涉导管的来源合法，故医疗

器械公司对于贾某辉损害的发生并无过错。某医院及商贸公司的过错行为导致贾某辉损害的产生，二者的过错程度相当，故法院认定某医院及商贸公司各承担50%的赔偿责任。

北京市通州区人民法院依照《中华人民共和国侵权责任法》第六条、第十二条、第五十四条、第五十八条，《最高人民法院关于审理医疗损害责任纠纷案件适用法律若干问题的解释》第一条、第三条，《中华人民共和国民事诉讼法》第六十四条之规定，作出如下判决：

一、某医院于判决生效之日起七日内赔偿贾某辉后续医疗费、营养费、交通费及精神损害抚慰金共计19889.5元；

二、商贸公司于判决生效之日起七日内赔偿贾某辉后续医疗费、营养费、交通费及精神损害抚慰金共计19889.5元；

三、驳回贾某辉的其他诉讼请求。

贾某辉不服一审判决，提出上诉。

北京市第三中级人民法院经审理认为：医疗机构在诊疗过程中违反法律、行政法规、规章以及其他有关诊疗规范的规定，造成患者损害的，推定医疗机构有过错。本案中，某医院因允许执业注册有效期届满未延续执业注册的王某为贾某辉进行拔管操作，违反了《护士条例》的相关规定，故可以据此推定某医院的诊疗行为存在过错，且该过错与贾某辉部分导管留存体内的损害后果之间具有因果关系，某医院应当承担赔偿责任。同时，某医院在未审查王某是否具有执业资质的情况下即允许王某进行拔管操作，王某作为商贸公司的技术员在执行工作任务时超出技术支持的范围直接实施了拔管行为。对此，某医院和商贸公司在主观上具有共同的过失，且某医院允许拔管的行为与商贸公司员工实施拔管的行为直接结合导致同一损害后果的发生，故某医院与商贸公司构成共同侵权，二者应对贾某辉的损害后果承担连带赔偿责任。一审法院认定某医院及商贸公司各承担50%的按份赔偿责任，系适用法律错误，二审法院予以纠正。现有证据可表明医疗器械公司初步完成了医疗产品不存在缺陷的举证责任。因某医院和商贸公司的共同侵权行为导致导管拔断，且某医院未保留拔出的部分导管，造成无法进行鉴定，故医疗产品不存在缺陷的举证责任未能尽到的不利后果应由某医院和商贸公司承担。因本案的医疗产品责任和医疗过错侵权责任系源于某医院和商贸公司造成的同一损害后果，二者在责任赔偿范围上具有同一性，故某医院和商贸公司承担医疗产品责任的范围与其拔管中的过错侵权责任的范围相同。故对于贾某辉要求医疗器械公司承担连带赔偿责任的上诉请求，法院不予支持。

北京市第三中级人民法院依照《中华人民共和国侵权责任法》第六条、第八条、第十六条、第三十四条、第五十四条、第五十八条第一项、第五十九条，《最高人民法院关于审理医疗损害责任纠纷案件适用法律若干问题的解释》第七条，《最高人民法院关于审理人身损害赔偿案件适用法律若干问题的解释》第十七条、第十八条、第十九条、第二十二条、第二十四条，《最高人民法院关于适用〈中华人民共和国民法典〉时间效力的若干规定》第一条第二款，《中华人民共和国民事诉讼法》第一百七十条第一款第二项之规定，作出如下判决：

一、维持北京市通州区人民法院民事判决第三项；

二、撤销北京市通州区人民法院民事判决第一项、第二项；

三、某医院与商贸公司于判决生效之日起七日内共同赔偿贾某辉医疗费24779元、营养费9000元、交通费1000元、精神损害抚慰金2万元，某医院、商贸公司相互承担连带责任。

【法官后语】

医疗机构及其医务人员对患者的身体权、健康权和生命权等民事权益负有不可侵义务，因过错医疗行为造成患者损害的，应承担赔偿责任。相较于医院而言，患者的医疗专业知识不足、信息掌握不对等，缺乏处理应对医疗纠纷的经验，在举证能力上亦处于弱势一方。由于医疗行为的复杂性与多样性，在患者的诊疗过程中可能涉及多个医疗行为主体、产生多种医疗责任。因此，在医疗损害责任纠纷中，法院需要对多种请求权聚合的责任形态及责任承担进行准确分析与认定。

一、医疗损害责任中多种请求权的聚合

医疗损害责任具体包括四种类型，即医疗伦理损害责任、医疗技术损害责任、医疗产品损害责任和医疗管理损害责任。[①] 由于诊疗过程的复杂性及诊疗行为的多样性，在同一诊疗过程中可能同时发生多种医疗损害责任，从而产生多种请求权聚合的问题。请求权的聚合，指同一法律事实基于法律的规定以及损害后果的多重性，而使责任人向权利人承担多种法律责任的形态。[②] 区别于请求权的竞合，请求权聚合所产生的数个责任可以相互并存，甚至可以相互吸收。请求权竞合时，被侵权人只能“择一请求”；而请求权聚合时，当事人对数种请求权可以同时主张。因此，在诊疗过程中实施的某一过错医疗行为同时产生医疗过错侵权损害责任和医疗产品损害责任时，患者可依不同请求权主张相应救济，其可在同一案件中一并主张，也可以分别主张。

二、多种医疗责任聚合时的责任主体与责任范围

基于前述分析，医疗机构在实施过错诊疗行为过程中使用缺陷医疗产品，产生医疗技术损害责任和医疗产品损害责任的聚合，患者可以一并主张损害赔偿。因二者源于同一侵权行为造成的同一损害后果，故二者在责任主体和赔偿范围上具有同一性。根据《中华人民共和国民法典》第一千二百二十三条及《最高人民法院关于审理医疗损害责任纠纷案件适用法律若干问题的解释》第二十一条的规定，医疗机构与医疗产品的生产者、销售者均为医疗产品损害责任的责任主体。因此，医疗机构既是医疗伦理损害责任、医疗技术损害责任和医疗管理损害责任等医疗过错侵权责任的责任主体，也是医疗产品损害责任的

---

① 医疗伦理损害责任，即医疗机构和医务人员违背医疗良知和医疗伦理的要求，违背医疗机构和医务人员的告知或者保密义务，具有医疗伦理过失，造成患者人身损害或其他合法权益的损害，应当承担侵权损害赔偿的医疗损害责任。医疗技术损害责任，是医疗机构和医务人员在医疗活动中，违反医疗技术的高度注意义务，具有违背当时的医疗水平的医疗技术过失，造成患者人身损害，应当承担侵权损害赔偿的医疗损害责任。医疗产品损害责任，是医疗机构在医疗过程中，使用有缺陷的药品、消毒药剂、医疗器械以及不合格的血液等医疗产品及准医疗产品，造成患者人身损害，医疗机构和医疗产品生产者、销售者或者血液提供机构应当承担侵权损害赔偿的医疗损害责任。医疗管理损害责任，是医疗机构和医务人员违背医政管理规范和医政管理职责的要求，具有医疗管理过失，造成患者人身损害、财产损害，应当承担侵权损害赔偿的医疗损害责任。参见杨立新：《侵权责任法》，法律出版社 2015 年版，第 287~294 页。

② 杨立新：《侵权行为法》，复旦大学出版社 2005 年版，第 143 页。

责任主体。[①]《最高人民法院关于审理医疗损害责任纠纷案件适用法律若干问题的解释》第二十二条规定：缺陷医疗产品与医疗机构的过错诊疗行为共同造成患者同一损害，患者请求医疗机构与医疗产品的生产者、销售者、药品上市许可持有人承担连带责任的，应予支持。据此规定，当医疗机构的医疗过错侵权责任与医疗产品损害责任聚合时，患者可以请求医疗机构按照医疗产品损害责任的赔偿方式承担连带责任，因为此时医疗过错侵权责任和医疗产品损害责任可以互相吸收。

参照上述规定，本案中的医疗产品损害责任和医疗过错侵权责任系源于某医院和商贸公司造成的同一损害后果，在责任赔偿范围上具有同一性，故某医院和商贸公司承担医疗产品损害责任的范围与其实施拔管的过错侵权责任的范围相同。

应当注意的是，虽然医疗损害责任中各类侵权请求权聚合时的责任主体及责任范围具有同一性，但具体责任的归责原则不尽相同，因此对于各个医疗损害责任的成立与分配，应区分进行分析与认定。侵权责任以过错责任为原则，医疗损害责任系过错侵权在医疗损害领域的具体化，在无特别规定的情况下，均以过错责任作为归责原则；而医疗产品责任属于产品责任的一种，系以严格责任即无过错责任作为归责原则。因此在举证责任的分配上，须由医疗机构及医疗产品的生产者、销售者对医疗产品不存在缺陷等抗辩事由进行举证证明，否则应承担举证不能的不利后果。具体到本案中，医疗器械公司已初步完成了医疗产品不存在缺陷的举证责任，而某医院和商贸公司的共同侵权行为导致导管拔断，且某医院未保留拔出的部分导管，造成无法进行鉴定，故医疗产品不存在缺陷的举证责任未能尽到的不利后果应由某医院和商贸公司连带承担。

编写人：北京市第三中级人民法院　陈晓东　樊思迪　雷悦

① 区别于普通的产品责任纠纷，医疗机构在此处承担的是不真正连带责任，医疗机构赔偿后，有权向负有责任的生产者、销售者追偿。

27

消费型医疗美容机构虚假宣传需承担惩罚性赔偿责任

——孙某诉美容诊所侵权责任案

【案件基本信息】

1. 裁判书字号

北京市第三中级人民法院（2021）京 03 民终 12648 号民事判决书

2. 案由：侵权责任纠纷

3. 当事人

原告（被上诉人）：孙某

被告（上诉人）：美容诊所

【基本案情】

2017 年 4 月 20 日，孙某因“双眼皮修复术后外观不满意，双侧内眼角整形术后外观不满意”就诊于美容诊所处，行“双侧内眼角修复术、双侧重睑修复术、双侧上睑自体脂肪填充术”。术前诊断：1. 双侧内眼角术后形态不良（切口疤痕、过大、圆钝、下沉、泪阜暴露过多）；2. 双侧重睑术后形态不良（切口疤痕、过深、冗余、角膜暴露率不对称、外翻）；3. 双侧上睑眼窝凹陷，并为此支付手术费 79280 元。2017 年 11 月 29 日，孙某就诊于甲医院，初步诊断：双眼角膜炎。2019 年 4 月 29 日，孙某就诊于乙医院，诊断：双眼角膜炎。

经鉴定，孙某存在疤痕、双眼闭合不全、双眼皮弧度不规则、睑缘不对称、眼周脂肪凹凸不平、角膜斑翳等以及由此产生的经济支出、精神损害等损害后果。美容诊所在对孙某的诊疗过程中存在以下医疗过错行为：1. 病历中未见术前设计、计划等的沟通记录，并未做到术前医患沟通达成美学一致，存在沟通不充分，风险告知不充分。2. 检查不完善、不仔细，对双侧上睑眼窝凹陷的诊断及治疗方案依据不足。3. 医方为患者行“双侧内眼角修复术、双侧重睑修复术、双侧上睑自体脂肪填充术”，术后出现双眼眼内眦处疤痕，左眼内眦下方可见凹陷，双眼眼睑轻度闭合不全等并发症，考虑与画线时未精确测量或皮肤去除组织宽度不一致等情况有关，因此应视为患者术后眼睑损害情况与医方手术存在关联。4. 未将患者检查照片存于病历中，病历记录不完善。其中，第4项与孙某的损害后果之间不存在因果关系，第1项、第2项、第3项与孙某的损害后果之间存在因果关系，为主要原因。孙某构成九级伤残；误工期为90~120日；护理期为20~30日；营养期为30~45日。孙某目前眼睑遗留的疤痕可应用相关药物淡化、软化疤痕。角膜炎再次复发时，可给予抗感染治疗，余无其他特殊后续治疗。美容诊所因发布虚假广告被予以行政处罚。

【案件焦点】

1. 孙某是否有权主张惩罚性赔偿；2. 孙某主张的其他各项赔偿项目及赔偿标准。

【法院裁判要旨】

北京市朝阳区人民法院经审理认为：关于争议焦点一，首先，关于本案是否应受《中华人民共和国消费者权益保护法》（以下简称《消费者权益保护法》）调整。

根据《消费者权益保护法》第二条规定，消费者为生活消费接受经营者提供服务的，受《消费者权益保护法》调整。医疗美容是指运用手术、药物、医疗器械以及其他具有创伤性或侵入性的医学技术方法对人的容貌和人体各部位形态进行的修复与再塑。医疗美容可以分为治疗型医疗美容及消费型医疗美容——前者指由于患者自身疾病，基于治疗和矫正的目的进行的疾病诊断、治疗活动；而后者的主要目的并非治疗疾病，而是满足就医者对“美”的心理追求，且医疗美容机构具有营利性质。对于消费型医疗美容服务合同而言，就医者是健康人士，为了满足个人对“美”的追求的生活需要而接受美容服务，具有消费者的特征；而医疗美容机构的经营目的是通过医疗美容服务获取利润，其接受就医者支付的服务对价，具有经营者的特征。因此，从消费型医疗美容服务的本质属性和《消费者权益保护法》的保护范围看，此类案件可以适用《消费者权益保护法》。

本案中，第一，孙某接受美容诊所医疗美容服务的目的并非治疗疾病，而是出于对眼部“外观不满意”，即对眼部外观“美”的心理追求，具有消费者的特征；第二，美容诊所系集体所有制（股份合作）企业，其经营范围包括医疗美容科、美容外科，系具有营利性质的医疗美容机构，具有经营者的特征；第三，从双方地位而言，美容诊所在医学专业知识、技能及实力等方面均处于优势地位，双方亦符合消费者与经营者的法律对比特征。因此，本案中美容诊所为孙某提供了消费型医疗美容服务，应当受《消费者权益保护法》保护。

其次，关于美容诊所是否存在虚假宣传等欺诈行为。

根据本案查明的事实，自 2017 年 2 月以来，美容诊所以其注册微信公众号发布“……是国内唯一一家专业眼部整形修复的国际连锁机构；中国眼整形修复第一品牌……”的广告，自 2017 年 6 月以来，在域名下发布：“……专注于整形修复……×氏医学美学理念，无与伦比的逆袭技术，每天实时直播手术过程，见证上万例成功……眼整形修复的终结殿堂……”的广告，曾因“发布的广告服务的内容、提供者、形式等信息，与实际情况不符的违法行为”，被主管行政机构进行行政处罚。美容诊所在其微信公众号、官方网站中发布“与实际情况不符”的广告，显然存在虚假宣传和欺诈误导消费者的情形。孙某接受美容诊所的医疗美容服务，是在上述虚假广告发布之后。孙某受美容诊所上述虚假广告误导，接受美容诊所医疗美容服务，应认定美容诊所（经营者）为孙某（消费者）提供消费型医疗美容服务中存在欺诈行为，应当按照孙某的要求增加赔偿其受到的损失，增加赔偿的金额为孙某接受服务费用的三倍。本案中，孙某提交证据显示美容诊所收取其医疗费 79280 元，故美容诊所应当赔偿孙某损失 237840 元（79280 元×3 倍）。

关于争议焦点二，患者在诊疗活动中受到损害，医疗机构及其医务人员有过错的，由医疗机构承担赔偿责任。患者以在美容医疗机构或者开设医疗美容科室的医疗机构实施的医疗美容活动中受到人身或者财产损害为由提起的侵权纠纷案件，适用医疗损害责任纠纷相关规定。本案中，经司法鉴定所鉴定，美容诊所诊疗行为存在过错，与孙某的损害后果之间存在因果关系，建议美容诊所占主要原因。故综合考虑案件情况，本院酌定由美容诊所按照80%的责任比例对孙某主张的合理损失予以赔偿。

北京市朝阳区人民法院作出如下判决：

一、美容诊所于本判决生效之日起七日内赔偿孙某医疗费74366.83元、营养费1080元、护理费4800元、误工费11200元、残疾赔偿金322040.32元（含被抚养人生活费80113.92元）、住宿费5000元、交通费5000元、精神损害抚慰金50000元；

二、美容诊所于本判决生效之日起七日内赔偿孙某三倍损失237840元；

三、驳回孙某的其他诉讼请求。

美容诊所不服一审判决，提起上诉。

北京市第三中级人民法院同意一审法院裁判意见，作出如下判决：

驳回上诉，维持原判。

【法官后语】

本案的主要争议焦点为医疗美容行为是否受《消费者权益保护法》保护以及医疗美容机构对其给求美者造成的损害如何承担责任。就上述问题，本文认为可以从以下四个方面探讨：

一、美容行为是否属于诊疗行为

《美容美发业管理暂行办法》第二条第二款规定：本办法所称美容，是指运用手法技术、器械设备并借助化妆、美容护肤等产品，为消费者提供人体表面无创伤性、非侵入性的皮肤清洁、皮肤保养、化妆修饰等服务的经营性行为。《医疗美容服务管理办法》第二条规定：本办法所称医疗美容，是指运用手术、药物、医疗器械以及其他具有创伤性或者侵入性的医学技术方法对人的容貌和人体各部位形态进行的修复与再塑。本办法所称美容医疗机构，是指以开展医疗美容诊疗业务为主的医疗机构。《最高人民法院关于审理医疗损害责任纠纷案件适用法律若干问题的解释》第一条第二款规定：患者以在美容医疗机构或者开设医疗美容科室的医疗机构实施的医疗美容活动中受到人身或者财产损害为由提起的侵权纠纷案件，适用本解释。《北京市高级人民法院关于审理医疗损害赔偿纠纷案件若干问题的指导意见（试行）》“一、一般规定”第二点规定，患者一方与美容医疗机构及开设医疗美容科室的医疗机构之间发生的医疗美容损害赔偿纠纷，适用本指导意见处理。因在非医疗机构进行生活美容引起的损害赔偿纠纷，按一般人身损害赔偿纠纷处理。因此，美容行为是否属于诊疗行为，应区分是生活美容还是医疗美容，如果是不具有创伤性、侵入性的生活美容，则不属于诊疗行为；如果是具有创伤性、侵入性的医疗美容，则属于诊疗行为。本案中，美容诊所为孙某所实施的“双侧内眼角修复术+双侧重睑修复术+双侧上睑自体脂肪填充术”，系美容诊所运用手术、药物、医疗器械以及其他具有创伤性或者侵入性的医学技术方法对孙某的眼部形态进行的修复与再塑，为典型的医疗美容行为。

二、医疗美容纠纷能否适用《消费者权益保护法》

《消费者权益保护法》第二条规定：“消费者为生活消费需要购买、使用商品或者接受服务，其权益受本法保护；本法未作规定的，受其他有关法律、法规保护。”第三条规定：“经营者为消费者提供其生产、销售的商品或者提供服务，应当遵守本法；本法未作规定的，应当遵守其他有关法律、法规。”即消费者为生活消费接受经营者提供服务的，应当受《消费者权益保护法》调整。

医疗服务是人的基本生活需求，患者到医疗机构就诊，医疗机构向患者提供医疗服务和药品，患者支付对价，双方形成了消费关系，但是医疗服务具有强烈的公益属性，我国设立基本医疗保险制度保障公民的基本医疗权利，患者到医疗机构就医，除自付医疗费外，还有国家医疗保险来支付部分医疗费用，因此，医疗服务并非单纯的个人消费。故，医疗服务原则上不应适用《消费者权益保护法》。

但对于医疗美容服务而言，一般情况下，医疗美容分为治疗型医疗美容及消费型医疗美容。本案中，第一，孙某具有消费者的特征；第二，美容诊所具有经营者的特征；第三，从双方地位而言，美容诊所处于优势地位，双方亦符合消费者与经营者的法律对比特征。因此，本案中美容诊所为孙某提供了消费型医疗美容服务，应当受《消费者权益保护法》保护。

三、医疗美容纠纷能否适用惩罚性赔偿

《消费者权益保护法》第四十五条规定“消费者因经营者利用虚假广告或者其他虚假宣传方式提供商品或者服务，其合法权益受到损害的，可以向经营者要求赔偿”；第五十五条第一款规定：“经营者提供商品或者服务有欺诈行为的，应当按照消费者的要求增加赔偿其受到的损失，增加赔偿的金额为消费者购买商品的价款或者接受服务的费用的三倍；增加赔偿的金额不足五百元的，为五百元。法律另有规定的，依照其规定。”如前所述，消费型医疗美容纠纷受《消费者权益保护法》保护，故如医疗美容机构存在“利用虚假广告或者其他虚假宣传方式提供商品或者服务”的情形，导致求美者合法权益受到损害的，求美者可以要求医疗美容机构承担惩罚性赔偿责任。本案中，美容诊所自 2015 年至 2019 年多次被工商行政管理部门处罚。处罚内容涉及其发布的医疗广告内容与卫生行政部门审批的广告内容不相符，擅自发布医疗技术、诊疗方法，广告内容没有权威机构认定，广告语不真实，发布的广告服务的内容、提供者、形式等信息与实际情况不符等违法行为。在此情况下，孙某接受美容诊所的医疗美容服务也是受到了上述广告内容的误导和影响，因此应认定美容诊所（经营者）为孙某（消费者）提供消费型医疗美容服务中存在欺诈行为，应当按照孙某的要求增加赔偿其受到的损失，增加赔偿的金额为孙某接受服务费用的三倍。

四、医疗美容纠纷侵权案件的裁判思路

医疗美容纠纷案件存在侵权责任与违约责任竞合的情况，根据当事人主张的案由不同，可分为两类，一类是医疗美容合同纠纷，案由一般为医疗服务合同纠纷；另一类是医疗美容侵权纠纷，案由多为侵权责任纠纷、医疗损害责任纠纷或生命权、身体权、健康权纠纷。本案为医疗美容侵权纠纷，案由为侵权责任纠纷。

首先，关于医疗美容合同纠纷，一般是指医疗美容机构与求美者之间因有明确的相互权利义务关系的医疗美容合同引发的民事权利义务争议。因此，一般情况下，求美者一方根据医疗美容合同请求医疗机构承担违约赔偿责任的，应举证证明下列事实：1. 双方存在医疗美容服务合同关系；2. 医疗美容机构违反医疗美容服务合同的约定或法律、法规、规章和诊疗规范操作规范规定，或者未履行其应尽的合同义务；3. 求美者一方所遭受的损害与医疗美容机构的违约行为之间存在因果关系。医疗美容机构应就其提出抗辩的事由或事实承担举证责任。

其次，关于医疗美容侵权纠纷，一般是指医疗美容机构在医疗美容服务过程中，因医务人员有过错，造成求美者损害，而引起的赔偿纠纷。对于该类案件，医疗美容机构承担侵权责任的前提是要符合侵权责任构成要件，即求美者存在损害后果，医疗美容机构对求美者所实施的医疗美容行为存在过错，且该过错行为与求美者的损害后果之间存在因果关系。

需要注意的是，医疗美容纠纷中部分求美者所实施的是二次修复手术，此时，需明确医疗美容机构给求美者造成的损害后果，区分第一次手术与第二次修复手术所造成的损害。本案中，孙某即因对双眼皮修复术后外观不满意到美容诊所处就诊，故此时需进一步明确美容诊所给孙某造成的具体损害。经法院依法委托司法鉴定所鉴定，该所做出的鉴定意见认为，美容诊所给孙某所造成的损害后果为孙某经医方治疗后遗留疤痕、双眼闭合不全、双眼皮弧度不规则、睑缘不对称、眼周脂肪凹凸不平、角膜斑翳等以及由此产生的经济支出、精神损害等；美容诊所的医疗美容行为存在过错，与孙某的损害后果之间存在因果关系，建议美容诊所占主要原因。故综合考虑案件情况，酌定由美容诊所按照80%的责任比例对孙某主张的合理损失予以赔偿。

编写人：北京市朝阳区人民法院　于婷

28

医疗美容机构虚假宣传和诊疗过错行为造成患者损害应予赔偿

——邹某诉美容诊所侵权责任案

【案件基本信息】

1. 裁判书字号

北京市第三中级人民法院（2021）京03民终9102号民事判决书

2. 案由：侵权责任纠纷

3. 当事人

原告（被上诉人）：邹某

被告（上诉人）：美容诊所

【基本案情】

邹某曾实施眼袋整形术，术后其认为自己下睑皮肤松弛，为追求完美，经其多方了解，在美容诊所官方网站中得知，该美容诊所是“中国眼整形修复第一品牌”，主刀医生师出名门，经验丰富，遂于2015年12月来到该美容诊所进行了双侧下睑修复术。术后，邹某出现双侧下睑局部凹陷、疤痕畸形，外眼角畸形短小圆钝等症状。此后，邹某又先后六次在其他医院进行修复，但仍无改善。邹某认为美容诊所的修复手术对其造成了损害，遂诉至法院，要求该美容诊所赔偿其医疗费、误工费、精神损害抚慰金等损失，并以美容诊所存在虚假宣传为由，要求适用《中华人民共和国消费者权益保护法》三倍赔偿其手术费。

经法院委托，鉴定机构出具鉴定意见认为，美容诊所诊疗行为存在过错，与邹某的损害后果之间存在因果关系，建议美容诊所占主要原因。

【案件焦点】

1. 邹某在本次诊疗行为中是否属于消费者；2. 美容诊所本次诊疗行为有无过错，如有过错对邹某造成了何种损害后果及其应承担的责任份额。

【法院裁判要旨】

北京市朝阳区人民法院经审理认为：本案属于消费型医疗美容，邹某作为健康人士接受医美服务，具有消费者的特征；美容诊所的经营目的是获取利润，具有经营者的特征。消费者为生活消费接受经营者提供服务的，应当受《中华人民共和国消费者权益保护法》调整。经查，美容诊所因发布与实际情况不符的广告等虚假宣传行为，屡次受到行政处罚，邹某系受到上述虚假广告欺诈误导而接受服务，故本案应适用《中华人民共和国消费者权益保护法》惩罚性赔偿的规定，由美容诊所按照邹某接受服务的费用的三倍增加赔偿其受到的损失。根据鉴定意见，美容诊所本次诊疗行为存在过错，与邹某的损害后果之间存在因果关系，建议美容诊所占主要原因。法院据此确定美容诊所按照80%的责任比例予以赔偿。

北京市朝阳区人民法院依照《中华人民共和国侵权责任法》第五十四条，《中华人民共和国消费者权益保护法》第二条、第三条、第四十五条、第五十五条，《最高人民法院关于审理医疗损害责任纠纷案件适用法律若干问题的解释》第一条，《最高人民法院关于审理人身损害赔偿案件适用法律若干问题的解释》第十七条、第十八条、第十九条、第二十条、第二十一条、第二十二条、第二十三条、第二十四条之规定，作出如下判决：

一、美容诊所于判决生效之日起七日内赔偿邹某医疗费68184元、营养费1080元、护理费4800元、误工费11200元、住宿费4000元、交通费4000元、精神损害抚慰金30000元；

二、美容诊所于判决生效之日起七日内赔偿邹某三倍损失168000元；

三、驳回邹某的其他诉讼请求。

美容诊所不服一审判决，提起上诉。

北京市第三中级人民法院经审理认为：鉴于术后邹某又在其他医疗美容机构的修复行为确已改变医方的手术结果，以及目前不宜评定伤残等级的情况，一审法院按照 80%的比例判令美容诊所给予赔偿，比例过高，遂改判美容诊所按照 60%的过错责任比例赔偿邹某各项损失。

北京市第三中级人民法院依照《中华人民共和国消费者权益保护法》第四十五条、第五十一条、第五十五条，《中华人民共和国侵权责任法》第五十四条，《中华人民共和国民事诉讼法》第一百七十条第一款第三项规定，作出如下判决：

一、维持北京市朝阳区人民法院民事判决第二项；

二、撤销北京市朝阳区人民法院民事判决第一项、第三项；

三、美容诊所于判决生效之日起七日内赔偿邹某医疗费 51138 元、营养费 810 元、护理费 3600 元、误工费 8400 元、住宿费 3000 元，交通费 3000 元，精神损害抚慰金 5000 元；

四、驳回邹某的其他诉讼请求。

【法官后语】

本案系因医疗美容虚假宣传和诊疗过错行为引发的侵权责任纠纷，已入选最高人民法院发布的消费者权益保护典型案例。[①]

一、证据审核标准和归责原则

《最高人民法院关于审理医疗损害责任纠纷案件适用法律若干问题的解释》第一条第二款规定，因医疗美容行为引发的纠纷应适用医疗损害责任的相关规定。因此，医疗美容纠纷应当纳入医疗损害责任纠纷范畴，按照医疗损害责任纠纷的标准审查证据，分配举证责任。

一般情况下，医疗美容纠纷应当适用过错归责原则，如果符合法律规定的特殊情形，对美容就医者要进行适当的举证责任缓和，适用过错推定原则或无过错原则。具体来讲，其应当提交到医美机构就诊、受到损害的证据；无法提交医美机构及其医务人员有过错、诊疗活动与损害之间具有因果关系的证据，

① 《最高法发布消费者权益保护典型案例》，载最高人民法院网，https：//www. court. gov. cn/zixun-xiangqing-350961. html，最后访问时间：2023 年 3 月 13 日。

可以依法提出医疗损害鉴定申请，医美机构主张不承担责任的，应就抗辩事由承担举证证明责任。这就要求医美机构必须重视诊疗过程的记录、留痕，严格按照诊疗规范的要求书写和保管病历，保证相关医疗文书的完整性和准确性；对于实施医疗美容手术、特殊检查、特殊治疗的，医美机构应当承担说明义务，术前详细说明医疗措施及相应风险，并取得患者或者其近亲属明确同意；同时，因医疗美容效果多为主观评价，医美机构术前还应就术后效果与就诊人进行充分沟通，达成美学一致并明确记录于病历中。

在本案出具的鉴定意见中，明确了美容诊所本次诊疗行为对邹某的损害后果负有过错。作为专业的医疗美容机构，美容诊所应当依据医疗机构的规定客观、真实、完整、规范地书写病历，且具有严格管理、妥善保管病历资料的义务。其虽不认可鉴定意见，但提交的病历中未见术前设计、计划等沟通记录，风险告知不充分，留存的手术医疗病历亦缺乏完整性，一方面，该行为违反了《医疗机构病历管理规定（2013 年版）》《病历书写基本规范》等相关诊疗规范中关于病历制作和保存的规定，亦不能证明其对邹某即将实施的医美手术及时说明了风险，并取得其明确同意，美容诊所上述违反诊疗规范和告知义务的行为，符合适用医疗机构过错推定的情形。另一方面，医美手术的损害后果不同于普通医疗手术的特殊性在于造成患者不满意、没有达到预定的目标就是损害后果之一，而美容诊所并未提交术前医患沟通达成美学一致的相关证据，因此，根据医疗损害责任的归责原则和证据审核标准，美容诊所违反诊疗规范和告知义务的上述过错行为与邹某遭受的损害后果之间存在因果关系，应判定由其承担相应的不利后果。

二、医美机构的虚假宣传行为可适用惩罚性赔偿条款

虽然《中华人民共和国消费者权益保护法》（以下简称《消费者权益保护法》）第四十五条、第五十五条规定，经营者利用虚假广告或者其他虚假宣传方式提供商品或者服务，存在欺诈误导消费者情形，使消费者合法权益受到损害的，可以对经营者适用惩罚性赔偿条款的相关规定。但医美机构经营者的虚假宣传行为是否适用上述规定呢？笔者认为：首先，《消费者权益保护法》作

为经济法，是市场经济发展到一定阶段，为了平衡消费者和经营者之间市场信息的非对称性，基于对处于弱势地位的消费者予以特别保护的目的而产生。《消费者权益保护法》第二条将保护范围界定为生活消费范围，亦是因为生活消费相较于生产、投资领域的交易行为而言，消费者与经营者信息不对称的问题更为突出。与传统消费行为相比，消费型医疗美容服务领域专业壁垒高，信息不对称的情况更为普遍，故对消费型医疗美容行为进行特别保护符合《消费者权益保护法》的立法宗旨。其次，从消费型医疗美容服务的本质属性看，虽然服务过程中也需要运用医疗技术，但其并不以治疗疾病为目的，而是健康人士为了满足对美的心理追求而接受医疗美容机构经营者提供的一种新型服务，符合《消费者权益保护法》中“生活消费”的内涵。最后，医疗美容服务作为医疗服务的一种特殊形式，事关广大人民群众的生命健康，从某种意义上来讲，医美机构的虚假宣传行为较之普通产品和服务的危害更为严重，对其适用惩罚性赔偿，对于规范医疗美容领域存在的市场不规范、虚假宣传等问题具有重要意义。因此，将消费型医疗美容纠纷纳入《消费者权益保护法》保护范围并适用惩罚性赔偿的规定，加大对商业欺诈行为的制裁力度，既能对医美机构起到应有的警示作用，预防、震慑其违法行为，也维护了医美市场的诚信和秩序，有利于切实保护消费者的合法权益。

三、医美机构虚假宣传、欺诈误导行为的司法认定

根据《最高人民法院关于适用〈中华人民共和国民法典〉总则编若干问题的解释》第二十一条和《消费者权益保护法》的相关规定，经营者的欺诈行为是指经营者在提供商品或服务中，故意告知对方虚假情况，或者故意隐瞒真实情况，采取虚假或者其他不正当手段欺骗、误导消费者，使消费者的合法权益受到损害的行为。司法实践中，认定医美机构的虚假宣传行为是否属于欺诈的关键在于其宣传内容是否足以引起消费者做出错误意思表示。如果仅使用了一些略微夸张的宣传用语，依据社会一般认知水平不会对消费者造成误导的，不宜认定为欺诈。

需要注意的是，根据《医疗美容服务管理办法》第二条、第四条的规定，美容医疗机构属于医疗机构，由卫生行政部门监督管理。在《关于进一步加强

医疗美容综合监管执法工作的通知》《医疗广告执法指南》等文件中，亦进一步明确了医疗美容广告属于医疗广告，医疗美容机构应严格执行《广告法》和《医疗广告管理办法》的规定，经卫生健康行政部门审查取得《医疗广告审查证明》后，按照审查核准的内容发布医疗广告，不得进行虚假宣传。而在本案中，美容诊所曾因发布的医疗广告内容与卫生行政部门审批的广告内容不相符，广告内容没有权威机构认定，发布的广告服务信息与实际情况不符等虚假宣传行为屡次受到行政处罚，邹某也是受到其在网站上发布的虚假广告误导后接受了其提供的医疗美容服务，继而遭受人身损害，故法院认为美容诊所的上述虚假宣传行为构成欺诈，应适用《消费者权益保护法》惩罚性赔偿条款，三倍赔偿邹某的手术费用。

编写人：北京市第三中级人民法院　咸海荣　张羽　邱江

29

民事赔偿责任比例不等同于医疗过错参与度，其认定还应结合双方地位、注意义务平衡等因素

——许某分诉甲医院医疗损害责任案

【案件基本信息】

1. 裁判书字号

云南省昭通市中级人民法院（2021）云06民终3017号民事判决书

2. 案由：医疗损害责任纠纷

3. 当事人

原告（被上诉人）：许某分

被告（上诉人）：甲医院

【基本案情】

2020 年 2 月 15 日，许某分因从 1.8 米的高楼坠落受伤，当日即被送往甲医院住院治疗，入院时初步诊断为：1. 右髋臼粉碎性骨折；2. 右侧耻骨上、下支骨折；3. 右侧股骨头撕裂骨折；4. 腰 2 椎体爆裂压缩性骨折；5. 腰 5 椎体压缩性骨折；6. 盆腔内脏器损伤待排。次日修正补充诊断为："1. 骨盆骨折；2. 右髋臼粉碎性骨折；3. 右侧髋关节中心型脱位；4. 右侧股骨头撕裂骨折；5. 第 3 腰椎爆裂压缩性骨折；6. 第 5 腰椎压缩性骨折；7. 失血性贫血；8. 后腹膜血肿；9. 右侧闭孔神经及骶从神经损伤？10. 腹盆腔内脏器官损伤待排。" 2020 年 3 月 3 日许某分办理出院手续，病情经出院诊断为："1. 骨盆骨折；2. 右髋臼粉碎性骨折；3. 右侧髋关节中心型脱位；4. 右侧股骨头撕裂骨折；5. 第 3 腰椎爆裂压缩性骨折；6. 第 5 腰椎压缩性骨折；7. 失血性贫血；8. 后腹膜血肿；9. 右侧后腹膜静脉丛破裂出血；10. 右侧死亡冠破裂出血；11. 失血性休克；12. 右侧闭孔神经及骶从神经损伤？13. 腹盆腔内脏器官损伤待排；14. 酸中毒；15. 肝功能异常；16. 急性肾功能衰竭；17. 低蛋白血症；18. 急性呼吸衰竭；19. 血小板减少症；20. 凝血功能异常；21. 电解质紊乱；22. 肺部感染。"

出院当日，许某分即转至乙医院肾病内科住院治疗，经诊断为：1. 肾功能不全待诊：急性肾功能衰竭？2. 盆腔肿物（包裹性占位）：脓肿？或其他？3. 腹膜炎？4. 消化道出血；5. 肺部感染；6. 贫血待诊：失血性贫血？7. 高钾血症；8. 代谢性酸中毒；9. 骨盆骨折术后；10. 腰椎压缩性骨折；11. 压疮；12. 左肝囊肿；13. 胆总管扩张；14. 低蛋白血症。同年 3 月 16 日办理出院并转至丙医院住院治疗 11 天后，于 3 月 27 日办理出院并继续转至乙医院肾病内科、重症医学科住院 11 天，于 4 月 14 日转至丁医院肾脏内科医疗单元住院 31 天后，于 5 月 15 日转至乙医院肾病内科住院治疗 14 天后出院。

6 月 17 日，许某分再次入院乙医院治疗 7 天后出院，经出院诊断为胃溃疡出血、糜烂性胃炎、十二指肠炎、慢性肾衰竭尿毒症期、肾性贫血、肾性高血压？甲状旁腺功能亢进。随后许某分在多家医院进行了多次治疗。

另查明，甲医院对许某分采取的诊疗行为，经甲司法鉴定中心鉴定，该鉴定中心分析认为甲医院在对许某分使用的抗凝治疗中选用了“肝素钠”，存在抗凝方式选择欠妥的问题以及2月28日甲医院存在气管拔管评估不足、医方存在病历书写不规范的过错，最终出具鉴定意见为：“1. 甲医院对许某分的诊疗行为存在不足和欠缺；2. 甲医院的不足和欠缺与许某分的损害结果之间存在部分因果关系；3. 建议过错参与度为20%。”

现许某分的病情经乙司法鉴定中心鉴定为：“肾功能衰竭”伤残等级评定为壹处二（贰）级伤残，“骨盆严重畸形愈合”壹处评定为九（玖）级伤残，“L2压缩性骨折”壹处评定为十（拾）级伤残。“肾衰竭”后续治疗费评估为187200.00元；“右髋臼粉碎性骨折；右侧耻骨上下支骨折，右侧股骨头撕裂骨折，右髋关节脱位”，“L2压缩性骨折；L4前缘骨折”及其他损伤的后续治疗费评估为20000.00元。目前体征、症状评定为未达护理依赖程度。

【案件焦点】

医疗过错参与度是否等同于民事赔偿责任比例。

【法院裁判要旨】

云南省盐津县人民法院经审理认为：公民的人身权利受法律保护，禁止他人以任何理由和借口予以侵害。根据《中华人民共和国侵权责任法》第五十四条规定，患者在诊疗活动中受到损害，医疗机构及其医务人员有过错的，由医疗机构承担赔偿责任。本案中，被告因坠楼致伤，到被告处住院治疗，被告的医务人员在诊疗活动中应当尽到与当时的医疗水平相应的诊疗义务。现原告在被告处住院治疗后病情加重，原告主张系由于被告在实施诊疗过程中存在过错行为导致，要求被告对其受伤住院至今的全部医疗费用以及其他各项损失承担40%的赔偿责任，被告对此不予认可。本院认为，甲司法鉴定中心鉴定意见系根据双方当事人的意见，由本院依法委托具有相关鉴定资质的机构鉴定得出，被告未提交相关证据或合理的理由对该鉴定意见的准确性予以否定，也未申请重新鉴定，故本院对该鉴定意见予以采信，则被告应当承担相应的医疗损害赔偿责任。原告入被告处诊疗时，并未确诊患有“肾功能衰竭”，而原告在被告处术后入乙医院治疗时确诊患有“慢性肾衰竭尿毒症期”，被告对原告采取的诊疗行为存在不足和欠缺，并导致原告受到不可逆转的“慢性肾衰竭尿毒症期”严重损害后果，其诊疗中的不足和欠缺与原告的损害存在因果关系，参考鉴定分析意见并结合原告受损实际情况综合评定，本院酌定由被告对原告各项损失承担30%的赔偿责任较为恰当。

云南省盐津县人民法院依照《中华人民共和国侵权责任法》第十六条、第八十五条，《最高人民法院关于审理人身损害赔偿案件适用法律若干问题的解释》第六条、第七条、第八条、第九条、第十条、第十一条、第十三条，《最高人民法院关于确定民事侵权精神损害赔偿责任若干问题的解释》第八条、第九条、第十条，《中华人民共和国民事诉讼法》第六十四条，《最高人民法院关于适用〈中华人民共和国民事诉讼法〉的解释》第九十条，《最高人民法院关于适用〈中华人民共和国民法典〉时间效力的若干规定》第一条之规定，作出如下判决：

一、由被告甲医院于本判决生效之日起十日内，赔偿原告许某分各项损失共计254334.80元；

二、驳回原告许某分的其他诉讼请求。

甲医院不服一审判决，提起上诉。

云南省昭通市中级人民法院依照《中华人民共和国民事诉讼法》第一百七十七条第一款第一项规定，作出如下判决：

驳回上诉，维持原判。

【法官后语】

过失参与度不是赔偿责任比例。首先，医疗过错参与度是一个法医学概念，立足点是医学领域，它是社会第三方机构根据原因和损害结果之间的关系而确定的一个度。而民事赔偿责任比例的立足点是法律领域，法院对甲医院的赔偿责任比例的认定应从法律角度出发，须考虑双方的地位、注意义务、证据规则、公平正义、司法平衡等方面，予以综合确定双方过错程度及原因力比例，最终确定赔偿责任比例。

医疗过错参与度与责任比例系两个不同的概念，不能等同。过错参与度只能作为确定赔偿比例的参考，而非确定赔偿比例的唯一标准。作为法学概念的过错责任中的“过错”与作为法医学概念的过错参与度中的“过错”在内涵和外延上不尽相同。现有的侵权责任法体系中也未见将过错参与度作为计算赔偿比例的规定，且在过错参与度的司法鉴定过程中，往往大量存在注重原因比较而不注重过错比较的情况。从过错参与度分析，也许患者自身的身体状况及疾病的因素是造成其损害的主要原因，医院的诊疗过错只是次要原因，但从法律上的过错责任来分析，患者自身患的疾病在主观上既无故意也无过失，不属于法律上的过错。参与度的评定，属于法医学专业中的一种学理性探讨内容，其评定的等级把握存在一定的主观分析因素，在不同的鉴定机构以及各方诉讼参与人之间也可能具有不同观点。故鉴定人对于参与度的评定仅系供审判参考的学术性意见，而非确定赔偿比例的法定依据。

最高人民法院公布的指导案例第24号案例荣宝英诉王阳、永诚财产保险股份有限公司江阴支公司机动车交通事故责任纠纷中，受害人荣宝英在交通事故中左下肢损伤的伤残等级评定为九级，损伤参与度评定为75%，因骨质疏松，其个人体质的因素占25%，法院仍然判令机动车一方承担事故的全部赔偿责任。该案的裁判要点为：交通事故的受害人没有过错，其体质状况对损害后果的影响不属于可以减轻侵权人责任的法定情形。

本案中，甲司法鉴定中心分析认为甲医院在对许某分使用的抗凝治疗中选用了“肝素钠”，存在抗凝方式选择欠妥的问题以及2月28日甲医院存在气管拔管评估不足、医方存在病历书写不规范的过错，最终出具鉴定意见为：“1. 甲医院对许某分的诊疗行为存在不足和欠缺；2. 甲医院的不足和欠缺与许某分的损害结果之间存在部分因果关系；3. 建议过错参与度为20%。”其过错参与度是针对医疗不当行为在整个医疗过程中所占的比例，而对于患者许某分来说，其自身体质状况和疾病的因素是入院前就已经存在，自身并不存在对损伤加重的过错。从3月3日办理出院转院至乙医院时的出院诊断来看，出现了“急性肾功能衰竭”“急性呼吸衰竭”等病情加重的情况，能够证明甲医院的过错行为加重了许某分损害的结果，该结果并不就是20%，许某分本不应当承受甲医院的过错行为给其带来的新的痛苦。赔偿只是一种解决纠纷的方式，是对患者的一种安慰，而不是对承受痛苦的对价。出于公平，一审法院考虑甲医院的过错并结合许某分自身疾病的因素，酌情判决由甲医院承担30%的责任符合本案实际，一审判决并无不当，故二审作出驳回上诉、维持原判的判决。

编写人：云南省昭通市中级人民法院 杨巧玲 王荣祥

七、环境污染责任纠纷

30

案由界定之环境污染责任

——彭某夸诉工程公司环境污染责任案

【案件基本信息】

1. 裁判书字号

广西壮族自治区柳州市中级人民法院（2021）桂02民终4671号民事判决书

2. 案由：环境污染责任纠纷

3. 当事人

原告（被上诉人）：彭某夸

被告（上诉人）：工程公司

【基本案情】

彭某夸种植砂糖橘果树，果龄约七年，面积原约40亩。因高速公路建设需要，果地被征用13.98亩，高速公路从果园中间穿过，果园毗邻高速公路分为南北两处。2020年3月26日，高速公路正式开工建设。自2020年7月以来，工程公司在原告上述二处果园中间进行土地平整、回填、垫基、压路基等施工，截至2021年3月22日施工尚未结束，水泥路面比果地高出5米至6米不等，果园中砂糖橘果叶虽经雨水洗涤，但仍残留相当的粉尘，果实色差大、不均匀，商品果率低，且未采收。2020年11月25日，彭某夸书面向村民委员会和人民政府反映果园因高速公路施工粉尘污染，其果园颗粒无收，造成严重经济损失。2021年2月1日，人民政府工作人员对彭某夸反映的情况，组织彭某夸和工程公司工作人员进行调解，彭某夸要求施工方清洗果树和赔偿104000元。工程公司表示同意清洗果树，但赔偿款太高，且果树疏于打理、果品也不太好，愿意赔偿20000元，最终双方分歧较大，调解不成，以致引发本案诉讼。

在诉讼过程中，法院根据原告的申请，对涉案26.02亩砂糖橘2020/2021年度因粉尘污染造成经济损失进行鉴定（评估）。2021年5月11日资产评估公司作出资产价值分析报告，结论为涉及的26.02亩砂糖橘2020/2021年度的市场价值为202956元。原告支出鉴定费用8400元。

2021年5月24日，工程公司对公路建设施工粉尘是否足以造成彭某夸所主张的砂糖橘产生经济损失及其影响程度（施工粉尘是否与彭某夸所主张的砂糖橘经济损失202956元之间存在因果关系以及因果关系参与程度）进行司法鉴定，但因不符合受理要求，司法技术部门于2021年6月24日退回案件。

【案件焦点】

1. 案件的法律关系性质是一般侵权责任纠纷还是环境污染责任纠纷；2. 工程公司应否承担赔偿责任；3. 赔偿数额如何计算。

【法院裁判要旨】

广西壮族自治区柳州市柳江区人民法院经审理认为：关于争议焦点一，环境污染责任纠纷是指因工业活动或者其他人为原因，导致自然环境遭受污染或者破坏，从而造成他人人身、财产权益或者公共环境、其他公共财产遭受损害，或者有遭受损害的危险时，侵权人依法应当承担侵权损害赔偿责任所引发的纠纷。彭某夸以工程公司修建高速公路产生粉尘污染，导致其砂糖橘损失为由请求判令工程公司赔偿损失，应定性为环境污染责任纠纷，原立案时定性为财产损害赔偿纠纷，并不能客观、准确地反映本案的案情，应予以纠正。

关于争议焦点二，《最高人民法院关于审理环境侵权责任纠纷案件适用法律若干问题的解释》第六条规定："被侵权人根据民法典第七编第七章的规定请求赔偿的，应当提供证明以下事实的证据材料：（一）侵权人排放了污染物或者破坏了生态；（二）被侵权人的损害；（三）侵权人排放的污染物或者其次生污染物、破坏生态行为与损害之间具有关联性。"本案中，原告果园位于工程公司进行高速公路土地平整、回填、垫基、压路基等施工工地两侧，2020 年秋冬季节，果树果面及果叶大量蒙上黄土粉尘，严重影响果园的日常管理及果树的正常生长，且周边无其他粉尘污染源，工程公司在施工过程中制造粉尘污染的事实确实存在，工程公司为侵权人。上述司法解释第七条规定："侵权人举证证明下列情形之一的，人民法院应当认定其污染环境、破坏生态行为与损害之间不存在因果关系：（一）排放污染物、破坏生态的行为没有造成该损害可能的；（二）排放的可造成该损害的污染物未到达该损害发生地的；（三）该损害于排放污染物、破坏生态行为实施之前已发生的；（四）其他可以认定污染环境、破坏生态行为与损害之间不存在因果关系的情形。"本案中，工程公司并未依据上述规定举证证明其施工建设不会对相毗邻的果树造成环境影响，也没有提供其他证据证明其施工中产生的粉尘污染与彭某夸果树减产绝收之间不存在因果关系。因此，根据《中华人民共和国民法典》第一千二百三十条"因污染环境、破坏生态发生纠纷，行为人应当就法律规定的不承担责任或者减轻责任的情形及其行为与损害之间不存在因果关系承担举证责任"和《最高人民法院关于审理环境侵权责任纠纷案件适用法律若干问题的解释》第一条"因污染环境、破坏生态造成他人损害，不论侵权人有无过错，侵权人应当承担侵权责任。侵权人以排污符合国家或者地方污染物排放标准为由主张不承担责任的，人民法院不予支持"之规定，工程公司应在本案中承担污染环境的侵权责任。

关于争议焦点三，工程公司在进行高速公路施工时，未采取有效防尘措施，特别是 2020 年秋冬季节，施工产生大量粉尘，致使毗邻的果树果面及果叶大量附着黄色粉尘，严重影响果实的光照、果树的正常生长及果园的日常管理，造成本案砂糖橘果实色差大、不均匀，商品果率低，事实上涉案砂糖橘 2020/

2021年度也未进行采收。现经评估砂糖橘2020/2021年度的市场价值为202956元，原告的诉请合法有据。

广西壮族自治区柳州市柳江区人民法院依照《中华人民共和国民法典》第一千二百三十条，《最高人民法院关于审理环境侵权责任纠纷案件适用法律若干问题的解释》第一条第一款及第二款、第六条、第七条，《最高人民法院关于适用〈中华人民共和国民法典〉时间效力的若干规定》第一条第三款，《中华人民共和国民事诉讼法》第六十四条第一款和《最高人民法院关于适用〈中华人民共和国民事诉讼法〉的解释》第九十条、第九十一条之规定，作出如下判决：

一、工程公司赔偿原告彭某夸经济损失202956元；

二、工程公司支付原告彭某夸鉴定费8400元。

工程公司不服一审判决，提出上诉。

广西壮族自治区柳州市中级人民法院经审理后认为：一审查明的事实清楚，适用法律准确。

广西壮族自治区柳州市中级人民法院依照《中华人民共和国民事诉讼法》第一百七十条第一项之规定，作出如下判决：

驳回上诉，维持原判。

【法官后语】

本案工程公司进行高速公路建设施工时，在进行土地平整、回填、垫基、压路基等施工环节未采取有效防尘措施，致使毗邻的果树果面及果叶大量附着黄色粉尘引发纠纷。双方对于该案的定性、举证责任分配、损失金额的计算方法均存在争议。案由适用是双方争议的核心，一方主张案由是财产损害赔偿纠纷，另一方主张案由是环境污染侵权责任纠纷。笔者认为，需要对这两个案由的举证证明责任作以下简析：

财产损害赔偿纠纷，举证责任是按照一般侵权责任纠纷进行分配举证责任，即“谁主张，谁举证”，可进一步理解为“主张积极事实，该积极事实作为证明对象，主张者有证明责任，而主张消极事实，该消极事实不作为证明对象，主张者无证明责任”。就本案而言，关于存在因果关系的证明责任在受害人，受害人将承担不能举证证明存在因果关系的不利后果。

环境污染责任则属于特殊侵权责任，无论是《中华人民共和国民法通则》《中华人民共和国侵权责任法》，还是《中华人民共和国民法典》，都规定环境污染侵权责任适用严格的无过错责任原则，侵权人的主观过错不影响其承担侵权损害赔偿责任，只要发生环境污染，就要承担侵权损害赔偿责任。而造成损害的污染者主张免责的，应当就法律规定的不承担责任或者减轻责任的情形及其行为与损害结果之间不存在因果关系承担举证责任。相比之下，在环境污染侵权责任中侵权人需要承担的举证证明责任更重些。在本案中，受害人只需要证明毗邻的果树果面及果叶大量附着黄色粉尘是由侵权人排放，果树存在损失，该果树损失与侵权人排放的粉尘有关联性即可，侵权人则需要对法律规定的不承担责任或者减轻责任的情形及其行为与损害结果之间不存在因果关系承担举证责任。

由此可见，案由的确定导致举证责任的分配存在差异，举证责任分配会直接影响对抗双方诉讼活动，而诉讼进程又直接影响着实体公正。本案对案由的确定，即是否定性为环境污染责任，正是诉辩双方博弈焦点。

笔者认为，适用案由应依据所需要保护或实现的主要秩序、权益。财产损害赔偿纠纷这一案由，仅指的是物权受到侵权后的损害赔偿，综观物权相关法律规定，对于物权的态度均是物尽其用。在环境污染侵权责任这一民事案由下，需要实现的主要秩序是人类与环境的和谐共处，抑制人类向环境排入超过环境自净的物质和能量行为，其强调的是适度的排放。就本案而言，更需要保护的是建设工程施工粉尘排放量不影响果树的正常生长，出果率不降低。因此，本案定性为环境污染侵权责任纠纷更为适宜。

另外，本案也要区分环境私益侵权责任与环境公益侵权责任。环境私益侵权责任指的是不论污染环境者是否违反国家规定，对其造成的损害都是需要承担责任的。就本案而言，应当是环境私益侵权责任，毗邻的植被都附着了粉尘，影响了植被的生长，侵犯了果农利用果树产生经济效益的环境权益，导致果农财产损害，无论侵权人是否违反了国家关于建设工程施工粉尘的监管规定，均应承担环境污染侵权责任。

编写人：广西壮族自治区柳州市柳江区人民法院　吴荣芳　蓝毅

31

数人环境侵权行为形态的认定与生态修复责任的承担

——某区生态环境局诉张某新等生态环境损害赔偿诉讼案

【案件基本信息】

1. 裁判书字号

上海市第二中级人民法院（2021）沪03民初31号民事判决书

2. 案由：生态环境损害赔偿诉讼

3. 当事人

原告：某区生态环境局

被告：张某新、童某勇、王某平

【基本案情】

2018年4月始，被告张某新和童某勇合伙在案涉场地部分厂房内进行电镀镀镍，案外人宋某军受两人雇用具体操作电镀，电镀产生的含镍废液直接排入厂房内渗坑。2018年10月始，被告王某平向张某新承租案涉场地部分厂房，亦进行电镀作业，含镍废液也直接排入渗坑。2018年12月左右，两家电镀作坊雇人在厂房内挖了一口渗井后，含镍废液均通过渗井排放。

2019年4月，环境监测站提取上述厂房附近河道地表水、车间桶内绿色液体水样、电镀缸内水样、排水井内水样进行检测。《检测报告》显示，采样液体中均检测出重金属镍，且金属镍含量均超过《污水综合排放标准》最高允许的排放浓度严重污染环境。某镇政府遂委托他人对镍污染河水和案涉场地电镀废液进行应急处置，并开展环境损害的鉴定评估、生态环境修复、环境监理、修复后效果评估等工作。

2019 年 12 月 18 日，上海铁路运输法院作出刑事判决，认定被告张某新、童某勇及案外人宋某军犯污染环境罪，分别判处张某新、童某勇及案外人宋某军有期徒刑。被告王某平在逃。

经奉贤区人民政府指定，某区生态环境局启动本案的生态环境损害索赔工作。因与被告磋商无果，某区生态环境局提起生态环境损害赔偿诉讼，请求判令三被告共同承担镍污染河水应急处置费 1300000 元、废弃电镀废水应急处置费 700000 元、环境损害鉴定评估费 630000 元、招标代理费 30671 元、修复工程费 3430000 元、环境监理费 163100 元、修复效果评估费 458800 元等费用共计 6712571 元。上海市人民检察院第三分院支持起诉。

被告张某新及童某勇辩称，王某平单独实施电镀镀镍业务，有 10 个电镀缸，张某新和童某勇合伙从事电镀镀镍，只有 6 个电镀缸，故应区分三被告的责任大小。某镇政府未经被告同意，直接委托他人修复，支出的各项费用金额均过高。

被告王某平未到庭应诉。

【案件焦点】

1. 涉案生态环境侵权行为系由三被告共同实施还是分别实施，侵权责任如何承担；2. 原告所主张的各类费用是否具有充足的事实根据和法律依据。

【法院裁判要旨】

上海市第三中级人民法院经审理认为：关于争议焦点一，案涉场地共有两家电镀作坊，一家由被告张某新和童某勇合伙经营，另一家由被告王某平单独经营。由于两家电镀作坊开展经营、排放电镀废水行为存在时间先后和行为的独立性，故本案应认定被告童某勇和张某新作为一方、被告王某平作为另一方，分别实施了环境侵权行为。三被告的侵权行为发生在《中华人民共和国民法典》施行之前，应当适用 2009 年《中华人民共和国侵权责任法》。《中华人民共和国侵权责任法》第十二条规定，二人以上分别实施侵权行为造成同一损害，能够确定责任大小的，各自承担相应的责任；难以确定责任大小的，平均承担赔偿责任。两家电镀作坊使用的原料相同、废水成分相同，排入渗坑、渗井后造成的环境损害结果相同，但由于经营时间、数量规模和排放废水期限的不同，两家电镀作坊造成的环境损害数量多寡难以判断，责任大小难以区分，应当对外平均承担赔偿责任。被告张某新和童某勇合伙经营其中一家电镀作坊，共同实施侵权行为，应当就共同承担的50%部分对外承担连带责任。诉讼期间，被告张某新和童某勇约定内部责任比例分别为51%、49%，于法不悖，法院予以认可。

关于争议焦点二，法院认为，虽然《最高人民法院关于审理生态环境损害赔偿案件的若干规定（试行）》（以下简称《生态损害赔偿案件规定》）并未规定原告可以委托他人修复，但《中华人民共和国民法典》第一千二百三十四条规定，国家规定的机关或者法律规定的组织可以自行或者委托他人进行修复，所需费用由侵权人负担。涉案侵权行为发生在《中华人民共和国民法典》实施之前，根据《最高人民法院关于适用〈中华人民共和国民法典〉时间效力的若干规定》第三条规定的空白溯及原则，本案可以适用《中华人民共和国民法典》第一千二百三十四条规定。某镇政府为修复受污染生态环境所支出的各项具体费用，有一系列合同以及各类付款凭证、发票等证据予以证实，修复工程费、环境监理费、修复效果评估费合计并未超过鉴定评估报告所估算的费用。且原告主张的所有费用，属于《生态损害赔偿案件规定》和《中华人民共和国民法典》规定的赔偿范围。综上，原告主张被告赔偿的各类费用，具有充足的事实根据和相应的法律依据，应予支持。

上海市第三中级人民法院依照《中华人民共和国环境保护法》第六十四条，《最高人民法院关于适用〈中华人民共和国民法典〉时间效力的若干规定》第一条第二款以及《中华人民共和国侵权责任法》第八条、第十二条、第六十五条，《最高人民法院关于审理生态环境损害赔偿案件的若干规定（试行）》第一条、第五条、第六条、第七条、第八条、第十二条、第十四条，《最高人民法院关于适用〈中华人民共和国民法典〉时间效力的若干规定》第三条以及

《中华人民共和国民法典》第一千二百三十四条，《中华人民共和国民事诉讼法》第五十五条第二款、第一百四十四条的规定，作出如下判决：

一、被告张某新和被告童某勇应当于本判决生效之日起九十日内连带赔偿原告某区生态环境局应急处置费、环境损害鉴定评估费、招标代理费、修复工程费、环境监理费、修复效果评估费等费用的50%金额，合计3356285.5元，被告张某新、被告童某勇任何一方实际赔偿金额超出约定的51%、49%份额的，有权向另一方追偿；

二、被告王某平应当于本判决生效之日起九十日内赔偿原告某区生态环境局应急处置费、环境损害鉴定评估费、招标代理费、修复工程费、环境监理费、修复效果评估费等费用的50%金额，合计3356285.5元。

判决后，双方当事人均未上诉，本判决现已生效。

【法官后语】

本案是《生态损害赔偿案件规定》施行以来生态环境损害赔偿诉讼典型案件，也是全国首例适用《中华人民共和国民法典》第一千二百三十四条作出判决的生态环境损害赔偿诉讼典型案件。

作为环境民事公益诉讼中的一个特殊种类，本起生态环境损害赔偿诉讼案的司法裁量和判决具有三个方面的价值和示范意义。

第一，本案准确界定了数人环境侵权行为的形态并划分了各方的责任。本案中，由于被告王某平在逃，其余被告对责任划分非常关注，担心承担超过自己份额的责任比例。法院查清两家电镀作坊的经营时间、业务规模、原料成分、排放的含镍废液在时间上的先后及数量上的累积，认定每家电镀作坊的行为都能构成一个独立的侵权行为，但每一个独立的侵权行为都不足以造成全部环境损害，故两家电镀作坊排放含镍废液的行为构成了累积因果关系的竞合侵权行为。在难以区分责任大小的情形下，两家电镀作坊应当对外平均承担赔偿责任。鉴于被告张某新、童某勇合伙经营其中一家电镀作坊，故法院判决被告张某新、童某勇对共同承担的50%责任对外承担连带责任，剩余50%责任由被告王某平承担。法院对数人环境侵权行为形态的认定与赔偿责任的划分，得到了当事人的认同。

第二，本案运用空白溯及原则直接适用了《中华人民共和国民法典》关于生态环境修复责任的规定。生态环境修复责任，是指造成生态环境损害的侵权人所应承担的对受损生态环境采取一系列补救措施使其恢复至基线水平的一种责任。《生态损害赔偿案件规定》明确被告应当承担修复责任，并未规定原告可以委托他人修复，而《中华人民共和国民法典》第一千二百三十四条规定，国家规定的机关或者法律规定的组织可以自行或者委托他人进行修复，所需费用由侵权人负担。本案中，两名被告在监狱服刑，一名被告在逃，而三被告造成的环境污染亟待应急处置并需要开展生态修复，故法院认定，在生态修复刻不容缓而被告客观上无法履行修复义务的情形下，某镇政府有权先行委托他人开展应急处置、生态修复等工作，并可以根据《中华人民共和国民法典》第一千二百三十四条直接主张相关费用。法院直接适用《中华人民共和国民法典》的相关规定，判决支持原告提出的赔偿请求，为生态环境修复的顺利开展提供了司法保障。

第三，本案明确了对生态环境损害赔偿费用的审查标准。生态环境修复具有科学性、专业性和技术性特点，为了避免行政机关不当行使权力支出不必要或不合理的费用，对被告造成不公平的负担，法院对某区生态环境局主张的应急处置费、鉴定评估费、招标代理费、修复工程费用、环境监理费用、修复效果后评估费等各类费用，进行了合法性、必要性与合理性审查。关于合法性，法院主要审查各类费用是否属于《中华人民共和国民法典》《生态损害赔偿案件规定》规定的赔偿范围。关于必要性，法院依据鉴定评估报告、生态修复方案、招投标相关规定等，审查了各项费用的支出是否必要。关于合理性，法院要求原告对各类费用的计算标准进行详细说明，并提供所参考或依据的关于收费项目及收费标准的规范性文件。最终，法院综合考量鉴定评估报告、生态修复方案并参考相关规范性文件规定的收费标准等，认可了本案费用支出的合法性、必要性与合理性，并在裁判说理部分详细阐述，当事人服判息诉。

编写人：上海市第三中级人民法院　丁晓华　张寒

八、高度危险责任纠纷

32

高度危险责任纠纷中，受害人故意规则的适用及管理人侵权责任承担问题的分析与认定

——郭某等诉照明公司等高度危险责任案

【案件基本信息】

1. 裁判书字号

山东省济南市中级人民法院（2021）鲁 01 民终 3238 号民事判决书

2. 案由：高度危险责任纠纷

3. 当事人

原告（上诉人）：郭某、丁某林、丁某彤

被告（被上诉人）：照明公司、照明服务中心、城市管理局

【基本案情】

2020 年 5 月 14 日，派出所出具“情况说明”一份，载明：“2020 年 4 月 26 日 15 时许，照明公司报警称在高压配电箱内电死一人，派出所接到报警及时出警到现场。在 2020 年 4 月 28 日确定死亡人员信息，死亡人姓名丁某军。此人属于非正常死亡。”某医院病理科医学检验所对死者丁某军进行“尸解标本病理检查”，并出具尸解标本病理检查报告书，病理诊断为丁某军送检皮肤

（大者及小者）组织学形态均符合电流斑改变。2020年5月14日，某医院出具居民死亡医学证明（推断）书，载明死亡日期为2020年4月26日，死亡原因为电击伤。2020年5月15日，派出所出具丁某军殡葬证，载明丁某军死亡时间为2020年4月26日，死亡原因为电击。

照明公司是路灯及桥体亮化维护项目的供应商。照明服务中心主要负责城市道路照明设施管理和维修；城市道路照明设施新建和改建；查处路灯杆上违章安置宣传、标志牌、拉线和用电等。照明公司2020年4月的变压器巡查记录表显示，该公司于2020年4月20日对型号RTU为0260的变压器进行了巡查，电压、电流正常，变压器的高压室、高压负荷开关、变压器室、低压配电室进行了清扫，变压器护栏、门锁、低压负荷开关、接触器、负荷线路进行了检查，并有相关检查人员的签字。

公安局接处警综合单载明：经现场了解，路灯专用箱式变压器里发现一具烧焦的干尸，经技术中队现场勘查为一男性，全身除两脚穿着一双3520布鞋外，其他部位全部烧焦无法辨认。

公安机关向一审法院提供了事发地点于2020年4月25日夜间的监控视频一段、案涉变压器事故接警民警到达现场后所拍摄的照片一宗及丁某军进行尸检时的照片一宗。民警到达变压器变电箱后所拍摄的照片显示：该变电箱位于一个开放式小公园内部，具体在小公园的东北角，围栏及变电箱的门均朝小公园内部方向并不沿街，除进出口位置其余三面均有树木围绕无法通行，该变电箱之外有黄色围栏、变电箱系铁皮制外壳的小铁皮房，门锁正面及防护拦上均载明“止步、高压危险”“高压危险、请勿靠近、小心触电”的警示标志。打开变电箱有用四颗螺丝固定的铁制网予以防护，防护网下方距离变电箱的地面有高约40厘米的空隙，防护网上方距离变电箱的箱顶有高约50厘米的空隙。该防护网长约120厘米、宽约80厘米，两端进行了固定。被烧焦的尸体呈120度坐卧并呈蜷缩状在铁制防护网内的下方。在变电箱的门口一把红色打开的锁掉落在地面上，变电箱周围有抽过的同一品牌的香烟头若干。公安机关对丁某林的尸体进行尸检后的照片显示，从丁某军的尸体上取下铁制手钳一把，已烧黑。在地面有两把被打开的红锁掉落在地面上。

【案件焦点】

高度危险责任纠纷中，受害人故意规则的适用及管理人的侵权责任如何承担。

【法院裁判要旨】

山东省济南市历城区人民法院经审理认为：高度危险责任纠纷是指高度危险行为人实施高度危险活动或者管理高度危险物，造成他人人身损害或者财产损害，依法应当承担损害赔偿责任所引发的纠纷。因死者丁某军所在的高压室的电压为10000伏，系高压的范畴，故本案案由为高度危险责任纠纷。《中华人民共和国侵权责任法》第七十六条规定："未经许可进入高度危险活动区域或者高度危险物存放区域受到损害，管理人已经采取安全措施并尽到警示义务的，可以减轻或者不承担责任。"

关于案涉变电箱的管理人照明服务中心及维护人照明公司是否对案涉变电箱采取了安全措施并尽到警示义务的问题。某市公安局接处警综合单民警反馈情况一栏载明："经现场了解，外面也都有护栏和警示提示语，此次出事变压器的锁被破坏。"照明公司2020年4月的变压器巡查记录表显示，该公司2020年4月20日巡查变压器护栏、门锁、低压负荷开关、接触器、负荷线路均为正常。根据公安机关制作的案涉变电箱现场照片及照明公司提供的现场有两把被破坏的锁的照片证实，该变电箱有三重防护：外围设有黄色围栏并加红色门锁系第一层防护，变电箱系铁皮制外壳并加红色门锁系第二层防护，变电箱内有四颗螺丝钉固定的防护网系第三层防护。变电箱及护栏上均载明"止步、高压危险""高压危险、请勿靠近、小心触电"的警示标志，证实照明服务中心及照明公司对案涉变电箱采取了安全措施并尽到警示义务。

关于高度危险责任纠纷中，管理人的侵权责任承担问题。根据《中华人民共和国侵权责任法》第六十九条"从事高度危险作业造成他人损害的，应当承担侵权责任”之规定，高度危险责任采用的系无过错责任。但承担无过错责任，并不是绝对责任。在高度危险物致害时，如果管理人具备法定免责条件时，可以对造成的损害不承担赔偿责任或者减轻其责任。该法第二十七条“损害是因受害人故意造成的，行为人不承担责任”之规定，即受害人故意规则同样适用于高度危险责任，并且系高度危险责任普遍适用的抗辩原则，适用于各类高度危险责任。

经审查：根据公安机关对照明公司工作人员的询问笔录，变压器所所长王某鹏的陈述“2020年4月26日凌晨1点18分的时候，监控系统报警提示出事变压器出现异常，今天上午公司热线那里推送了此次出事变压器的工单”证实丁某军触电身亡的时间为2020年4月26日凌晨1点18分；根据公安机关制作的事故地点照片及照明公司提供的照片证实案涉变电箱位于一个开放式小公园内部的东北角，围栏及变电箱的门均朝小公园内部方向并不沿街，除进出口位置其余三面均有树木围绕无法通行，只有通过小公园内部才能走到该变电箱处。根据公安机关制作的事故现场照片有烟头若干。公安机关及照明公司提供的照片证实丁某军死亡的地点位于变电箱内的铁制防护网内，丁某军触电身亡后烧焦的尸体仍在该内防护网内，需将内防护网拆卸才能将尸体搬出，证实该内防护网起到了防护高压设备的作用；某市公安局接处警综合单民警反馈情况载明门锁被破坏，照明公司提供的事发后照片亦证实现场有两把被破坏的门锁；根据公安机关提供的丁某军尸检照片，证实从烧焦的丁某军尸体上剥离出手钳一把。综上，以上证据形成证据链证实丁某军系故意进入变电箱内防护网而触电身亡，照明公司、照明服务中心在本案中不应承担赔偿责任。

山东省济南市历城区人民法院依照《中华人民共和国民事诉讼法》第六十四条第一款，《最高人民法院关于适用〈中华人民共和国民事诉讼法〉的解释》第九十条、第九十一条第一项的规定，作出如下判决：

驳回郭某、丁某林、丁某彤的诉讼请求。

郭某、丁某林、丁某彤不服一审判决，提出上诉。

山东省济南市中级人民法院经审理认为：《中华人民共和国侵权责任法》

第六十九条规定“从事高度危险作业造成他人损害的，应当承担侵权责任”、第七十六条规定“未经许可进入高度危险活动区域或者高度危险物存放区域受到损害，管理人已经采取安全措施并尽到警示义务的，可以减轻或者不承担责任”。首先，本案中，丁某军系在高压配电箱内电击而亡。高压配电箱是电力供电系统用于电能分配、控制、计量以及连接线缆的配电设备，非经许可、非经工作原因，外人禁止入内。丁某林、郭某均称案发之前，丁某军在工地干吊洞防水的活并非电工，而照明公司、照明服务中心、城市管理局均称丁某军非其单位人员，亦并未指派其进入该高压配电箱从事任何工作，丁某林、郭某亦未提供证据证实丁某军是授照明公司、照明服务中心、城市管理局的指派进入案涉高压配电箱，应认定丁某军未经照明公司、照明服务中心、城市管理局的许可擅自进入高度危险的高压配电箱内。其次，经查，案涉高压配电箱围栏及变电箱的门均朝小公园内部方向并不沿街，除进出口位置其余三面均有树木围绕无法通行，只有通过小公园内部才能走到该变电箱处。根据公安机关制作的案涉变电箱现场照片及照明公司提供的现场照片证实，该变电箱有三重防护：外围设有 1.2 米高的黄色围栏并加红色门锁系第一层防护，变电箱系铁皮制外壳并加红色门锁系第二层防护，变电箱内有四颗螺丝钉固定的防护网系第三层防护。变电箱及护栏上均载明“止步、高压危险”“高压危险、请勿靠近、小心触电”的警示标志。由此说明该高压配电箱处于封闭状态，外人禁止入内，该高压配电箱的所有权人及管理人已采取了安全防护措施及实施了设置警示标志的义务。最后，照明公司于 2020 年 4 月 20 日的变压器巡查记录表显示，该公司护栏、门锁、低压负荷开关、接触器、负荷线路均为正常。说明照明公司刚刚履行了巡查义务，结果为一切正常。综上可以认定，丁某军未经许可擅自进入具有高度危险的高压配电箱内，照明公司、照明服务中心已经采取安全措施，并已经尽到警示及巡查义务，依照《中华人民共和国侵权责任法》第七十六条之规定，照明公司、照明服务中心、城市管理局不应承担责任。

山东省济南市中级人民法院依照《中华人民共和国民事诉讼法》第一百七

十条第一款第一项之规定，作出如下判决：

驳回上诉，维持原判。

【法官后语】

高度危险责任纠纷是指因某一具有高度危险性的物品或者物质发生危险事故而承担的损害赔偿责任。

高度危险责任具有以下法律特征：1. 行为的高度危险性。高度危险性是指某一种危险转变为现实损害的可能性很大，主要表现为高度危险物如易燃、易爆物品，剧毒、放射性物品，高速运输工具等造成他人损害的概率很大，或者虽然可能性不大，但一旦造成损害，其后果将非常严重。2. 受害人特别保护的必要性。高度危险物所致损害都是人力所不能完全控制的损害，受害人虽然遭受了严重的损害，却很难举证加害人具有过失，如遵循传统的“无过错便无责任”的过错责任法理，则受害人很难得到应有的救济。有必要设立新的责任方式，加重行为人的责任，以实现对受害人的救济，高度危险责任由此而生。3. 责任的无过错性，高度危险责任构成不考虑加害人的过错，只要发生一定的损害后果，行为人就要承担相应的责任，此即无过错责任。4. 责任的受限性与分散性。

高度危险责任的构成要件包括：1. 须有高度危险作业，即对“周围环境”具有较高危险性的活动；2. 发生了损害事实，损害后果是构成高度危险责任的结果条件，如果没有损害产生，则不会构成高度危险责任。3. 高度危险作业与损害后果之间具有因果关系。

《中华人民共和国民法典》第一千二百三十六条“从事高度危险作业造成他人损害的，应当承担侵权责任”之规定，由此可见，高度危险责任采用的系无过错责任原则。

关于受害人故意规则是否适用高度危险责任纠纷的问题，法律也规定了高度危险责任的免责事由，即存有不可抗力及受害人故意。所谓受害人故意，指的是受害人明知自己的行为会发生损害自己的后果，却希望或放任此种结果的发生。《中华人民共和国民法典》第一千二百四十四条规定：“承担高度危险责任，法律规定赔偿限额的，依照其规定，但是行为人有故意或者重大过失的除外。”根据上述法律规定，受害人故意规则同样适用于高度危险责任，并且系高度危险责任普遍适用的抗辩原则，适用于各类高度危险责任。

关于管理人的侵权责任承担问题，《中华人民共和国民法典》第一千二百四十三条规定：“未经许可进入高度危险活动区域或者高度危险物存放区域受到损害，管理人能够证明已经采取足够安全措施并尽到充分警示义务的，可以减轻或者不承担责任。”依照上述法律规定，可以认定，在高度危险物致害时，管理人具备法定免责条件时，可以对造成的损害不承担赔偿责任或者减轻其责任。管理人承担侵权责任的构成要件有：第一，受害人未经许可进入高度危险活动区域或者高度危险物存放区域受到损害。受害人进入该高度危险活动区域或者高度危险物存放区域，属于擅自进入的情形，这时受害人对于损害后果的发生具有过错。而高度危险活动区域或者高度危险物存放区域，应当属于依法依规设立的区域。第二，管理人未采取足够安全措施或者并未尽到充分警示义务。判断管理人是否尽到了安全保护和警示义务的问题，首先要依据相应的法律法规的规定；其次在实务上还要依危险活动或者危险物的危险性程度的高低来确定其安全保护或者警示义务的高低。同时还要根据受害人的情况来判断该种安全保护或者警示是否足以起到相应作用。第三，高度危险物或者高度危险作业与损害后果之间有因果关系。同时，此损害后果必须是高度危险物或者高度危险作业造成的，这也是管理人承担侵权责任的基本要件。这一免责事由的构成：一是必须在高度危险活动区域或者高度危险物的存放区；二是高度危险活动人或者高度危险物占有人、所有人、管理人已经相当注意，设备了明显标志和安全措施，尽到了充分的警示、保护义务；三是受害人未经许可进入该区域，造成损害，具备这三种条件，应当免责。

编写人：山东省济南市中级人民法院　陈李丽

33

高压电致人损害，供电人、产权人、用电人不一致时，如何确定经营者

——田某刚、胡某梅诉农电公司、田某龙高度危险责任案

【案件基本信息】

1. 裁判书字号

新疆生产建设兵团第八师中级人民法院（2021）兵08民终134号民事判决书

2. 案由：高度危险责任纠纷

3. 当事人

原告（上诉人）：田某刚、胡某梅

被告（上诉人）：农电公司

被告：（被上诉人）：田某龙

【基本案情】

田某龙承包经营有24.5亩集体土地（责任田），其中有5亩为鱼塘，田某龙在紧邻鱼塘的前方建筑有房屋。

1997年，田某龙为在该土地中挖掘鱼塘养鱼用水需要，向被告农电公司申请用电。经农电公司同意后，田某龙在农电公司所有的供电线路上自行架设了电力线路，受电电压10千伏。双方约定田某龙接电处以内的部分产权归田某龙所有。田某龙所架设电线经过鱼塘水面。2008年，田某龙对所架设电线进行了改造，电线距离地面高度约5米左右。

2016年，田某龙以其子田某彬的名义开办了度假村，用于经营餐饮服务，

但未经营垂钓娱乐服务。

2018年年底，田某龙的侄子田某刚付费承包了田某龙的耕地，田某龙同时将土地上的房屋免费交由田某刚使用，鱼塘亦免费交给田某刚使用。

2019年年初，田某龙注销了度假村的工商登记信息。田某刚、胡某梅在未取得营业执照的情况下，在度假村的基础上继续以度假村的名义经营餐饮服务，并以提供付费垂钓为名对外招徕顾客。田某龙发现田某刚、胡某梅提供该项服务后，警告二人在高压线下垂钓存在危险。田某刚、胡某梅在鱼塘旁以木板制作了警示牌，注明："高压线下禁止钓鱼"后，继续营业。

2019年7月21日21时左右，田某刚、胡某梅等人在室外聚餐时，二人之女田某嘉在该鱼塘使用两原告购买的鱼竿钓鱼时，鱼线触碰高压线后被高压电击伤昏迷。

事发后，田某嘉被送至医院抢救。2019年7月24日，田某嘉经抢救无效死亡，花费医疗费21469元。

2019年10月31日，田某龙作为甲方，田某刚、胡某梅作为乙方，签订《协议书》一份，约定就田某嘉死亡一事达成协议，约定田某嘉住院期间，田某龙子女支付的30000元费用、田某龙2019年出借给两原告的费用，均作为补偿，两原告不再偿还，同时田某龙将涉案的24.5亩集体土地的承包经营权无偿转给两原告承包经营，期限为15年，承包经营期内两原告解除或终止土地承包经营权后，不得以田某嘉触电身亡一事，向田某龙索取赔偿。双方签字后，两原告不得追究田某龙任何责任或连带责任。

另查明：事发前一周左右，田某刚、胡某梅经营期间，曾有一人在涉案鱼塘钓鱼过程中，被高压电击伤手部。事发后，农电公司出资将涉案鱼塘上方的架空电线改为地埋式电线。

【案件焦点】

1. 原、被告之间应如何承担责任；2. 原告与田某龙之间的赔偿协议是否有效。

【法院裁判要旨】

新疆维吾尔自治区石河子市人民法院经审理认为：关于本案中的责任承担。本案中，田某嘉在钓鱼过程中，鱼线不慎触碰高压线被高压电电击身亡。《中华人民共和国侵权责任法》第七十三条规定："从事高空、高压、地下挖掘活动或者使用高速轨道运输工具造成他人损害的，经营者应当承担侵权责任，但能够证明损害是因受害人故意或者不可抗力造成的，不承担责任。被侵权人对损害的发生有过失的，可以减轻经营者的责任。"高压电的经营者应当承担侵权责任。本案中的高压电由农电公司提供，电费由农电公司收取，其经营者应为农电公司。涉案高压线虽由田某龙架设，产权归田某龙所有，但其架设的目的是使用，而非对外供应电力，故其并非高压电的经营者，而是高压电的用户。据此，本案中，农电公司应承担经营者的无过错侵权责任。关于导线与地面或水面的距离，本案中，田某龙申请架设的高压线虽然位于耕地中的鱼塘上方，但其在鱼塘旁建设了房屋，并开办了度假村用于餐饮服务，鱼塘成为度假村的一部分，属于居民区。但田某龙架设的高压线距离地面为 5 米左右，存在安全隐患，致使田某嘉触电身亡。根据《中华人民共和国侵权责任法》第六条第一款的规定："行为人因过错侵害他人民事权益，应当承担侵权责任。"田某龙亦应当承担相应的侵权责任。两原告作为事发时鱼塘及高压线的实际管理人，在田某龙已经提醒其高压线下钓鱼存在安全隐患，且事发前一周，已有人被高压电击伤的情况下，仍然继续经营垂钓业务。同时其应当知晓田某嘉在高压线下钓鱼，亦未制止，对事故的发生存在重大过错。而田某嘉作为成年人，在其父母已在鱼塘旁张贴警示标志后，仍然选择在高压线下钓鱼，最终导致自身触电身亡，亦存在一定的过错。根据《中华人民共和国侵权责任法》第十二条"二人以上分别实施侵权行为造成同一损害，能够确定责任大小的，各自承担相应的责任；难以确定责任大小的，平均承担赔偿责任"的规定，法院综合原、被告及受害人自身的过错，确定被告农电公司、田某龙对田某嘉的死亡各承担 30%的责任，两原告及田某嘉综合承担 40%的责任。

关于两原告与被告田某龙所签《协议书》的效力。两原告与被告田某龙所签《协议书》系双方自愿签订，未违反法律、行政法规的禁止性规定，合法有效，双方均应自觉遵守。原告主张该协议中所约定的田某龙转包给两原告的土地承包期限超过了田某龙所承包土地的期限，故该协议无效的意见，法院认为，田某龙系以家庭承包方式承包的土地，《中华人民共和国农村土地承包法》第二十一条规定："耕地的承包期为三十年。草地的承包期为三十年至五十年。林地的承包期为三十年至七十年。前款规定的耕地承包期届满后再延长三十年，草地、林地承包期届满后依照前款规定相应延长。"原告的该主张无事实及法律依据，法院不予采纳。至于原告主张的该协议内容显失公平，被告田某龙仍应支付赔偿款的意见，因显失公平的合同属于可变更可撤销合同，而非无效合同，原告明确表示不要求撤销该协议，故法院对原告的该主张亦不予采纳。根据该协议约定，两原告无权再就田某嘉死亡一事追究田某龙的责任，故田某龙无须支付本案中的赔偿款，法院对两原告要求田某龙承担责任的诉讼请求不予支持。

新疆维吾尔自治区石河子市人民法院依照《中华人民共和国侵权责任法》第六条第一款、第十二条、第十八条、第七十三条，《最高人民法院关于审理人身损害赔偿案件适用法律若干问题的解释》第十八条，《最高人民法院关于确定民事侵权精神损害赔偿责任若干问题的解释》第十条，《中华人民共和国民事诉讼法》第十三条第二款、第六十四条第一款之规定，作出如下判决：

一、被告农电公司于本判决生效之日起十日内赔偿原告田某刚、原告胡某梅医疗费、死亡赔偿金、丧葬费、误工费、交通费、精神抚慰金各项损失合计267239.40元；

二、驳回原告田某刚、原告胡某梅的其他诉讼请求。

田某刚、胡某梅、农电公司不服一审判决，提起上诉。

新疆生产建设兵团第八师中级人民法院经审理认为：本案的争议焦点为，涉案事故责任由谁承担，责任比例如何划分；本案精神抚慰金的数额如何确认。关于争议焦点一，《中华人民共和国侵权责任法》第七十三条规定："从事高空、高压、地下挖掘活动或者使用高速轨道运输工具造成他人损害的，经营者应当承担侵权责任，但能够证明损害是因受害人故意或者不可抗力造成的，不承担责任。被侵权人对损害的发生有过失的，可以减轻经营者的责任。”因农电公司提供涉案高压电并收取电费，其系经营者，应承担经营者的无过错责任。农电公司认为其不是高压电的经营者，不应承担责任的上诉主张于法无据，本院不予支持。田某龙在度假村的鱼塘上方申请架设的高压线距离地面为5米左右，涉案鱼塘属于居民区，该距离存在安全隐患，田某龙对田某嘉触电身亡，应承担侵权责任。因田某龙与田某刚、胡某梅已就赔偿事宜达成《协议书》，故田某龙无须另行支付本案中的赔偿款。田某嘉作为成年人，在其父母在鱼塘立了警示牌情况下，在高压线下钓鱼亦存在过错，可以减轻经营者的责任。田某刚、胡某梅向医生陈述形成的医院入院记录载明田某嘉系钓鱼触电死亡，后来在与田某龙签订协议书及一审庭审时改变最初的说法，称田某嘉系叫弟弟吃饭时触电死亡，但不能合理解释改变说法的原因，也不能提供证据证明，故田某刚、胡某梅应知田某嘉在高压线下钓鱼未制止，而且作为鱼塘及高压线的实际管理人，在田某龙已经提醒其高压线下钓鱼存在安全隐患，事发前一周已有人被高压电击伤的情况下，仍然继续经营垂钓业务，对事故的发生存在重大过错，亦应承担侵权责任。故原审判决综合各侵权人及受害人自身的过错，确定被告农电公司、田某龙对田某嘉的死亡各承担30%的责任，田某刚、胡某梅及田某嘉承担40%的责任正确。田某刚、胡某梅主张其不承担责任于法无据，本院不予支持。农电公司主张不承担责任于法无据，本院不予支持。

关于争议焦点二，因本案系多方侵权造成一个损害后果的侵权纠纷，考虑当地的生活水平，结合当事人的过错程度等因素，本院酌定农电公司赔偿田某刚、胡某梅精神抚慰金6000元。原审判决虽然对此认定表述欠妥，但处理结果并无不当。田某刚、胡某梅的主张农电公司赔偿其精神抚慰金过低的上诉请求与案件事实不符，本院不予支持。田某刚、胡某梅的上诉请求不能成立，应予驳回；农电公司的上诉请求不能成立，应予驳回。一审判决虽对精神抚慰金的认定表述不当，但处理结果正确。

新疆生产建设兵团第八师中级人民法院依照《中华人民共和国民事诉讼

法》第一百七十条第一款第一项，《最高人民法院关于适用〈中华人民共和国民事诉讼法〉的解释》第三百三十四条之规定，作出如下判决：

驳回上诉，维持原判。

【法官后语】

对于高压电致人损害的案件，无论是《中华人民共和国侵权责任法》，还是《中华人民共和国民法典》都规定为“经营者应当承担侵权责任”。但如何认定该规定中的“经营者”呢？从文义解释出发，经营者是以营利为目的，向消费者提供其生产、销售的商品或者提供服务的公民、法人或者其他经济组织。但如此解释，并不足以明确该规定中的“经营者”究竟是指以高压电为商品的经营者，还是会利用到高压电的经营者，抑或指对高压设施拥有产权的经营者。

本案中，农电公司是供电人，田某龙是事发电力设施的产权人，田某刚、胡某梅是实际用电人，三方都存在一定的经营行为，也都与涉案高压电存在一定的关系。其中农电公司是经营电力供应的企业；田某龙是涉案电力设施的产权人，经营过度假村，也存在经营活动；田某刚、胡某梅是事发时涉案鱼塘的实际管理人，涉案高压设施由其实际使用，其在鱼塘周边经营餐饮和垂钓服务，实际进行经营服务。这个时候，究竟哪一方才是《中华人民共和国民法典》第一千二百四十条规定中的“经营者”，就值得讨论了。在案件的审理中，这也是各方当事人之间争论的一个焦点问题。

就该问题，笔者认为应从体系解释出发进行理解。法律之所以规定高空、高压等高度危险作业致人损害适用无过错责任，既是基于现代社会高度危险作业的利益平衡，也是为了督促能够控制高度危险活动的主体积极采取措施，尽可能地避免危险发生。因此，对高度危险作业承担无过错责任的主体应当是对高度危险作业活动拥有运行利益，具有实际控制、支配权的公民、法人或者其他经济组织。在《中华人民共和国侵权责任法》出台之前，《最高人民法院关于审理触电人身损害赔偿案件若干问题的解释》第二条曾将高压电致人损害的责任主体规定为电力设施产权人，但之后法律将其修改为“经营者”，即考虑到现实生活中，大量存在的电力设施产权人与实际拥有控制、支配权的主体相分离的情况。而高压电致人损害，其危险源并非输电线路，而是高压电能。如果输电线路上没有高压电流，则本身并不存在高度危险，这种修改是符合客观实际的。我们在确定高压活动的经营者时，也应从谁能够通过高压活动获得最大利益，谁对造成损害的高压活动具有更多的实际控制、支配权出发进行考虑。

在这个案件里，农电公司作为供电人，对外供应电力，收取电费，直接通过高压活动获得收益，而且其对用电人的用电安全等问题有检查权和控制权（该事实可以通过事发后农电公司将涉案线路改为地埋式线路得到印证）。田某龙虽然是事发高压线路的产权人，但一方面其架设高压线的目的是使用，而非对外转售，也不能直接通过高压电获得收益；另一方面其在架设线路前需要向农电公司提出申请，架设后需要接受农电公司的检查验收，实际使用中要接受农电公司的定期检查，需要停电也需要事先向农电公司提出申请，故对高压活动本身的控制、支配权实际仍在农电公司。田某刚、胡某梅作为实际用电人，其情况与田某龙类似，不再赘述。因此，相较而言，本案中，农电公司通过高压活动获得的利益最大，对高压活动也具有相应的控制、支配权，应当认定为《中华人民共和国民法典》第一千二百四十条规定中高压活动的“经营者”。

编写人：新疆维吾尔自治区石河子市人民法院　薛战赢

34

高度危险活动致害责任的认定

——某村民小组诉水电站财产损害赔偿案

【案件基本信息】

1. 裁判书字号

广西壮族自治区柳州市中级人民法院（2021）桂02民终4663号民事判决书

2. 案由：财产损害赔偿纠纷

3. 当事人

原告（被上诉人）：某村民小组

被告（上诉人）：水电站

【基本案情】

2020年5月7日14时23分许，一林区发生火灾。火灾发生后，公安局接到报案，派出值班民警赶到现场进行了勘验、处置。受公安局聘请，林业公司于2020年5月21日出具了《“山林失火案”现场勘验调查说明书》，调查结果为：失火地点位于某村5林班2.1、8.1、13.1、21.1、31.1、23.1小班内，过火总面积为7.74公顷（116.10亩），过火有林地面积为7.74公顷（116.10亩）。树种分别为：①杉木，林种为一般用材林，森林类别为商品林，起源为人工，林木总株数为12344株，总蓄积量为904立方米，总出材量为627立方米；②栗木，中林龄，起源为人工，林木总株数为350株；③八角，幼龄林，起源为人工，林木总株数为30株。价格认证中心接受公安局价格认定协助申请后于2020年6月2日出具价格认定结论书，认定上述林木损失价值为348802元。受公安局聘请，司法鉴定中心于2020年8月22日出具了《“山林失火案”起火点、起火原因专家论证报告》，分析意见认为：本案起火点为与案涉35kV电站支线相邻的树冠；起火原因为大风天气，风摆使高压输电线裸线与树枝接近、接触，产生的电弧引起树冠燃烧，在风力的作用下向周边蔓延。公安局经过调查后认为本案不属于该局管辖，将本案移交应急管理局查处。此后，某村民小组与水电站未能就本案损失赔偿问题达成一致，某村民小组遂诉至本院。

另查明，失火区域林地所有权和使用权权利人及森林或林木所有权和使用权权利人均为某村集体，某村民小组自认已卖出部分过火林木，所得价款为6000元。案涉35kV电站支线的经营者为水电站。

【案件焦点】

1. 火灾起火原因，即火灾的发生是否与水电站电线有因果联系；2. 因火灾造成的某村民小组的实际林木损失价值。

【法院裁判要旨】

广西壮族自治区融水苗族自治县人民法院经审理认为：本案的争议焦点为火灾起火原因（火灾的发生是否与水电站电线有因果联系）和因火灾造成的某村民小组的实际林木损失价值。关于起火点和起火原因，专家论证报告系司法鉴定中心组织长期进行全国各地森林火灾鉴定的老师共同研究案情，分析公安局现场勘验及调查材料后论证得出的意见，比较客观、权威，本院予以采信，对水电站关于火灾的发生与电站线路没有关系的辩解，因水电站未提供具有足够证明力和说服力的证据予以反驳，本院不予采纳。从事高空、高压、地下挖掘活动或者使用高速轨道运输工具造成他人损害的，经营者应当承担侵权责任，但能够证明损害是因受害人故意或者不可抗力造成的，不承担责任。被侵权人对损害的发生有过失的，可以减轻经营者的责任。水电站作为案涉高压输电线路的经营者，不能证明损害是因某村民小组故意或者不可抗力造成的，也不能证明某村民小组对损害的发生有过失，故应当承担侵权责任。

关于火灾造成的实际损失，《"山林失火案"现场勘验调查说明书》系具有相应资质的林业公司派出工程技术人员对火灾现场进行勘验调查后依据专业技术规范和科学计算方法作出，比较符合客观实际，本院予以确认。虽然价格认证中心的价格认定结论书上有不作为民事赔偿依据的说明，但该价格认定结论书系按照规定的标准、程序和方法对现场勘验调查得出的实际林木损失进行价格认定，较能客观反映火灾造成的林木损失的具体价值，本院予以采信并参照该价格认定火灾造成的具体林木损失，故某村民小组因火灾造成的林木损失的价格为348802元。某村民小组在庭审中自认卖出部分过火林木所得价款为6000元，根据填平原则，该款应在水电站赔偿某村民小组的款项中予以扣除，故水电站还应赔偿某村民小组损失342802元。因水电站未能提供相应证据证明火灾造成的实际损失和某村民小组卖出部分过火林木所得价款，对其关于某村民小组在本次火灾中没有什么损失的辩解，本院亦不予采纳。

广西壮族自治区融水苗族自治县人民法院依照《中华人民共和国侵权责任法》第十九条、第六十九条、第七十三条，《最高人民法院关于适用〈中华人民共和国民法典〉时间效力的若干规定》第一条的规定，作出如下判决：

一、水电站于本判决生效之日起十日内赔偿某村民小组林木损失342802元；

二、驳回某村民小组的其他诉讼请求。

水电站不服一审判决，提出上诉。

广西壮族自治区柳州市中级人民法院经审理认为：当事人对自己提出的诉讼请求所依据的事实或者反驳对方诉讼请求所依据的事实，应当提供证据加以证明。根据应急管理局留存的关于此次火灾的档案材料，包括公安局的调查材料、专家论证报告、现场勘验调查说明书、价格认定结论书、气象局证明、涉案线路供电情况材料等，以上证据相互印证，证实本案火灾起火点为与案涉35kV电站支线相邻的树冠。起火原因为大风天气，风摆使高压输电线裸线与树枝接近、接触，产生的电弧引起树冠燃烧，在风力的作用下向周边蔓延。在火灾发生后，公安局到现场进行了现场勘查、拍照，及时提取了有关的证据材料，并委托司法鉴定中心组织相关专家共同研究分析作出专家论证报告。价格认证中心根据公安局提供的《“山林失火案”现场勘验调查说明书》等现场勘查情况，对被烧损林木价值进行价格认定。综上，本案火灾发生与上诉人管理的高压电线有关，火灾原因与上诉人管理不善存在因果关系，火灾发生虽然有大风天气的影响，但尚未超过可以防范的程度，不属于不可抗力。上诉人主张火灾发生与上诉人管理的高压电线无关，不承担赔偿责任的上诉意见，因其不能提供相应的反驳证据，本院不予支持。上诉人主张被烧损林木的残值应当扣减，对此上诉人应当举证。由于上诉人不能举证，一审法院根据被上诉人自认予以扣减并无不当。

根据《最高人民法院关于适用〈中华人民共和国民法典〉时间效力的若干规定》第一条第二款“民法典施行前的法律事实引起的民事纠纷案件，适用当时的法律、司法解释的规定，但是法律、司法解释另有规定的除外”的规定，本案属于民法典施行前的法律事实引起的民事纠纷案件，故应适用《中华人民共和国侵权责任法》等相关法律规定。一审法院适用法律并无不当。上诉人提出的一审判决适用法律错误的意见，本院不予支持。

广西壮族自治区柳州市中级人民法院依照《中华人民共和国民事诉讼法》第一百七十条第一款第一项的规定，作出如下判决：

驳回上诉，维持原判。

【法官后语】

《中华人民共和国民法通则》明确规定了高度危险作业致害责任，其中第一百二十三条对高度危险作业致害责任的一般原则作了规定，并列举了高空、高压、易燃、易爆、剧毒、放射性和高速运输工具这几种高度危险作业。《中华人民共和国侵权责任法》在此基础上区分不同危险程度的情形作了细化规定。《中华人民共和国侵权责任法》第七十三条规定："从事高空、高压、地下挖掘活动或者使用高速轨道运输工具造成他人损害的，经营者应当承担侵权责任，但能够证明损害是因受害人故意或者不可抗力造成的，不承担责任。被侵权人对损害的发生有过失的，可以减轻经营者的责任。"《中华人民共和国民法典》第一千二百四十条基本沿用了这一内容，另对有关减责事由作了重大修改，将原来的"被侵权人对损害的发生有过失的，可以减轻经营者的责任"修改为"被侵权人对损害的发生有重大过失的，可以减轻经营者的责任"，提高了侵权人减责的门槛。另外作了个别文字和标点符号的修改。《中华人民共和国民法典》于 2021 年 1 月 1 日施行后，《中华人民共和国侵权责任法》即废止，但根据《最高人民法院关于适用〈中华人民共和国民法典〉时间效力的若干规定》第一条第二款的规定，本案火灾发生于 2020 年 5 月 7 日，本案属于民法典施行前的法律事实引起的民事纠纷案件，仍应适用《中华人民共和国侵权责任法》等相关法律规定。

"高空""高压"或者从事"地下挖掘"活动，根本特性是从事这些活动具有高度危险性。高压输电线路和高压设施造成他人损害，属于高度危险责任，应当适用无过错责任原则，经营者应当承担侵权责任。高度危险责任构成要件包括加害行为、损害后果及二者之间的因果关系三个要件。一是须有高度危险作业。高度危险作业，即对"周围环境"具有较高危险性的活动。"高压"包括 1 千伏（kV）及其以上电压等级的高压电；1 千伏（kV）以下电压等级为非高压电。即1千伏定为对周围环境具有高度危险电压的起点。本案中，水电站运营的35kV高压输电支线经过火灾发生区域。二是发生了损害事实。损害后果是构成高度危险责任的结果条件，如果没有损害产生，则不会构成高度危险责任。对有无损害发生，受害人负举证责任。本案发生火灾造成了某村民小组实际损失，并提供了现场勘验调查说明书、价格认定结论书等证据予以证实。三是高度危险作业与损害后果之间具有因果关系。受害人的损害须是高度危险作业所造成的，才能成立高度危险作业致害责任。也就是说，高度危险作业行为与损害后果之间须有因果关系。在通常情况下，这种因果关系须由受害人证明。但是，由于高度危险作业的危险性及专业性等问题，受害人往往只能证明高度危险作业与损害后果之间存在表面上的因果关系，甚至仅能证明高度危险作业是损害后果发生的可能原因，而不能确切地证明二者之间的因果关系。因此，为切实保护受害人的利益，对于因果关系可以采用推定的方法，即由高度危险作业人证明作业活动与损害后果之间没有因果关系。如果作业人不能证明，则推定有因果关系，高度危险作业的侵权责任即告成立。本案中，某村民小组提交了公安局的调查材料、专家论证报告、现场勘验调查说明书、价格认定结论书、气象局证明、涉案线路供电情况材料等，基本完成了力所能及范围内的举证责任，并且这些证据相互印证，基本可以证实本案火灾与水电站电线有因果关系。水电站则未能提交证据证明其高压输电活动与损害后果没有因果关系。

关于高度危险责任的免责事由，主要限于不可抗力以及受害人故意两种情形。本案火灾的发生虽然有大风天气的影响，但尚未超过不可以防范的程度，不属于不可抗力。本案证据也未显示有某村民小组存在故意的情形。故本案符合高度危险责任的构成要件，且不存在免责的事由，损害赔偿责任应由水电站承担。

编写人：广西壮族自治区融水苗族自治县人民法院　王建明

九、建筑物和物件损害责任纠纷

35

所有权人不明的悬挂电缆脱落致人损害，搭挂线缆的电线杆的所有者不能证明自己没有过错的，应当承担侵权责任

——高某东诉电视网络公司等物件脱落、坠落损害责任案

【案件基本信息】

1. 裁判书字号

北京市第三中级人民法院（2021）京03民终12842号民事判决书

2. 案由：物件脱落、坠落损害责任纠纷

3. 当事人

原告（上诉人）：高某东

被告（被上诉人）：电视网络公司、电视网络公司分公司

被告：甲通信公司、乙通信公司、丙通信公司

【基本案情】

交通支队于2019年9月9日出具交通事故认定书，记载：2019年9月9日12时57分，高某东驾驶普通二轮摩托车由东向西行驶，被通信线剐倒，人受伤，车辆受损。因道路交通事故基本事实无法查清，成因无法判定。

据高某东陈述，2019年9月9日12时左右，其驾驶摩托车被一根悬挂在半

空中的电缆线绊倒，后报告相关部门，镇政府安全科到现场查勘的同时通知了电视网络公司、甲通信公司、乙通信公司、丙通信公司到现场，这四家公司均表示掉落悬挂的电缆线不属于他们，当时镇政府安全科把电缆线剪断。镇政府安全科认可高某东的上述陈述。

各方当事人一致认可掉落电缆线所架设的电线杆是属于电视网络公司及电视网络公司分公司所有、管理。甲通信公司、乙通信公司、丙通信公司均认可在涉诉电线杆上架设有电缆，但均称掉落的电缆线不属于其三家公司，因掉落的电缆线上无任何标识，而其三家的电缆线都是有标识的。

关于涉诉电缆权属，高某东拨打 12345 咨询，后 12345 表示，已反馈电视网络公司。本院另向城市管理委员会、通信管理局调查，均表示不掌握涉诉掉落电缆线的权属。

事故发生后，高某东前往医院治疗，经诊断为左肩袖损伤，高某东个人支出花费医疗费 14526.35 元。

高某东称其在科技公司工作，因本案事故其于 2020 年 9 月 12 日做手术后产生误工损失。

【案件焦点】

在悬挂电缆所有权人不明的情况下，悬挂电缆坠落致人损害的，如何确定损害赔偿责任的主体。

【法院裁判要旨】

北京市顺义区人民法院经审理认为：物件脱落、坠落损害责任是指建筑物、构筑物或者其他设施及其搁置物、悬挂物发生脱落、坠落造成他人损害的，所有人、管理人或者使用人所应当承担的侵权责任。

依照《中华人民共和国侵权责任法》第八十五条的规定，建筑物、构筑物或者其他设施及其搁置物、悬挂物发生脱落、坠落造成他人损害，所有人、管理人或者使用人不能证明自己没有过错的，应当承担侵权责任。即物件所有人、管理人或者使用人不能证明自己没有过错的，应承担侵权责任。被侵权人对损害的发生也有过错的，可以减轻侵权人的责任。

根据现有证据及当事人的陈述，高某东被电视网络公司、电视网络公司分公司所有的电线杆上悬挂的电缆线绊倒导致受伤，电视网络公司、电视网络公司分公司虽称该电线杆上所搭挂的线缆并非其公司所有、管理或使用，但其作为搭挂线缆的电线杆的所有者，其对于由此产生的风险和隐患亦应尽到必要的注意义务。现电视网络公司、电视网络公司分公司提交的证据不足以证明自身没有过错，故应对高某东摔倒受伤承担赔偿责任。高某东在驾驶摩托车行驶过程中，未尽到谨慎注意义务，其对损害结果的发生亦存在过错。

综合全案，法院酌定电视网络公司对高某东的合理损失承担的民事赔偿责任比例为 80%，高某东自行承担损失的 20%。

北京市顺义区人民法院依照《最高人民法院关于适用〈中华人民共和国民法典〉时间效力的若干规定》第一条，《中华人民共和国侵权责任法》第八十五条之规定，作出如下判决：

一、被告电视网络公司、被告电视网络公司分公司共同赔偿原告高某东各项损失共计 30675.16 元，于本判决生效之日起七日内执行；

二、驳回原告高某东的其他诉讼请求。

高某东不服一审判决，提起上诉。

北京市第三中级人民法院经审理认为：本案争议焦点在于高某东就事故发生是否应承担部分责任。高某东作为成年人，是自身安全的第一责任人，理应对自己的人身安全尽到相应的注意义务，其在驾驶摩托车骑行过路口时应对其前行道路上存在的状况尽到谨慎的注意义务，由于疏忽导致事故发生，其对损害结果的发生也有过错，故可减轻电视网络公司、电视网络公司分公司的民事责任。一审法院结合案情及各方提交其他证据情况所确定的高某东与电视网络公司、电视网络公司分公司的责任比例并无不当，高某东的该项上诉意见本院不予支持。

北京市第三中级人民法院依照《中华人民共和国民事诉讼法》第一百七十条第一款第一项的规定，作出如下判决：

驳回上诉，维持原判。

【法官后语】

本案发生在城市道路上，原告骑车在正常行驶的过程中被悬挂于半空中的电缆线剐倒，导致其摔伤及造成车辆损失。在事故发生后，原告多方查找肇事电缆产权人未果，最终诉至法院产生本案。

造成该起案件的原因是相关公司对城市电缆管理维护不规范，导致肇事电缆在坠落后未能及时维护，进而导致本案事故发生。通过本案发现相关公司对城市电缆管理维护存在以下问题：一家公司架设电线杆后，其他公司往往从经济的角度会租赁在先架设的电线杆使用，这样节约社会资源的做法是值得肯定的，但是因管理上的推诿而导致事故的发生也是必然的；同一电线杆上架设多家公司的电缆，但又缺乏明显的辨识标记，像本案中悬挂的肇事电缆即因缺乏标识，事故发生后无法查找该电缆的产权人及管理人；另外，还存在私自在他人电线杆上架设电缆的情况，本案中肇事电缆最终未能查找到产权人，极有可能就是有公司或个人私自架设在电线杆上的电缆，也反映出电线杆产权人和管理人在日常的管理维护过程中未能严格管理，否则，可以在发现后及时予以制止。

该案在审理过程中遇到的问题是：造成事故的源头是电缆，但是无法确认电缆的产权人、管理人，如何确定责任主体成为案件审理的关键点。本案中，经过各政府职能部门的查找，最终也未能确定电缆的产权人。那么责任如何分配？依照《中华人民共和国侵权责任法》第八十五条的规定，建筑物、构筑物或者其他设施及其搁置物、悬挂物发生脱落、坠落造成他人损害，所有人、管理人或者使用人不能证明自己没有过错的，应当承担侵权责任。即物件所有人、管理人或者使用人不能证明自己没有过错的，即应承担侵权责任。本案电缆架设在电视网络公司的电线杆上，但电视网络公司否认该电缆为其公司所有，在多方核实仍无法确定电缆所有人、管理人的情况下，判定电线杆的产权人、管理人电视网络公司、电视网络公司分公司来承担赔偿责任，符合上述法律规定的精神。因为，之所以无法确定电缆的产权人、管理人，这与电线杆的产权人、管理人电视网络公司、电视网络公司分公司未能尽到对所架设电线杆的严格维护有无法分割的关系，因其疏忽管理，才致使不知产权人和管理人的肇事电缆架设在其电线杆上，最终造成本次事故的发生。据此，按照过错推定原则，由电视网络公司、电视网络公司分公司承担本案的赔偿责任，符合公平正义的司法要求。

无论是《中华人民共和国侵权责任法》还是《中华人民共和国民法典》，对物件脱落、坠落损害责任都作出了明确规定。本案解决的不仅是个案问题，还具有示范效果，作为潜在安全问题的制造者，有义务和责任及时做好管理和维护，消除安全隐患，防止隐患转变成实际损害结果。如果不及时消除隐患，一旦造成损害，相应所有人、管理人均有责任对损害结果予以赔偿。

编写人：北京市顺义区人民法院　李青　张国龙

36

建筑物倒塌与建筑物脱落损害责任的核心区别在于是否存在建设工程质量缺陷

——王某芝诉发展公司等建筑物、构筑物倒塌、塌陷损害责任案

【案件基本信息】

1. 裁判书字号

江苏省无锡市中级人民法院（2021）苏02民终3835号民事判决书

2. 案由：建筑物、构筑物倒塌、塌陷损害责任纠纷

3. 当事人

原告（被上诉人）：王某芝

被告（上诉人）：发展公司、建设公司

被告（被上诉人）：物业公司

【基本案情】

王某芝与儿子儿媳一起租住在某小区，2019 年 5 月 3 日，王某芝带着孙子付某晨、孙女付某冉在小区南广场的凉亭里玩，几个小孩扶着凉亭一边的金属网板时，网板突然倒下砸中王某芝及付某晨，导致二人受伤。

某小区景观绿化工程的建设单位是发展公司，施工单位是建设公司，从事物业服务的是物业公司，王某芝认为凉亭上的金属网板倒塌是因工程质量缺陷所致，故依据《中华人民共和国侵权责任法》第八十六条之规定主张建设单位与施工单位承担连带责任，物业公司作为小区的物业服务企业承担补充责任。

发展公司、建设公司认为金属网板三边与凉亭木柱相固定，靠地一边悬空于地面，不同于建筑物、构筑物或其他有地基的设施的建造方式，只是美观性的附着于凉亭，因此属于附着物脱落致人损害，应当适用《中华人民共和国侵权责任法》第八十五条之规定，由所有人、管理人、使用人承担侵权责任。此外，该小区景观绿化工程于 2015 年 12 月 30 日竣工验收，工程质量合格，两年保修期届满后已及时移交相关单位，故不应承担侵权责任。

经查明，凉亭立柱及屋面沿桁均为柳桉木材质，立柱长 2.58 米，木沿桁宽 3.2 米，金属网板为空心钢管材质的长方形，施工时顶部及两边分别与木沿桁及立柱固定，底部悬空。绿化工程设计单位在接受法院询问时陈述，金属网板与凉亭是一个整体，施工设计图中没有载明金属网板的施工要求，由施工单位根据经验及用料自行决定。法院进行现场勘查时金属网板已被拆除，经勘验，金属网板与凉亭顶部沿桁固定的一边有一个螺孔，与凉亭两侧立柱固定的两边各有两个螺孔，即金属网板的施工工艺是以 5 颗螺钉与凉亭立柱及沿桁固定；经现场采样，螺钉长约 10 厘米，直径约 5 毫米。

【案件焦点】

案涉凉亭的金属网板属于脱落还是倒塌，应当适用《中华人民共和国侵权责任法》第八十五条还是第八十六条之规定。

【法院裁判要旨】

江苏省无锡市锡山区人民法院经审理认为:《中华人民共和国侵权责任法》第八十五条与第八十六条的关键区别在于发生损害的原因是否系建筑物或者构筑物本身质量缺陷导致的,第八十六条之所以将建筑物、构筑物倒塌的情形与物件脱落、坠落的情形相区别,并设定由建设单位与施工单位承担侵权责任,就是考虑到建设工程质量问题与社会公众的人身财产安全息息相关,并希冀以此条款强化建设单位与施工单位的责任意识,切实把好工程质量关。本案中,绿化工程竣工距离事发仅三年时间,从现场勘查及调查情况看,金属网板面积大、重量重,可以预见一旦倒塌会造成重大的人身损害,木制品本身也有易开裂、易变形的特点,而施工单位仅以5颗螺钉将金属网板悬空固定在柳桉木上。这种简易的施工工艺与建筑材料的潜在风险并不匹配,因此该建筑小品存在质量缺陷,发展公司、建设公司应当依据《中华人民共和国侵权责任法》第八十六条之规定对王某芝的损害承担连带责任。

凉亭属于小区绿化设施,设计建造的目的就是给居民提供休憩娱乐的场所,儿童也会在凉亭内嬉戏玩耍,这些都应当被考虑在工程设计和施工过程中。事发时,王某芝在凉亭内休憩,孙子付某晨在凉亭内玩耍,并无任何证据证明受害人对金属网板施加了不合理的作用力导致其倒塌,因此受害人不存在过错,不能减轻侵权人的责任。

江苏省无锡市锡山区人民法院依照《中华人民共和国侵权责任法》第六条、第十六条、第二十二条、第三十七条、第八十六条,《中华人民共和国民事诉讼法》第一百四十二条之规定,作出如下判决:

一、发展公司、建设公司于本判决生效后七日内连带赔偿王某芝376885.03元;

二、发展公司、建设公司的财产不足以清偿第一项的债务时,由物业公司承担补充责任;

三、驳回王某芝的其他诉讼请求。

发展公司、建设公司不服一审判决,提出上诉。

江苏省无锡市中级人民法院认为:一审法院对于《中华人民共和国侵权责

任法》第八十五条与第八十六条的理解更符合立法本义及立法架构。凉亭属于长期景观建筑，施工时应当考虑到使用过程中的风险，对金属网板的连接部位进行加固处理。即便某施工公司提供证据证明其公司按图施工经竣工验收合格，只能说明发展公司、建设公司的施工符合设计图纸，但并不能说明工程不存在质量缺陷和致害风险。从这个角度看，一审法院认定金属网板的施工存在质量缺陷问题，从而适用《中华人民共和国侵权责任法》第八十六条规定，并无不当。

江苏省无锡市中级人民法院依照《中华人民共和国民事诉讼法》第一百七十条之规定，作出如下判决：

驳回上诉，维持原判。

【法官后语】

一、从立法沿革探建筑物倒塌损害责任的核心要义

建筑物倒塌损害责任在《中华人民共和国民法通则》第一百二十六条中已有规定，但与建筑物等脱落、坠落的情形未作区分，均设定为由所有人或者管理人承担民事责任。《最高人民法院关于审理人身损害赔偿案件适用法律若干问题的解释》第十六条则将构筑物致人损害的原因区分为维护、管理瑕疵与设计、施工缺陷，并设定了不同的责任主体，因维护、管理瑕疵致损的由所有人或者管理人承担赔偿责任，因设计、施工缺陷致损的由所有人、管理人与设计、施工者承担连带责任。在《中华人民共和国侵权责任法》制定时，将《中华人民共和国民法通则》第一百二十六条的规定切分为二，第八十五条规定了建筑物等脱落、坠落的损害责任，第八十六条规定了建筑物倒塌的损害责任，同时明确建筑物倒塌致人损害的责任主体为建设单位与施工单位。《中华人民共和国民法典》延续了《中华人民共和国侵权责任法》的两分法立法模式，其中第一千二百五十三条规定了建筑物、构筑物等脱落、坠落的损害责任，第一千二百五十二条规定了建筑物、构筑物倒塌、坍塌的损害责任，与《中华人民共和国侵权责任法》相比，该条在第一款中增加了“质量缺陷”的表述，明确了因建筑物、构筑物质量缺陷导致倒塌、坍塌的，由建设单位与施工单位承担过错

推定下的连带责任，因其他原因导致倒塌、坍塌的，则适用第二款的规定。

从上述历史沿革看，我国对于建筑物等倒塌、脱落、坠落的损害责任立法呈现了由统向分的变化，而形成分化的主要原因就是为了将工程质量缺陷致损与建筑物管理、维护瑕疵致损相区分，并将质量缺陷致损的责任主体确定为建设单位与施工单位，因此建筑物等倒塌、塌陷的损害责任认定中的核心要件即工程是否存在质量缺陷。

二、“倒塌”与“脱落”的词义之分及法律适用选择

从词义上看，塌有倒、下陷之意，倒塌指部分或全部建筑物的坍塌、倾覆，脱落是指建筑物等设施上的搁置物、悬挂物的脱落、坠落，也包括建筑物等设施上的某一个组成部分的脱落、坠落。有观点认为，倒塌与脱落的区别在于建筑物是否丧失使用价值，但这种观点在倒塌的部分不是建筑物的主体结构，不影响主体结构使用的情况下令人存疑。因此在法律适用时，如果仅从词义角度予以甄别有时会显得模糊和偏颇。

本案之所以认定倒塌而非脱落致损是基于以下考虑：第一，致损物钢结构网板面积大、质量较重，建造在凉亭两侧的立柱间，类似于墙面，与凉亭构成一个完整的建筑产品。第二，工程竣工验收距离事故发生的时间短。第三，致害风险较高的建筑材料与简陋的施工工艺。综合以上三个方面因素可以得出凉亭存在施工质量缺陷的结论，再结合建筑物倒塌及脱落损害责任的立法沿革及释义，应当选择适用建筑物倒塌的损害责任。

此外，在明确事故是因建筑物质量缺陷所致的情况下，如果本案适用建筑物脱落致损的规定，判令由绿化设施管理人物业公司承担赔偿责任，物业公司赔偿后再向建设单位、施工单位追偿。那么物业公司在行使追偿权时需就建设单位、施工单位成立的侵权行为及责任类型承担举证责任，此时又回归到适用一般侵权的过错归责原则及构成要件，相较建筑物倒塌、脱落损害责任来说，物业公司承担了更重的举证责任。因此从法律适用的协调性角度衡量本案也应当选择适用建筑物倒塌的损害责任认定。

编写人：江苏省无锡市锡山区人民法院　刘燕妮　谭学勤

十、因申请财产保全损害责任纠纷

37

保全错误侵权责任的认定

——置业公司诉技术公司、保险公司因申请财产保全损害责任案

【案件基本信息】

1. 裁判书字号

江苏省宿迁市中级人民法院（2021）苏13民终4433号民事判决书

2. 案由：因申请财产保全损害责任纠纷

3. 当事人

原告（被上诉人）：置业公司

被告（上诉人）：技术公司、保险公司

【基本案情】

2017年1月，置业公司作为原告向人民法院起诉技术公司，诉请判令技术公司返还多领取的工程款460万元。该案审理过程中，技术公司另行起诉置业公司继续支付剩余工程款3918721.31元，并申请保全置业公司价值400万元的7套商铺，保险公司为此出具诉讼保全责任保险保单，后两案合并审理。江苏省宿迁市宿城区人民法院于2017年8月16日作出保全裁定并依法保全相应财产。案涉7套房产于2019年7月10日被人民法院保全。

【案件焦点】

1. 技术公司保全置业公司7套房产是否存在过错；2. 技术公司的保全行为是否造成置业公司财产损失；3. 如果技术公司的保全行为给置业公司造成损失，保险公司是否应向置业公司承担连带责任保证。

【法院裁判要旨】

江苏省宿迁市宿城区人民法院经审理认为：技术公司在诉请置业公司支付剩余工程款3918721.31元时，系以其已按照合同约定，全部完成商业综合体亮化工程安装、景观亮化照明及智能化工程等施工并交付置业公司使用为前提。而经鉴定机构鉴定，智能化工程部分，大部分没有施工，实际工程量仅价值496893.7元。技术公司明知其存在未完成工程量，但仍以合同约定金额扣减置业公司已付工程款差额提起诉讼，明显缺乏依据，有违诚实信用原则，存在重大过失。案涉商铺被查封，致使置业公司不能行使相应财产处置权，丧失交易机会，间接导致置业公司资金无法回笼、无法偿还到期债务等不利后果，对置业公司造成一定损失，置业公司主张以保全金额4000000元为基数按照中国人民银行同期同类贷款基准利率计算损失365222元，并无不当，应予以支持。因技术公司在保全时已向保险公司购买保险，保险公司的保函实际是替代了《中华人民共和国民事诉讼法》第一百条第二款规定的技术公司应当提供的担保。置业公司既可以要求技术公司承担侵权责任，也可以主张保险公司承担担保责任，还可基于保险法的规定要求保险公司承担直接付款责任。现置业公司主张保险公司承担连带赔偿责任，于法有据，予以支持。

江苏省宿迁市宿城区人民法院依据《最高人民法院关于适用〈中华人民共和国民法典〉时间效力的若干规定》第一条第二款，《中华人民共和国侵权责任法》第六条，《中华人民共和国担保法》第十九条和《中华人民共和国民事诉讼法》第一百零五条、第一百四十二条之规定，作出如下判决：

一、技术公司于判决生效之日起十日内赔偿置业公司365222元；

二、保险公司对上述债务承担连带赔偿责任。

技术公司和保险公司均不服一审判决，提起上诉。

江苏省宿迁市中级人民法院认为：因错误保全造成他人损失的行为，系一般民事侵权行为，应符合一般民事侵权行为的构成要件并适用过错规则原则。技术公司明知智能化工程有大部分未施工，但仍以所有工程均完工并交付使用提起建设工程施工合同之诉，无视面临的诉讼风险，存在过于随意、无视他人权利之嫌。技术公司错误申请财产保全，未合理审慎对待他人权利，导致7套商铺被查封近两年，无法抵押融资以偿还置业公司欠付案外人的到期债权，最终造成置业公司损失，依法应承担赔偿责任。案涉7套商铺自2017年8月17日至2019年7月10日因技术公司的错误保全行为，无法抵押融资，置业公司主张以商铺价值400万元，按照中国人民银行同期同类贷款基准利率计算上述期间的损失，符合法律规定，予以支持。置业公司起诉保险公司承担连带担保责任，系以保险公司向法院提供保单保函，明确经法院判决由申请人承担的损害赔偿责任，由保险人向被申请人进行赔偿。故置业公司主体资格适格，保险公司应向置业公司承担连带责任保证，直接向置业公司赔偿全部损失。综上，技术公司和保险公司的上诉理由不能成立，应予驳回；一审判决认定事实清楚，适用法律正确，应予维持。

江苏省宿迁市中级人民法院依照《中华人民共和国民法典》第一千一百六十五条，《中华人民共和国民事诉讼法》第一百零三条、第一百七十七条第一款第一项之规定，判决如下：

驳回上诉，维持原判决。

【法官后语】

本案的争议焦点是技术公司在申请财产保全中是否存在过错、财产保全错误造成的损失范围以及诉讼保全责任保险的保险性质、保单保函的性质。

一、诉讼保全责任保险的性质

根据各保险公司推出的保险产品，诉讼保全责任保险一般是对于保险期间内被保险人向法院提起的诉讼财产保全申请，如被保险人诉讼财产保全错误致使被申请人遭受损失的，经法院判决生效后由被保险人承担赔偿责任的，保险人按照保险合同约定赔偿。关于诉讼保全责任保险的性质，一种观点认为，诉讼保全责任保险是一种保证保险，理由是诉讼财产保全保险符合投保人支付保费、保险人承担作为保证人的保险责任的保险特征。另一种观点认为，诉讼保全责任保险是一种责任保险，符合《中华人民共和国保险法》第六十五条第四款规定的以被保险人对第三人依法应负的赔偿责任为保险标的的保险。就目前我国已经开办诉讼保全保险业务的保险公司而言，基本上都将该险种定位为责任险。

笔者亦认为，诉讼财产保全保险属于责任保险。首先，诉讼财产保全保险是保险法律关系，申请人为投保人，其通过购买诉讼保全责任保险的方式转嫁未来可能因申请错误而需承担的民事侵权责任。其次，诉讼保全责任保险提供的担保与民法中的担保不同，法院要求申请人提供的“担保”，是一种司法程序的担保，具有一定的公法效力，其不具有从属性，且是无条件、不可撤销的。最后，诉讼保全责任保险中保险人承担保险责任的前提是被保险人需经法院或仲裁机构生效法律文书认定其负有经济赔偿责任，而不同于保证保险是为被保险人的某种履行义务承担保证责任。

二、申请财产保全错误之赔偿责任的司法认定

诉讼保全责任保险中，保险理赔发生的前提是被保险人申请财产保全错误需要承担民事赔偿责任。现就以下要点进行分析：

（一）申请财产保全错误之主观过错的裁量标准

《中华人民共和国民事诉讼法》第一百零八条的规定，申请有错误的，申请人应当赔偿被申请人因保全所遭受的损失。财产保全的制度目的在于保障将来生效裁判文书的执行，申请财产保全是当事人重要的诉讼权利。但如因申请保全人权利行使不当造成他人财产损失的，应由申请保全人承担侵权责任。侵权责任的认定，应当适用《中华人民共和国民法典》第一千一百六十五条第一款的规定，行为人因过错侵害他人民事权益造成损害的，应当承担侵权责任。因申请财产保全其伴随着对被申请人财产权益的限制，在提出财产保全申请时申请人应当尽到谨慎合理的注意义务，对自己可能享有的权利有合理的预见，对因申请诉中财产保全可能对被申请人造成的权利限制或者因申请所存在的风险有合理的评估。如申请人肆意行使该程序性权利，过分轻视应尽的注意义务，

且案件经法院审理后未支持申请人的诉讼请求，致使财产保全丧失了应有的保障执行的目的，并因该财产保全造成被申请人财产损失的，应当就该过错承担相应的赔偿责任。据此，申请人是否存在故意或重大过失，要根据其诉讼请求所依据的事实和理由考察其提起诉讼是否合理，或者结合申请保全的标的额、对象及方式等考察其申请财产保全是否适当。

第一，考察申请人提起诉讼是否正常合理。原告提起民事诉讼只需有明确的被告和具体的诉讼请求，无涉其动机和目的。但在判断原告申请财产保全是否存在过错时则需考察其诉讼目的和诉讼预期。本案中，技术公司提起建设工程施工合同之诉，诉请置业公司支付剩余工程款，其明知自己对部分工程未完成施工，仍以全部工程均完工交付为由，诉请全部工程款，无视客观事实，对其面临的诉讼风险应有所预见。

第二，考察申请人针对的保全标的额、对象及方式是否适当。有的申请人在申请财产保全时目的性很明确，直接针对被保全人的某一特定财产。比如，申请人申请保全直接指向被保全人即将向案外人发放的工程款，在被申请人申请换保时，申请人不同意；又如，申请人恶意增加诉讼请求以保全被申请人一定标的额的资产等。本案中，技术公司的保全行为不存在该情形。

第三，考察申请人是否审慎作为、尽到必要的注意义务。因财产保全系对被申请人财产权益的限制，申请人在提起财产保全申请时应尽到必要的谨慎合理的注意义务，在达到财产保全制度目的的同时，尽量减少对被申请人的损害。技术公司明知自身建设工程量未达到合同要求工程量，仍以合同总造价为前提，保全置业公司价值400万元的商铺，未审慎对待他人权利。建设工程施工合同案件中，法院依法委托鉴定机构对案涉工程工程量进行鉴定，在明确智能化工程部分，大部分没有施工，实际工程量仅价值496893.7元的情况下，技术公司始终未主动申请解除财产保全，放任置业公司损失扩大。因此，技术公司应对其滥用诉讼权利，放任损失扩大的行为承担赔偿责任。

（二）申请保全错误赔偿的损失认定

申请人的损害赔偿责任基于侵权行为发生，损害赔偿范围应根据侵权责任一般规则进行确定。不背离民事侵权责任损失填补的基本原则，不给财产保全制度设置运行障碍，损害赔偿范围以被申请人的实际损失为限较为适宜。具体而言，如果保全对象为被申请人的资金、应收账款或其他债权，当事人有合同、资金流水单等证据证明因资金被冻结而融资或借贷并支出利息的，应赔偿的损失为实际发生的利息扣减存款利息；如果被保全对象为实物的，被申请人的正常生产经营活动因为保全行为而无法进行，可按市场行情计算其利润损失作为损失金额，实物空置期间的保管费用、自然损耗也应计入损失范围。此外，如果被申请人因申请人保全实物的行为无法进行生产经营，进而无法履行与案外人的经济合同产生违约责任，其因违约行为而对案外人进行的赔偿，亦可计入损失范围；对于市场价格波动较大的股票债券等进行的保全，因保全期间价格下跌无法出售造成的跌价损失，应计入损失范围。总而言之，错误财产保全赔偿的是被保全人的实际损失，且该损失的发生与申请保全人的行为有直接的因果关系。本文案例中，技术公司保全置业公司价值400万元的7套商铺，直接导致作为房地产开发企业的置业公司无法处置该7套商铺。该案一审中，置业公司提供了一系列证据材料证明因案涉7套商铺被查封，其无法抵押融资偿还数笔已到期债务而继续支付相应利息从而产生损失。一、二审法院经综合考虑商品房开发企业资金利用成本、短期融资的紧迫性及受害人损失程度等因素，认定置业公司的损失为以商铺价值400万元为基数，按照中国人民银行同期同类贷款基准利率计算被保全期间的利息。

三、保险公司承担责任的司法认定

财产保全责任险的核心是保全申请人将其购买的保险产品提供给法院，保险公司依照保险合同履行合同义务，相关内容通过保单保函的形式体现。因此保单保函是财产保全责任险中的核心问题。如何理解该保单保函的性质，是保险合同的组成部分还是独立于保险合同之外的保证呢？

第一种观点认为，保单保函和保单是同一性质或同一行为的不同表现形式，仅是保险合同的凭证。保险公司出具保单保函的对象是人民法院，但实质上，人民法院并不是利益受损主体，向人民法院出具保单保函的意义可理解为证明函，证明申请人已购买了责任险作为提供保全担保的措施，能实现保全担保的功能。第二种观点认为，财产保全责任险和保单保函属于不同法律关系，一个是保险，另一个是担保，保单保函是保险公司基于保单向法院出具的保证担保，如一旦发生诉讼，保险公司基于担保法律关系向被申请人承担保证担保责任。第三种观点相较于第二种观点不同之处在于其认为，保单保函是司法担保，不同于民事实体法规定的“担保”“保证”，具有公法性质，在申请人因申请错误导致被申请人或他人遭受损失时，让申请人或其“担保人”承担赔偿责任，该“担保人”履行担保，必须符合无条件、不可撤销、无因性。

笔者认为，保险公司通过向法院递交保单保函，表明在申请人因保全错误应承担损害赔偿责任时，保险人基于保单保函将不可抗辩地承担司法上的连带责任担保。理由如下：首先，与普通担保发生在日常民事活动中不同，保单保函的出具是发生在民事诉讼活动中，或者发生在当事人将要提起诉讼之前，或者发生在已经开始的程序中，具有明显的程序性。其次，与普通担保系债务人应债权人要求寻找保证人而产生，保单保函是根据人民法院的要求，由保全申请人寻找保证人作出。且保单保函的内容，无论保证担保的数额、期限，还是担保方式，均需经过人民法院审查认可，具有明显的公法性。再次，与普通担保为已确定的合同之债担保不同，保单保函所担保的是因可能的侵权行为产生的将来的侵权之债，具有明显的或然性。最后，与普通担保在主债权无效时担保合同亦无效不同，保单保函在被法院接受后其效力就是确定的、持续的，不受保险合同效力的影响，具有非从属性。本文案例中，保险公司向法院出具的保单保函明确约定经法院判决由申请人承担损害赔偿责任的，由保险人向被申请人进行赔偿。故保险公司应向置业公司承担连带责任保证，直接向置业公司赔偿全部损失。

编写人：江苏省宿迁市中级人民法院　翟小娜

38

保险人在财产保全损害责任纠纷中应以担保人的身份对被保全人承担担保责任而非保险理赔责任

——杨某敏、赵某远诉葛某开等因申请财产保全损害责任案

【案件基本信息】

1. 裁判书字号

北京市第三中级人民法院（2021）京03民终4696号民事判决书

2. 案由：因申请财产保全损害责任纠纷

3. 当事人

原告（上诉人）：杨某敏、赵某远

被告（被上诉人）：姚某峰、葛某开、葛某亮、乙财产保险公司

【基本案情】

杨某敏和赵某远二人曾系夫妻关系，后于2017年4月14日离婚，于2017年12月5日复婚，现仍为夫妻关系，赵某年和赵某伟系二人的儿子。葛某亮和葛某开二人系姐弟关系。葛某开与姚某峰系夫妻关系。

2016年11月16日，刘某作为甲方（出借人、抵押权人）与杨某敏、赵某远、赵某年作为乙方（借款人）及杨某敏、赵某远作为丙方（抵押人）签订《房地产抵押借款合同》，约定乙方向甲方借款295万元，乙方和丙方将涉诉房屋（登记在杨某敏名下）抵押给甲方作为担保。

2016年11月18日，刘某向杨某敏转账295万元。

2017年4月21日，杨某敏、赵某远作为甲方，葛某亮、姚某峰作为乙方签订《协议书》，内容为："甲方用涉诉房屋做抵押向中企国睿借款383万元，

经甲乙双方研究达成如下协议：1. 抵押本金及利息由乙方付清后再支付人民币30万元给甲方，房屋归乙方所有。2. 本息付清后，将抵押及借款手续归还甲方，其余手续由乙方办理……”

后姚某峰以家庭名义申请购房资格核验，杨某敏申请涉诉房屋的房源核验。

2017年7月11日，杨某敏向刘某转账295万元。

2017年7月13日，葛某亮、葛某开、姚某峰以合同纠纷为由将杨某敏、赵某远诉至本院，要求二人按照协议书的约定将涉诉房屋过户至姚某峰名下。在该案审理过程，葛某亮等人向本院提出财产保全申请，要求查封涉诉房屋，甲财产保险公司出具诉讼财产保全责任保险保单保函提供担保，保单载明保险责任为如申请人财产保全申请错误，致使被申请人遭受损失，经法院判决由申请人承担的损害赔偿责任，保险人向被申请人在保险限额内进行赔偿。本院作出（2017）京0105民初54022号民事裁定，查封涉诉房屋。

2017年12月28日，葛某亮等三人向本院申请撤诉，撤诉原因是需要补充证据，同时表示因补充证据后会另行起诉，故申请延期解除对涉诉房屋的查封。

2018年6月21日，杨某敏、赵某远向本院申请解除对涉诉房屋的查封，本院作出（2017）京0105民初54022号之二民事裁定，裁定解除对涉诉房屋的查封。

杨某敏、赵某远主张因涉诉房屋被查封导致其遭受对外借款的利息损失共计1518770元，并提交了相应证据。

另查，乙财产保险公司受让了甲财产保险公司的资产和负债。

【案件焦点】

1. 在葛某亮等三人撤诉的情况下，其财产保全申请是否构成错误；2. 在财产保全错误的情况下，保险公司应承担何种责任。

【法院裁判要旨】

北京市朝阳区人民法院经审理认为：财产保全损害赔偿责任在性质上属于一般侵权责任，归责原则适用过错责任原则。本案中虽葛某亮等三人在案件审理过程中撤诉，但考虑到当事人的法律知识、对案件事实的举证证明能力、对法律关系的分析判断能力各不相同，不能机械地以三人的诉讼请求最终是否得到法院支持为唯一依据认定财产保全申请是否错误。葛某亮等人作为起诉依据的《协议书》在客观上真实存在，各方在《协议书》中就杨某敏、赵某远的债务代偿及涉诉房屋的以物抵债事宜进行了约定，后各方就《协议书》的履行产生争议，葛某亮等人为防止涉诉房屋的所有权在诉讼过程中发生转移，向本院申请财产保全查封了涉诉房屋，属于正当行使诉讼权利的行为，三人在主观上并不存在过错，其提出的财产保全申请并不存在错误，杨某敏、赵某远要求三人赔偿（2017）京0105民初54022号案件审结前的经济损失缺乏依据，本院不予支持。

关于（2017）京0105民初54022号案件审结后至涉诉房屋被解除保全期间的经济损失，因葛某亮等人撤诉后未及时申请解除保全，应承担相应的赔偿责任，本院根据本案具体情况，酌情确定为7万元。

关于保险公司的责任，甲财产保险公司作为财产保全的担保方，应在其保险限额内承担连带赔偿责任。关于《诉讼财产保全责任保险条款》中约定的免责事由，属于葛某亮等人与甲财产保险公司之间的内部约定，不得对抗杨某敏，甲财产保险公司和葛某亮、葛某开、姚某峰之间的最终责任承担问题，各方可另行解决。

北京市朝阳区人民法院作出如下判决：

一、葛某亮、葛某开、姚某峰于本判决生效后七日内共同向杨某敏赔偿经济损失7万元，甲财产保险公司承担连带赔偿责任；

二、驳回杨某敏、赵某远的其他诉讼请求。

杨某敏、赵某远不服一审判决，提出上诉。

北京市第三中级人民法院同意一审法院的裁判意见。

北京市第三中级人民法院依照《中华人民共和国民事诉讼法》第一百七十条第一款第一项之规定，作出如下判决：

驳回上诉，维持原判。

【法官后语】

本案涉及在财产保全损害责任纠纷中保险人的主体身份及责任承担方式如何认定的问题。

《最高人民法院关于人民法院办理财产保全案件若干问题的规定》（以下简称《保全规定》）第七条规定："保险人以其与申请保全人签订财产保全责任险合同的方式为财产保全提供担保的，应当向人民法院出具担保书。担保书应当载明，因申请财产保全错误，由保险人赔偿被保全人因保全所遭受的损失等内容，并附相关证据材料。"该条规定在财产保全中引入了责任保险担保，丰富了保全担保的方式。

笔者认为，财产保全责任保险在财产保全中的性质仍为担保，属于保全担保的方式之一，应按担保法的相关规定认定保险人的诉讼地位和责任承担方式。

财产保全责任保险本身系一种责任保险，根据《中华人民共和国保险法》第六十五条第二款规定：责任保险的被保险人给第三者造成损害，被保险人对第三者应负的赔偿责任确定的，根据被保险人的请求，保险人应当直接向该第三者赔偿保险金。据此，有观点认为保险人在保险限额内对被保全人承担保险理赔责任。但实际上，保险合同的主体仅为保险人和被保险人，二者之间的约定或约束二者权利义务的法律规定不能直接对外适用于第三人即财产保全中的被保全人。关于保险人的责任，根据《保全规定》第七条的规定，保险人在与申请保全人签订保险合同的同时，还要向法院出具担保书，担保书的法律性质属于保险领域的独立保函，有着特殊的司法担保属性及独立性，应视为保险人对法院作出的关于对被保全人承担赔偿责任的单方允许，且保险人不得援引保险合同的约定对抗被保全人的损害赔偿请求，故此种责任保险对财产保全行为而言属于保全担保的一种方式，在财产保全损害责任法律关系中的性质应为担保而非保险，保险人应基于其向法院出具的担保书向被保全人承担赔偿责任，而非基于保险合同的约定承担保险理赔责任。

关于申请保全人的责任。申请保全人因申请错误对被保全人造成损失的，应对被保全人承担损害赔偿责任，该赔偿责任不因其购买了财产保全责任保险而免除或转移，故申请保全人仍应对被保全人承担损害赔偿责任。如前所述，保险人作为担保方，应在其承诺的保险限额内与申请保全人对被保全人承担连带赔偿责任。

综上，保险人在财产保全损害责任纠纷中应以担保人的身份对被保全人承担担保责任，而非保险理赔责任，具体的责任承担方式为保险人在保险限额内与申请保全人承担连带赔偿责任。

编写人：北京市朝阳区人民法院　柯岩

39

申请财产保全错误损害赔偿责任的认定

——郭某某、甲公司诉乙公司、丙公司因申请财产保全损害责任案

【案件基本信息】

1. 裁判书字号

山东省淄博市中级人民法院（2021）鲁03民终3550号民事判决书

2. 案由：因申请财产保全损害责任纠纷

3. 当事人

原告（上诉人）：郭某某、甲公司

被告（被上诉人）：乙公司、丙公司

【基本案情】

2020年6月11日，乙公司因与郭某某、甲公司买卖合同纠纷向山东省淄博市临淄区人民法院提起诉讼，并由丙公司出具保函向该院申请查封冻结郭某某、甲公司银行账户存款1100000元。2020年6月15日，该院作出（2020）鲁0305民初3023号民事裁定书，查封郭某某、甲公司多个银行账号，甲公司

于2020年9月9日将中国农业银行的开户账号足额打满1100000元后申请解封其他账户，该账户直至2020年12月10日才被解除查封措施。在（2020）鲁0305民初3023号案件审理过程中，乙公司主张郭某某、甲公司支付剩余货款及相应经济损失，郭某某、甲公司对货款数额予以认可，但认为该货款在2015年与乙公司及案外人丁公司对欠郭某某项目部的工程款进行了抵顶，后该院于2020年7月29日作出（2020）鲁0305民初3023号民事判决书，以乙公司的诉讼请求超出诉讼时效为由驳回其诉讼请求。乙公司提出上诉，郭某某、甲公司提交郭某某与四名案外自然人的电话录音各一份、对账单一份等证据，山东省淄博市中级人民法院于2020年12月5日作出（2020）鲁03民终3759号民事判决书，根据被上诉人的证据认定郭某某、甲公司与乙公司及案外人丁公司存在抵顶事实，乙公司所诉涉及债权债务关系消灭。

【案件焦点】

两原告关于两被告保全错误给其造成损失的主张应否予以支持。

【法院裁判要旨】

山东省淄博市临淄区人民法院经审理认为：《中华人民共和国民事诉讼法》第一百零八条规定："申请有错误的，申请人应当赔偿被申请人因保全所遭受的损失。"该条规定的申请保全错误赔偿责任属于一般侵权责任，以过错原则为归责原则。认定申请保全人是否有过错，不仅要看其诉讼请求是否得到支持，还要看其是否存在故意或重大过失。在人民法院没有对案件争议作出判断之前，乙公司基于自己对案件的理解，提出具有事实基础的诉讼请求，并申请保全，系正当行使诉讼权利。当事人的法律知识、举证能力、对法律关系的分析判断能力各不相同，对诉争事实和权利义务的判断与人民法院的专业判断之间较难实现一致。由此，乙公司未立即撤回对郭某某、甲公司的起诉并申请解除保全，不足以证明乙公司存在侵权的故意或者过失。故原告的诉求，证据不足，本院不予支持。

山东省淄博市临淄区人民法院依照《中华人民共和国民事诉讼法》第六十

四条、第一百零五条、第一百四十四条之规定，作出如下判决：

驳回原告郭某某、甲公司的诉讼请求。

郭某某、甲公司不服一审判决，提起上诉。

山东省淄博市中级人民法院作出如下判决：

驳回上诉，维持原判。

【法官后语】

本案为一起因申请财产保全损害责任纠纷案，涉及申请财产保全错误损害赔偿责任的认定问题。

根据《中华人民共和国民事诉讼法》第一百零三条、第一百零八条规定，申请保全是当事人的诉讼权利，但如果权利行使不当，被申请人因保全遭受损失的，申请人应当予以赔偿。保全制度的设立目的是保证人民法院生效判决得以执行和免予当事人受到其他不必要的损害。人民法院采取财产保全措施，必然会使被保全的当事人不能自由地对被保全的财产进行事实上或法律上的处分。如果仅以被保全人的权利是否受到损害的事实作为判断保全申请是否错误的依据，无论申请人主观上是何种心理状态都要承担赔偿责任，尽管能达到保护被保全人利益不受损害的效果，但势必加重了申请人的负担，导致申请人不愿或者不能采用财产保全的方式维护自己的合法权益，财产保全制度将会失去应有的意义。

如何判断保全申请是否错误呢？从财产保全损害赔偿的性质上看，财产保全损害赔偿属于侵权损害赔偿，除适用民事诉讼法的规定外，还应当适用民法典侵权责任编的相关规定。《中华人民共和国民法典》第一千一百六十五条第一款规定：行为人因过错侵害他人民事权益造成损害的，应当承担侵权责任。因财产保全引起的损害赔偿案件，应当适用民法典侵权责任编规定的过错责任归责原则。何种程度的主观过错能够构成财产保全损害赔偿责任呢？采取普通人的注意义务标准，将重大过失纳入申请人主观过错范围内，可以在申请人诉讼权利保护、权利滥用限制和被申请人合法权益维护之间进行合理平衡，保障民事诉讼活动顺利进行，从而实现既避免权利滥用，又维护当事人民事诉讼行为自由这一侵权责任法律基点和价值取向。在申请人对出现财产保全错误存在故意或重大过失的情况下，应当认为申请人的申请有错误。总体而言，判断申请人的申请是否存在错误，应当结合具体案情，通过审查申请人是否存在通过保全损害被申请人合法权益的过错、保全的对象是否属于权属有争议的标的物、被申请人是否存在损失、是否为了保证判决的执行等因素予以考虑，不宜简单地以判决支持的请求额与保全财产数额的差异判断申请人是否有错误。

具体讲，判断保全是否错误可考虑以下因素：

第一，凡是因权属发生争议而申请保全的，只要申请人提供的证据能够初步证明其请求具有合理性，则不论生效判决结果如何，都不应认为保全申请错误。因为争议的标的物需要保持原状。

第二，凡是保全目的是申请人债权的实现，则应考虑保全财产数额与生效判决支持申请人诉讼请求的关系，只要保全财产数额不高于生效判决支持的数额30%的，可认为保全不存在错误。

第三，虽然保全数额高于生效判决支持的数额30%的，但未给被申请人造成损失的，应认为保全不存在错误。因为申请人承担赔偿责任的前提是被申请人遭受损失。在判断被申请人是否遭受损失时，应适当考虑被保全财产的升值因素。

第四，在一些特殊情形下应有特殊考虑。例如，被保全人有两套房产，就必须保全两套，否则如果只保全一套，则被申请人处置另一套房产后，法院基于维持被申请人基本生活的需要，依法不能处置保全的那套房产，申请人的权利将无法实现。

在没有确凿的证据证实损失结果发生的情况下，简单地认为法院未支持当事人的诉讼请求或者支持的诉讼请求少于保全财产数额，就认定保全错误，是对民事诉讼法有关保全制度的误读。《中华人民共和国民事诉讼法》第一百零八条规定，申请有错误的，申请人应当赔偿被申请人因保全所遭受的损失。这里的损失应理解为被申请人遭受的实际损失或者直接损失。具体考虑如下：

第一，应确定解除保全时被申请人是否遭受了损失。被申请人是否遭受了损失，应客观比较被申请人被采取保全措施时的财产状况与解除保全措施时的财产状况。

第二，被申请人要求申请人赔偿经营利润的主张应慎重对待。利润的取得与经营管理、市场变化等多种因素有关，而保全错误毕竟不同于一般侵权。凡是保全目的是实现申请人债权的，如果仅因保全数额不适当地高于生效判决支持申请人诉讼请求的数额而被认定存在保全错误时，则只应认定利息损失为被申请人的损失。当然此时利息应以相应的贷款利率计算。

第三，被申请人的损失应分析各方当事人的过错。损失系申请人的故意或重大过失造成的，由申请人承担，若被申请人对同一损害的发生或者扩大有过错的，可以减轻申请人的责任。

第四，非因申请人和被申请人的过错造成被申请人的损失问题。被申请人非因其自己和申请人的过错遭受的损失，如果因第三人造成的，则由第三人承担责任；因不可抗力造成的，申请人不承担赔偿责任；其他情况下，可参考《中华人民共和国民法典》第一千一百八十六条“受害人和行为人对损害的发生都没有过错的，依照法律的规定由双方分担损失”之精神处理。

本案中，在人民法院没有对案件争议作出判断之前，乙公司基于自己对案件的理解，提出具有事实基础的诉讼请求，并申请保全，系正当行使诉讼权利。当事人的法律知识、举证能力、对法律关系的分析判断能力各不相同，对诉争事实和权利义务的判断与人民法院的专业判断之间较难实现一致。且在（2020）鲁0305民初3023号案件中，双方对是否超过诉讼时效和存在抵顶事实存在争议，乙公司未立即撤回对郭某某、甲公司的起诉并申请解除保全，不足以证明乙公司存在侵权的故意或者过失。同时，根据《中华人民共和国民事诉讼法》第一百零八条的规定，郭某某、甲公司是否有经济损失的存在，根据“谁主张，谁举证”的原则，其应当对其遭受损失情况承担举证责任。郭某某、甲公司在本案中主张的经济损失为资金利息损失，而其在银行的存款被冻结后银行仍会给予利息，不会发生利息损失的问题。郭某某、甲公司亦未提供因资金冻结，造成资金紧张，为维持正常的生产经营取得新贷款与冻结款项利息之间存在差额或存在其他损失的证据。郭某某、甲公司主张存在经济损失的证据不足。综上，一、二审法院依法驳回郭某某、甲公司的诉求具有事实和法律依据。

编写人：山东省淄博市临淄区人民法院　刘海红　汪兰

40

申请人申请保全错误情形下赔偿责任承担的正确认定

——工程公司诉设备公司因申请财产保全损害责任案

【案件基本信息】

1. 裁判书字号

山东省淄博市中级人民法院（2021）鲁 03 民终 3634 号民事判决书

2. 案由：因申请财产保全损害责任纠纷

3. 当事人

原告（被上诉人）：工程公司

被告（上诉人）：设备公司

【基本案情】

工程公司与设备公司建设工程施工合同纠纷一案因被告未履行付款义务导致工程项目无法进行。原告于 2020 年 9 月 17 日起诉请求解除双方建设工程施工合同并要求被告支付所欠工程款。法院立案后，被告申请法院通过诉前保全查封了原告银行账户资金 5366794 元，经法院审理后依法驳回了被告的诉讼请求。原告主张由于被告滥用诉权，违法申请查封其账户，致使其公司账户中 5366794 元的资金长达 95 天的时间不能使用，严重影响了原告正常的生产经营活动，造成了重大经济损失。为此，原告提起本案诉讼请求判令被告赔偿违法保全原告造成的经济损失 53778 元。设备公司辩称其在双方建设工程施工合同纠纷一案中不存在故意或恶意申请查封原告财产的行为，且此案中法院最终判决的工程款是原告与他人共有，原告享有的债权份额并不确定。

【案件焦点】

申请人申请保全错误情形下赔偿责任承担应如何正确认定。

【法院裁判要旨】

山东省淄博市张店区人民法院经审理认为：因财产保全错误引起的损害赔偿纠纷属于一般侵权行为，故应适用过错责任归责原则确定申请人是否应当承担赔偿责任。当事人承担民事赔偿责任的前提是申请人的申请有错误，而非其诉讼请求是否获得法院支持。财产保全是为了保证生效判决能够顺利执行、避免申请人遭受不可弥补的损害、在一定条件下采取的一项临时强制性措施，这是法律设立财产保全的目的和宗旨。设备公司申请保全的方式为诉前保全，申请保全措施系查封被申请人的银行存款等财产。（1）从其提出的诉讼请求看，虽然含有要求工程公司撤场的诉讼请求，但如果确实存在诸如此类“工程公司拒不撤场”等“情况紧急”的情形，应当申请行为保全，即要求工程公司为或者不为一定行为，该保全方式应当为行为保全。但该案中，其申请保全的系工程公司银行账户资金等财产，即财产保全，与其声称的情况紧急状态下应当采取的保全措施不符，应当认定其保全形式及其措施有误。（2）从保全的目的、宗旨分析，其要求工程公司赔偿经济损失 500 余万元，但依据已经查明的事实，在其申请保全时，双方工程结算协议书业已明确显示其尚有近 2000 万元工程款未支付。因此，即使其要求赔偿经济损失 500 多万元的诉讼请求全部成立，也不存在对方再另行支付的事实，其判决根本不存在难以执行的情况。故其在明知将来的判决不存在难以执行，甚至不需要执行的情况下，仍然执意申请保全工程公司财产，属于滥用诉讼权利的恶意保全行为。（3）财产保全的根本目的在于保障将来判决的顺利执行，不是为了控制、制约甚至为难当事人，更非使其财产被查封而陷于经营困境。民事诉讼法保护的是当事人的合法权益，当事人必须正当行使诉讼权利，权利不得滥用。《中华人民共和国民事诉讼法》第一百零五条规定："申请有错误的，申请人应当赔偿被申请人因保全所遭受的损失。"因此，原告的诉讼请求具有事实和法律依据。

山东省淄博市张店区人民法院依照《中华人民共和国民法典》第一千一百六十五条，《中华人民共和国民事诉讼法》第十三条、第一百零一条、第一百零五条的规定，作出如下判决：

设备公司赔偿工程公司因财产保全错误导致的经济损失 53778 元。

设备公司不服一审判决，提起上诉。

山东省淄博市中级人民法院经审理认为：设备公司虽然依据有关事实提出了保全申请并在诉前保全措施 1 个月有效期间内提起了相应诉讼，但设备公司提起诉讼依据的基本事实系其作为相应建设工程的发包人向作为工程价款受让方的工程公司提起，在设备公司明知自己尚未履行大部分工程款的付款义务，即双方在诉前形成的工程结算书对工程造价确认为 2900 余万元，设备公司也明确此时作为付款主体仅履行了 1200 万元付款义务的情况下，其对工程公司提起标的额为 5366794 元的诉前保全措施，并由此查封工程公司账户该款项 95 天，存在不当，应当承担过错责任。

山东省淄博市中级人民法院依照《中华人民共和国民事诉讼法》第一百六十九条、第一百七十条第一款第一项之规定，作出如下判决：

驳回上诉，维持原判。

【法官后语】

本案主要涉及申请人申请保全错误情形下赔偿责任承担的正确认定问题。

司法实践中因申请人保全申请错误给被申请人造成损失的案件时有发生。申请人向人民法院申请保全，系当事人行使自身诉讼权利的行为，但应在法律规定的框架内向人民法院申请保全，不能超越合理边界。《中华人民共和国民法典》（以下简称《民法典》）第一百三十二条规定，民事主体不得滥用民事权利损害国家利益、社会公共利益或者他人合法权益。财产保全是为了保证生效判决能够顺利执行、避免申请人遭受不可弥补的损害、在一定条件下采取的一项临时强制性措施，其设立的初衷和目的系在于保障将来生效裁判文书的顺利执行，法律在赋予申请人该项权利的同时，也注重被申请人合法权益的保护，对于滥用申请保全权利给被申请人造成损害的，依法亦应当承担相应侵权赔偿责任。

《中华人民共和国民事诉讼法》（以下简称《民事诉讼法》）第一百零八条规定，申请有错误的，申请人应当赔偿被申请人因保全所遭受的损失。该条立法本意在于保护被申请人的合法权益，通过规定申请人的赔偿责任，对其错误申请保全的行为进行制裁，对被申请人因此遭受的损害给予救济。《民法典》第一千一百六十五条第一款规定，行为人因过错侵害他人民事权益造成损害的，应当承担侵权责任。因财产保全错误引起的损害赔偿纠纷在性质上属于一般侵权行为，故应当根据上述《民法典》第一千一百六十五条所规定的侵权责任的一般归责原则即过错责任原则进行认定。一般而言，按照过错责任原则，侵权责任的成立，必须具备违法行为、损害事实、因果关系和主观过错四个要件，四者缺一不可。故在当事人申请保全确有错误、被申请人存在遭受损失的事实且被申请人的损失与申请人保全申请错误之间存在因果关系的情形下，申请人对此存在主观过错的，其应当对申请保全错误承担侵权赔偿责任。

关于“申请有错误”的认定，有观点认为，“申请有错误”是指申请人在申请保全的过程中存在过错，包括主观上的故意和过失，如申请人在可以申请保全相应同等价值财产的情况下，申请保全价值明显超过诉讼标的额的其他财产等；也有观点认为“申请有错误”不仅包括申请人存在过错的情形，也包括其他因申请人的保全申请不当给被申请人造成损失的其他情形，如因申请人败诉或者虽未败诉但法院判决确定的履行标的小于其诉讼请求的请求标的，从而因保全范围过大给被申请人造成损失。上述第一种意见将申请人的主观因素作为其应否承担赔偿责任的一项构成要件；第二种意见更侧重从申请人申请保全的行为对被申请人造成损失的角度来判断申请人是否承担赔偿责任。[①] 对于

① 江必新：《新民事诉讼法条文理解与适用（上）》，人民法院出版社2022年版，第492页。

“申请有错误”的认定，不应简单地以保全申请人的诉讼请求是否成立作为判断依据，而应当从保全申请人的主观过错、行为客观不法性等方面，结合具体的案件事实予以综合评判。从主观因素来看，保全申请人未尽到合理、审慎的注意义务，对保全错误存在明显的主观恶意（故意或者重大过失）；从客观方面来看，保全申请人的财产保全申请缺乏基本的事实与法律依据，不存在“情况紧急，不立即申请保全将会使其合法权益遭受难以弥补的损害”的诉前财产保全或者“可能因当事人一方的行为或者其他原因，使判决难以执行或者造成当事人其他损害”的诉讼保全适用条件，违背财产保全制度的设立初衷，具有明显的不法性。比如，申请保全人明知诉讼条件未成就，提起诉讼无任何事实及法律依据情形下，仍然提起诉讼并申请保全；申请保全人明知将来的判决不存在难以执行，甚至不需要执行的情况下，执意提起诉讼并申请保全；申请保全人争议事实在前案审理尚未终结前，另行提起新的诉讼并采取保全措施等。判断保全申请人是否存在故意或者重大过失，应当根据其诉讼请求所依据的事实理由等考察其提起的诉讼是否合理，或者结合申请保全的标的额、时间、对象及方式等考察其申请保全是否适当。过错责任原则要求以过错作为侵权责任构成的价值判断标准，过错不仅是侵权责任构成的一般要件，更是决定侵权责任构成的最终的、决定性的要件。

司法实践中，当事人的诉讼请求是否获得法院支持、裁判支持标的与保全标的之间存在偏差等情形并非认定“申请有错误”的充分条件，因为案件裁判结果仅应当作为考察申请人过错情形的参考因素而非决定性因素。司法实践中由于案件争议当事人各方的法律知识、法律分析与判断能力各不相同，在提起诉讼时对案件裁判结果的预判能力也各有差异，当事人对诉争事实和权利义务的判断未必与法院裁判的最终结果一致。如果以诉讼请求与人民法院生效判决之间的差异情况确认财产保全申请人过错的有无与过错程度，实际上否定了对申请人主观因素的考察，容易导致以最终裁判结果来判断保全申请人是否构成侵权的结果归责。当事人承担民事赔偿责任与否的前提是申请人的申请是否确有错误，而非其诉讼请求是否获得法院支持。而在保全申请人提起的诉讼合理且申请财产保全适当的，保全金额未明显超出诉讼标的额的合理限度等情形下则不能认定为申请保全错误，故而也不应当承担赔偿责任。

另外需要说明的是，在责任主体方面，通常情况下，申请人是错误申请保全法律责任的主要承担主体，但在被申请人对其损失的造成或者扩大存在可归责原因的情形下，如因被申请人未尽妥善保管义务等导致保全财产造成损失或者损失扩大的，被申请人也应承担相应的责任；在被申请人遭受损失除因申请人错误申请保全外，还因第三人的行为所导致的，第三人也应承担相应的赔偿责任。司法实践中应当根据案件的具体情形，区分申请人申请错误、被申请人责任以及第三人责任，并根据各自的责任大小，对损失的责任承担问题依法作出正确妥善处理。

本案中，申请人设备公司申请保全的方式为诉前保全，申请保全措施系查封被申请人的银行存款等财产。对此《民事诉讼法》第一百零四条第一款规定："利害关系人因情况紧急，不立即申请保全将会使其合法权益受到难以弥补的损害的，可以在提起诉讼或者申请仲裁前向被保全财产所在地、被申请人住所地或者对案件有管辖权的人民法院申请采取保全措施。申请人应当提供担保，不提供担保的，裁定驳回申请。"然而从本案中申请人设备公司申请保全的情况来具体分析，首先，从其向法院提出的诉讼请求看，虽然含有要求被申请人撤场的诉讼请求，但如果确实存在诸如此类"被申请人拒不撤场"等"情况紧急"的情形，应当申请行为保全，即要求被申请人为或者不为一定行为，该保全方式应当为行为保全。但本案中申请人申请保全的系被申请人银行账户资金等财产，即财产保全，与其声称的情况紧急状态下应当采取的保全措施不符，应当认定申请人的保全形式及其措施有误。其次，从财产保全的目的、宗旨来分析，申请人要求被申请人工程公司赔偿经济损失800余万元，但依据已经查明的事实，在其申请保全时，双方工程结算协议书业已明确显示申请人设备公司尚有3000余万元工程款未支付。因此，即使申请人赔偿经济损失800多万元的诉讼请求全部成立，也不存在对方再另行支付的事实，其判决根本不存在难以执行的情况。因此，申请人在明知将来的判决不存在难以执行，甚至不需要执行的情况下，仍然执意申请保全被申请人财产，属于滥用诉讼权利的恶意保全行为。最后，《民事诉讼法》第十三条第一款规定，民事诉讼应当遵循诚实信用原则。前已阐明，财产保全的根本目的在于保障将来判决的顺利执行，不是为了控制、制约甚至为难当事人，更非使其财产被查封而陷于经营困境。民事诉讼法保护的是当事人的正当合法权益，当事人必须依法行使诉讼权利，权利不得滥用。因此，本案中原告工程公司要求被告设备公司承担财产保全损害责任具有事实和法律依据，一、二审法院对此依法予以支持无疑是正确的。

编写人：山东省淄博市张店区人民法院　徐金辉　刘晓辉

十一、其他纠纷

41

残疾赔偿金不属于附带民事诉讼的判赔范围

——黄甲诉黄某涛等生命权、健康权、身体权案

【案件基本信息】

1. 裁判书字号

广东省茂名市中级人民法院（2021）粤 09 民再 9 号民事判决书

2. 案由：生命权、健康权、身体权纠纷

3. 当事人

原告（被上诉人、再审申请人）：黄甲

被告（上诉人、再审被申请人）：黄某涛、黄某成

被告：黄某境、黄乙、黄某扼

【基本案情】

2017 年 1 月 28 日 8 时许，黄甲在黄某境家门口空地处与黄某涛、黄某成、黄某境、黄乙、黄某扼等人因土地权属问题产生纠纷，黄甲被黄某涛、黄某成打伤。黄甲于 2017 年 1 月 28 日至 6 月 10 日住院医治，用去医疗费 73753.90 元，伤残程度为九级。黄某境、黄某涛先后被判处刑罚。

黄甲诉称，其在本案中主张的残疾赔偿金、被抚养人生活费的诉讼请求，

属于物质损失的范畴，侵权行为人应予赔偿；被申请人黄某涛与黄某成、原审被告黄某境是共同侵权人，应当对黄甲承担连带赔偿责任，黄某涛已被抓获归案。

黄某涛等辩称，黄甲主张的残疾赔偿金、被抚养人生活费不属于赔偿的范围，应驳回其诉讼请求；刑事判决仅认定黄某境、黄某涛的刑事责任，并没有认定黄某成参与殴打黄甲致伤的事实。

【案件焦点】

1. 黄某涛是否有伤害黄甲身体的事实；2. 黄甲请求黄某涛等人赔偿残疾赔偿金及被抚养人生活费是否有法律依据。

【法院裁判要旨】

广东省茂名市电白区人民法院经审理认为：被告黄某境、黄某涛、黄某成承担70%的赔偿责任，原告自负30%的损失，原告主张被告黄乙、黄某扼承担赔偿责任的证据不足不予支持。综合认定原告各项损失如下：医疗费74182.75元、误工费13731.54元、护理费13300元、住院伙食补助费13300元、营养费4000元、交通费600元、鉴定费1900元、残疾赔偿金（含被抚养人生活费）共162042.5元，由于部分被告受到刑事处罚，对原告黄甲诉赔精神损害抚慰金10000元不予支持。被告黄某境、黄某涛、黄某成对原告黄甲的上述损失的70%承担连带赔偿责任。

广东省茂名市电白区人民法院依照《中华人民共和国侵权责任法》第六条第一款、第八条、第十六条、第二十六条及《最高人民法院关于审理人身损害赔偿案件适用法律若干问题的解释》第十七条、第十九条、第二十条、第二十一条、第二十二条、第二十三条、第二十四条、第二十五条、第二十八条的规定，作出如下判决：

一、限被告黄某境、黄某涛、黄某成于本判决发生法律效力之日起十日内连带赔偿原告黄甲因受伤造成的经济损失包括医疗费、误工费、护理费、住院伙食补助费、营养费、交通费、鉴定费、残疾赔偿金合计198139.76元；

二、驳回原告黄甲的其他诉讼请求。

黄某成、黄某涛不服一审判决，提出上诉。

广东省茂名市中级人民法院经审理认为：关于黄某成对黄甲是否存在侵权行为、应否采信鉴定机构的鉴定意见，二审法院同意一审法院的裁判意见。黄某涛虽然被公安机关通缉至今在逃，但现阶段没有证据证明其对黄甲存在侵权行为。黄某境、黄某成的犯罪行为造成黄甲的物质损失，黄甲没有在黄某境的刑事案件中提起刑事附带民事诉讼，而是单独提起民事诉讼，但本案仍属于刑事附带民事案件，核算黄甲的损失时，同样适用刑法和刑事诉讼法的相关规定，黄甲在本案中提起的残疾赔偿金、被抚养人生活费均不属于刑法和刑事诉讼法规定的赔偿范围。

广东省茂名市中级人民法院依照《中华人民共和国民事诉讼法》第一百七十条第一款第二项的规定，作出如下判决：

一、撤销广东省茂名市电白区人民法院民事判决；

二、限黄某境、黄某成于本判决发生法律效力之日起十日内连带赔偿黄甲因受伤造成的经济损失包括医疗费、误工费、护理费、住院伙食补助费、营养费、交通费、鉴定费合计84710元；

三、驳回黄甲的其他诉讼请求。

黄甲不服二审判决，申请再审。

广东省高级人民法院作出如下裁定：

指令广东省茂名市中级人民法院再审本案。

广东省茂名市中级人民法院经审理认为：根据已经发生法律效力的刑事判决认定，黄某涛事发当天在与黄甲发生纠纷过程中，用砖头打伤黄甲的右肩部，事实清楚，黄某涛是共同侵权人，应与其他侵权人共同承担侵权责任。关于再审申请人请求被申请人赔偿残疾赔偿金及被抚养人生活费是否有法律依据，再审同意二审裁判意见。

广东省茂名市中级人民法院依照《中华人民共和国民事诉讼法》第一百七十条第一款第一项、第二项，第二百零七条的规定，作出如下判决：

一、维持广东省茂名市中级人民法院民事判决第一项；

二、变更广东省茂名市中级人民法院民事判决第二项为：限黄某境、黄某涛、黄某成于本判决发生法律效力之日起十日内连带赔偿黄甲因受伤造成的经济损失包括医疗费、误工费、护理费、住院伙食补助费、营养费、交通费、鉴定费合计 84710 元；

三、驳回再审申请人黄甲的其他诉讼请求。

【法官后语】

刑事附带民事诉讼案件的赔偿范围是否包括残疾赔偿金、死亡赔偿金呢？主要考量如下：第一，对附带民事诉讼不应适用与单纯民事诉讼相同的标准。单纯民事案件，责令被告人作出相应赔偿，是对被害方进行抚慰、救济的唯一手段，故有理由要求被告人承担相应更重的赔偿责任，且由于无须承担刑事责任，被告人往往也有意愿、有能力作出相应赔偿。而附带民事诉讼则不同，被告人不仅要在民事方面承担赔偿责任，还要承担相应的刑事责任。以故意杀人案件为例，如判处被告人死刑，显然不应再要求其作出与单纯民事案件相同的精神损害赔偿，否则势必存在双重处罚的问题。第二，按单纯民事案件的经济赔偿标准判赔，通常判罚数额较大，而刑事案件的被告人大部分经济状况差、赔偿能力弱，有的被执行死刑或者其他刑罚后，更无法承担如此高额的赔偿责任，影响案件的裁判效果。第三，处理犯罪行为的赔偿问题，应当优先适用刑法和刑事诉讼法的相关规定，而不应当适用主要规定民事侵权的民法规定。

《最高人民法院关于适用〈中华人民共和国刑事诉讼法〉的解释》第一百九十二条规定："对附带民事诉讼作出判决，应当根据犯罪行为造成的物质损失，结合案件具体情况，确定被告人应当赔偿的数额。犯罪行为造成被害人人身损害的，应当赔偿医疗费、护理费、交通费等为治疗和康复支付的合理费用，以及因误工减少的收入。造成被害人残疾的，还应当赔偿残疾生活辅助具费等费用；造成被害人死亡的，还应当赔偿丧葬费等费用。驾驶机动车致人伤亡或者造成公私财产重大损失，构成犯罪的，依照《中华人民共和国道路交通安全法》第七十六条的规定确定赔偿责任。附带民事诉讼当事人就民事赔偿问题达成调解、和解协议的，赔偿范围、数额不受第二款、第三款规定的限制。”可见，除驾驶机动车致人伤亡或者造成公私财产重大损失的案件外，附带民事诉讼的判赔范围不包括“残疾赔偿金、死亡赔偿金”。

编写人：广东省茂名市中级人民法院 张国桢 杨桃

42

被挂靠企业应当对挂靠船舶经营中的财产损害承担连带责任

——保险公司诉施某友、航运公司海上、通海水域财产损害责任案

【案件基本信息】

1. 裁判书字号

湖北省高级人民法院（2021）鄂民终 627 号民事判决书

2. 案由：海上、通海水域财产损害责任纠纷

3. 当事人

原告（被上诉人）：保险公司

被告（被上诉人）：施某友

被告（上诉人）：航运公司

【基本案情】

“鸿×”轮系一艘内河干货船，登记的船舶所有人为航运公司和施某友，登记的船舶经营人为航运公司。2018 年 4 月 30 日，施某友与航运公司签订《船舶运输委托经营合同》，约定施某友为“鸿×”轮所有人；航运公司系该轮的实际经营管理人，负责船舶的经营管理等。

2019 年 3 月 20 日，施某友委托案外人物流公司签订《水路货物运输合同》，约定由“鸿×”轮为物流公司运输豆粕 1127 吨。同日，前述货物的发货

人粮油公司向保险公司投保货物运输险。2019 年 3 月 21 日、22 日，施某友签发了两份《水路货物运单》，载明其接收了 1127.12 吨豆粕。2019 年 3 月 22 日，物流公司、粮油公司补签运输合同，约定物流公司以“鸿×”轮为粮油公司运输前述豆粕。“鸿×”轮在运输期间发生事故，上述货物随船沉没。海事处作出《内河交通事故结论书》，认为“鸿×”轮在航行过程中疏忽瞭望，未发现某水域的沉船专用标，上行过程中进入沉船水域，导致船体触碰沉船；上行过程中盲目贪缓，作为小型船舶在未确保自身安全的情况下，盲目选择通航分道外侧水域上行，最终导致船体触碰水下沉船。该报告认定，“鸿×”轮上行中疏忽瞭望、盲目贪缓，违反了《中华人民共和国内河交通安全管理条例》《中华人民共和国内河避碰规则》《长江安徽段船舶定线制规定》的相关规定，负该次事故的全部责任。

事故发生后，施某友称“鸿×”轮是其购买的一艘二手船，购买后挂靠在航运公司，并对上述运输合同、载货、事故过程予以确认。同时施某友及涉案货物相关方、保险公司委托的公估师等一致认为，案涉货物没有探摸及打捞的必要。《公估报告》认为涉案货物的含税价为 3025135.86 元，因全损造成的货物损失为 2750123.51 元。保险公司在扣除相应免赔额后，向粮油公司支付了保险理赔款 2749123.51 元。随后，保险公司提起本案诉讼，明确其提起的是侵权之诉。

此外，2019 年 3 月 26 日，施某友向航运公司出具《承诺书》，承诺“鸿×”轮在 2019 年 3 月 23 日发生的沉船事故中产生的货损等经济损失均由其承担全部责任，不让航运公司承担任何费用。

【案件焦点】

航运公司应否向保险公司承担赔偿责任。

【法院裁判要旨】

武汉海事法院经审理认为：航运公司系“鸿×”轮登记的经营人，根据《中华人民共和国内河交通安全管理条例》第十条的规定，航运公司应加强对该轮的安全管理，建立、健全相应的交通安全管理制度，并对该轮的交通安全负责。根据相应的《内河交通事故结论书》，涉案事故发生的原因是该轮在航行中违反了相应航行、安全规则。航运公司作为“鸿×”轮的经营管理人，未尽到相应的管理责任，对事故的发生具有过错，也应当承担侵权责任。航运公司、施某友就事故责任承担作出的内部约定，不能约束第三人。保险公司依据《最高人民法院关于国内水路货物运输纠纷案件法律问题的指导意见》（法发〔2012〕28号）第十二条的规定，诉请施某友、航运公司对涉案损失承担连带赔偿责任，合法有据，依法予以支持。

武汉海事法院依照《中华人民共和国侵权责任法》第二条、第六条、第十三条、第十五条、第十九条，《中华人民共和国保险法》第六十条第一款，《最高人民法院关于国内水路货物运输纠纷案件法律问题的指导意见》第十二条，《中华人民共和国民事诉讼法》第六十四条第一款、第一百四十四条之规定，作出如下判决：

一、施某友、航运公司于判决生效之日起十日内，向保险公司连带赔偿货物损失2748424.81元及利息；

二、驳回保险公司的其他诉讼请求。

航运公司不服一审判决，提起上诉。

湖北省高级人民法院经审理认为：“鸿×”轮在航行过程中违反了《中华人民共和国内河交通安全管理条例》和《中华人民共和国内河避碰规则》，负该次事故的全部责任。施某友作为该轮的实际所有人，应当依法承担相应的侵权责任。而航运公司作为“鸿×”轮登记的所有人和经营人，根据《中华人民共和国内河交通安全管理条例》第十条的规定，航运公司对涉案船舶负有安全管理义务，并对其交通安全负责。航运公司未尽到相应的管理责任，对事故的发生具有过错。依据《最高人民法院关于国内水路货物运输纠纷案件法律问题的指导意见》第十二条的规定，挂靠船舶因侵权行为造成他人财产、人身损害，挂靠船舶的实际所有人和被挂靠企业应当承担连带赔偿责任。构成该责任的基础是船舶挂靠关系，并且挂靠船舶存在侵权行为，因此，航运公司作为涉案船舶的挂靠企业，是对挂靠船舶的侵权行为造成的损害后果承担连带赔偿责任，并非因其自身实施了侵权行为。因此，航运公司的上诉理由不能成立。

湖北省高级人民法院依照《中华人民共和国民事诉讼法》第一百七十条第一款第一项之规定，作出如下判决：

驳回上诉，维持原判。

【法官后语】

《最高人民法院关于国内水路货物运输纠纷案件法律问题的指导意见》（以下简称《水路运输指导意见》）第十二条规定："挂靠船舶因侵权行为造成他人财产、人身损害，依据民法通则、侵权责任法、海商法和有关司法解释的规定，挂靠船舶的实际所有人和被挂靠企业应当承担连带赔偿责任。"有观点认为，该条仅适用于与船舶碰撞、触碰事故直接相关的纠纷；也有观点认为，适用于《最高人民法院关于海事法院受理案件范围的规定》第一条至第七条规定的纠纷，两种观点均认为该条规定不适用于因货损而提起的财产损害责任之诉。

笔者认为，从文义上，《水路运输指导意见》第十二条的规定并没有排除因货损提起的财产损害之诉的适用；从体系上，虽然《水路运输指导意见》第八条至第十一条要求在案件审理过程中坚持合同相对性原则，但这些条文调整的是因货损提起的合同之诉，并非侵权之诉。在船舶挂靠关系中，被挂靠企业为船舶登记的经营人，对船舶安全运营负有管理责任。若允许被挂靠企业将这种安全管理责任随意转移给船舶的实际经营人，将进一步形成船舶挂靠经营中的"挂而不靠"现象，使船舶运营安全管理形同虚设。

2021年12月，最高人民法院《关于印发〈全国法院涉外商事海事审判工作座谈会会议纪要〉的通知》（以下简称《商事海事纪要》）第七十条规定："没有取得国内水路运输经营资质的承运人签订的国内水路货物运输合同无效，承运人请求托运人或者收货人参照合同约定支付违约金的，人民法院不予支持。没有取得国内水路运输经营资质的出租人签订的航次租船合同无效，出租人请求承租人或者收货人参照合同约定支付滞期费的，人民法院不予支持。"该条重申了《水路运输指导意见》第三条、第四条的规定，并进一步明确了此种情形该如何处理。《水路运输指导意见》《商事海事纪要》的规定，总体上一脉相承，对船舶的挂靠经营持否定态度。按照其规定，船舶应当由有资质的经营人经营，无资质的实际经营人对外签订的水路运输合同无效，其权利将受到限制。但是，船舶的挂靠经营，并非仅有挂靠经营人一方得利，被挂靠企业作为登记的经营人也是得利的一方。若按照上文中介绍的观点，被挂靠企业仅在极少数情况下对外承担责任，则会形成其权利大、责任小的格局。

国内水路运输尤其是内河运输中挂靠经营时有发生，有的被挂靠企业仅负责收取费用、协助办理相关运营手续，但不实际对船舶进行安全管理，因此有必要通过在司法中对于被挂靠企业的安全管理责任和义务的确认，使被挂靠企业切实对挂靠船舶的安全运营负起责任，以防止水上交通安全形势恶化。判令未尽到安全管理责任的被挂靠企业对因货损而提起的侵权之诉承担责任，与《水路运输指导意见》《商事海事纪要》的规定并不抵触，反而有利于其规定的有效实施。在短期内不能消灭船舶挂靠经营的情况下，通过本案判决，将有利于促使被挂靠企业认真履行其安全管理义务，促进国内水路货物运输的安全、健康发展。

编写人：武汉海事法院　邓毅

43

帮友开车出事故，车辆受损的责任承担主体

——陈某雁诉魏某槟财产损害赔偿案

【案件基本信息】

1. 裁判书字号

广东省汕头市中级人民法院（2021）粤05民终61号民事判决书

2. 案由：财产损害赔偿纠纷

3. 当事人

原告（被上诉人）：陈某雁

被告（上诉人）：魏某槟

【基本案情】

2020年4月8日，陈某雁以60000元价格向王某丽购买了一辆小型普通客车。2020年4月10日，陈某雁办理了车辆转移登记手续，并取得该车辆临时行驶车号牌。2020年4月11日，陈某雁因身体不适没有自己开车，让朋友陈某涛及魏某槟轮流驾驶该辆汽车从广州返回汕头。同日16时32分，当魏某槟驾驶汽车承载陈某雁及陈某涛行驶时，因雨天路滑，驾驶不当，碰撞高速道路护栏，造成车辆及护栏损坏。经交通警察认定，魏某槟应负本次事故的全部责任。事后，魏某槟支付了公路设施（护栏）赔偿费3100元。受损的汽车依法经委托评估公司评估，其损失为75491元（已扣除残值2000元）。陈某雁要求魏某槟赔偿该车辆相关损失未果，遂于2020年5月12日向法院提起诉讼，请求判决魏某槟赔偿其车辆损失费60000元，并承担车辆注销费用、护栏费用等。

魏某槟辩称，陈某雁提交的机动车注册登记信息显示案涉机动车的所有人是王某丽，陈某雁不是本案的适格主体。即便认定陈某雁的主体适格，陈某雁因身体不适提出请魏某槟与陈某涛轮流帮忙开车，魏某槟作为朋友表示同意，魏某槟的代驾行为是无偿帮助，根据法律规定，案涉车辆相关财产损失应由陈某雁承担。案涉车辆已购买了交强险，相关财产损失应在交强险限额内先予以扣除。魏某槟已赔付护栏费3100元，陈某雁要求魏某槟再次支付护栏费用缺乏依据。陈某雁主张车辆报废没有事实依据，其要求魏某槟承担案涉车辆注销费用也缺乏相应法律依据。

【案件焦点】

1. 原告主体是否适格；2. 被告对原告车辆毁损是否存有过错，是否应对原告的损失承担赔偿责任；3. 原告车辆损失是否应由交强险优先赔付。

【法院裁判要旨】

广东省汕头市龙湖区人民法院经审理认为：行为人因过错侵害他人民事权益的，应当承担侵权责任；被侵权人对损害的发生也有过错的，可以减轻侵权人的责任。本案中，汽车为原告陈某雁所购买，车价为60000元，有机动车登记证、临时行驶车号牌、机动车交通事故强制保险单、二手车销售统一发票等证据材料为证，本院予以确认。原告陈某雁作为案涉受损车辆的所有人提出对被告魏某槟的起诉，符合法律规定，对于被告魏某槟辩称原告陈某雁主体不适格的意见，本院不予采纳。由于被告魏某槟驾驶原告陈某雁的车辆发生交通事故，造成原告陈某雁的车辆损坏，原告陈某雁主张被告魏某槟承担车辆损失，于法有据，本院予以支持。鉴于被告魏某槟驾驶原告陈某雁的车辆是经原告陈某雁同意的，双方之间形成帮工关系，被告魏某槟既是帮工人又是致害人，原告陈某雁既是被帮工人又是受害人，本案是被帮工人请求帮工人赔偿被帮工人造成的损失，《最高人民法院关于审理人身损害赔偿案件适用法律若干问题的解释》（法释〔2003〕20号）第十三条规定："为他人无偿提供劳务的帮工人，在从事帮工活动中致人损害的，被帮工人应承担赔偿责任……"该条规定中的帮工人的侵权对象指的是被帮工人以外的第三人，不包括被帮工人自己。被告魏某槟在无偿给原告陈某雁帮工过程中给其造成财产损害，不能因为无偿帮工就免除其侵权责任。但考虑到原告陈某雁作为受益人，可酌情减轻被告魏某槟的赔偿责任。被告魏某槟辩称其不应承担赔偿责任的理由不能成立，本院不予支持。根据本案相关事实，本院确定由被告魏某槟承担80%的赔偿责任。由于原告陈某雁购买汽车的价格为60000元，故被告魏某槟应赔偿原告陈某雁的车辆损失金额为60000元×80%＝48000元。因被告魏某槟已支付了公路设施赔偿费3100元，故对于原告陈某雁主张赔偿护栏费3100元的诉讼请求，本院不予支持。由于原告陈某雁所主张的财产损失系事故造成的本车车辆损失，被告魏某槟辩称应在交强险赔偿限额内先予扣除财产损失的主张，缺乏依据，本院不予采纳。原告陈某雁主张被告魏某槟承担案涉事故车辆注销费用，由于原告陈某雁没有提供车辆注销及实际支付相关费用等证据材料，被告魏某槟予以否认，本院对此不予支持。

广东省汕头市龙湖区人民法院依照《中华人民共和国侵权责任法》第六条第一款、第十五条第一款第六项、第二十六条，《中华人民共和国民事诉讼法》第六十四条第一款之规定，作出如下判决：

一、被告魏某槟应于本判决发生法律效力之日起十日内赔偿原告陈某雁财产损失48000元；

二、驳回原告陈某雁的其他诉讼请求。

魏某槟不服一审判决，提起上诉。

广东省汕头市中级人民法院经审理认为：本案主要争议焦点为魏某槟应否赔偿陈某雁财产损失的问题。为减少交通事故，保障人民生命财产安全，机动车驾驶员应严格遵守交通法规和谨慎驾驶义务。本案中，魏某槟作为汽车的驾驶人，在驾驶车辆的过程中，遇雨天路滑，但却疏于观察周围环境，未采取恰当措施，未尽安全注意义务，导致碰撞高速公路护栏，造成车辆及护栏损坏。对此，交警部门认定魏某槟因其违法过错行为应负本次事故的全部责任。一审判决据此并结合魏某槟无偿给陈某雁帮工的事实，酌定魏某槟对陈某雁的财产损失承担80%的赔偿责任，并无不当，本院予以维持。魏某槟在一审时并未对案涉车辆的刹车系统的性能申请鉴定，也未能举证证明案涉车辆的刹车系统性能存在问题，故应当承担举证不能的后果，对其上述抗辩不予采信。

广东省汕头市中级人民法院依照《中华人民共和国民事诉讼法》第一百七十条第一款第一项的规定，作出如下判决：

驳回上诉，维持原判。

【法官后语】

本案是一起无偿代驾引发的财产损害赔偿纠纷。代驾分为无偿代驾和有偿代驾。无偿代驾是指代驾人不向被代驾人收取费用而自愿将被代驾人送至目的地的行为，一般发生于亲人、朋友等熟人之间；有偿代驾则是指代驾人向被代驾人提供驾驶服务并收取相应费用的行为。对于无偿代驾，代驾人与被代驾人为义务帮工关系。根据《最高人民法院关于审理人身损害赔偿案件适用法律若干问题的解释》（法释〔2003〕20 号）第十三条的规定，帮工一般是指帮工人在没有法定或约定义务的情况下，无偿为他人提供劳务的行为。也就是说帮工人是不收取报酬的，被帮工人是受益人，帮工活动的结果是被帮工人获得利益。本案中，被告魏某槟之所以驾驶案涉车辆，其原因是原告陈某雁身体不适，被告魏某槟驾驶车辆的目的是帮原告陈某雁将购买的车辆驾驶至原告陈某雁所指示的目的地，被告魏某槟在没有法定或约定义务的情况下，基于朋友情分无偿为原告陈某雁代驾，双方之间符合上述司法解释关于帮工的规定，形成帮工关系。

本案的特殊之处在于代驾人侵害了被代驾人财产利益的责任承担问题。现实中，义务帮工现象大量存在，而“好心办坏事”“帮倒忙”的情形也时有发生。对于被帮工人要求帮工人赔偿被帮工人的财产损失问题，《最高人民法院关于审理人身损害赔偿案件适用法律若干问题的解释》（法释〔2003〕20 号）第十三条规定，“为他人无偿提供劳务的帮工人，在从事帮工活动中致人损害的，被帮工人应当承担赔偿责任”。在该条规定中，帮工人侵害的对象是指被帮工人以外的第三人，并不包括被帮工人自己。该司法解释第十四条规定“帮工人因帮工活动遭受人身损害的，被帮工人应当承担赔偿责任”，该条款针对的是帮工人因帮工活动遭受人身损害的赔偿处理。以上法律规定并不意味着帮工人不需要承担赔偿责任。我国现行的民法体系中，过错责任原则适用于一般侵权行为，是基本归责原则，将过错责任原则作为侵权责任的基本归责原则，是通过对因自己的过错而致国家、集体利益和他人合法权益以损害的不法行为人，加强赔偿损失在内的民事责任，以保护自然人和法人的人身权利和财产权利，教育公民遵纪守法，预防和减少侵权行为的发生。

在无偿代驾中，为减少交通事故，保障人民生命财产安全，机动车驾驶员应严格遵守交通法规和谨慎驾驶义务。《中华人民共和国侵权责任法》第四十九条规定：“因租赁、借用等情形机动车所有人与使用人不是同一人时，发生交通事故后属于该机动车一方责任的，由保险公司在机动车强制保险责任限额范围内予以赔偿。不足部分，由机动车使用人承担赔偿责任；机动车所有人对损害的发生有过错的，承担相应的赔偿责任。”《中华人民共和国民法典》第一千二百零八条规定："机动车发生交通事故造成损害的，依照道路交通安全法律和本法的有关规定承担赔偿责任。"第一千二百零九条规定："因租赁、借用等情形机动车所有人、管理人与使用人不是同一人时，发生交通事故造成损害，属于该机动车一方责任的，由机动车使用人承担赔偿责任；机动车所有人、管理人对损害的发生有过错的，承担相应的赔偿责任。"因此，无偿代驾人帮工过程中给被代驾人造成的损失，在法律没有特别规定的情况下，应结合过错程度对相关赔偿责任予以认定，不能因为无偿帮工而免除其责任。本案中，被告魏某槟无偿给原告陈某雁驾驶车辆，行驶过程中遇雨天路滑，但却疏于观察周围环境，未采取恰当措施，未尽安全注意义务，导致车辆碰撞护栏，造成车辆及护栏损坏，经交警部门认定，被告魏某槟应负本次事故的全部责任，一审法院据此认定被告魏某槟作为机动车驾驶员未尽到谨慎驾驶义务，其对原告陈某雁案涉车辆发生事故造成的损失具有过错，从而判决被告魏某槟应承担赔偿责任。被告魏某槟无偿为他人提供帮助是出于好心，基于鼓励助人为乐的良好风尚，同时考虑原告作为受益人，一审法院酌情减轻被告的赔偿责任。一审法院的这种处理意见也得到了二审法院的认同。

值得注意的是，《最高人民法院关于审理人身损害赔偿案件适用法律若干问题的解释》于2020年12月29日修正时，将原第十三条的内容修改为第四条，同时明确"被帮工人承担赔偿责任后向有故意或者重大过失的帮工人追偿的，人民法院应予支持"，原第十四条的内容"帮工人因帮工活动遭受人身损害的，被帮工人应当承担赔偿责任"则修改为"无偿提供劳务的帮工人因帮工活动遭受人身损害的，根据帮工人和被帮工人各自的过错承担相应的责任"；于2022年2月15日修正时，延续了上述规定。因此，本案结合代驾人的过错程度认定代驾人应对其在帮工过程中给被代驾人造成的财产损失承担赔偿责任，符合相关法律规定精神。

最后，笔者在此提醒，做"好人"亦应遵法守法，任何时候机动车驾驶员都应严格遵守交通法规、尽到谨慎驾驶义务。

编写人：广东省汕头市龙湖区人民法院　许凯坛

44

转租房屋内空调自燃引发火灾造成财产损害的责任认定

——雷某诉房地产公司等财产损害赔偿案

【案件基本信息】

1. 裁判书字号

山东省济南市中级人民法院（2021）鲁01民终1033号民事判决书

2. 案由：财产损害赔偿纠纷

3. 当事人

原告（被上诉人）：雷某

被告（上诉人）：房地产公司、牛某鑫、李某敏

【基本案情】

2017年11月20日，雷某（出租方、房屋所有权人）与房地产公司（承租方）签署《房屋出租委托合同》，委托租赁期限为2017年11月25日至2020年11月24日，租金标准为3300元/月。合同中记载涉案房屋装修为中等装修，室内设施包含空调三部，交付时空调正常使用。约定合同期内该房屋及其附属设置的维修责任是雷某负责自然损坏的，房地产公司负责人为损坏的。合同落款处牛某鑫在担保人处签名。2019年6月10日，李某敏与房地产公司签订《房屋租赁合同》，约定租住该涉案房屋的客厅，租赁期自2019年6月10日至12月9日，租金标准为1500元/月，合同第八条约定，李某敏入住房屋时应仔细检查室内物品及设施，如需维修应及时通知房地产公司，室内物品自签订合同之日起30日内由房地产公司维修，30日后由李某敏自行维修。房屋交割清单记载交房时李某敏签字确认，对空调已经验收，认为符合交验条件。2019年7月28日早晨，李某敏在

使用空调中发现空调右下角出现微小火苗，未采取断电、灭火措施，而是拿手机拍摄照片后发布在社交平台，亦未拨打119报警，后李某敏离开现场到楼下继续拍摄视频，其间时间长达十几分钟，直至物业发现火灾拨打119报警。火灾致使涉案房屋及室内设施等受损。消防大队出具的火灾事故认定书，认定该涉案房屋发生火灾，火灾造成该户及部分公共区域受损，起火原因是该涉案房屋客厅空调室内挂机内部起火。雷某通过法院委托对涉案损失进行评估鉴定。

雷某起诉至法院，请求：1. 判令房地产公司、李某敏共同赔偿雷某财产损失107526元、租金损失26400元；2. 判令牛某鑫对雷某的财产损失和租金损失承担连带赔偿责任；3. 诉讼费、鉴定费、评估费等由李某敏、房地产公司、牛某鑫共同承担。

【案件焦点】

1. 转租房屋内空调自燃引发火灾造成财产损害的责任主体及如何承担责任的认定；2. 租赁主体违反合同关于维修、安全隐患排查等约定义务，能否作为承担侵权损害赔偿责任的过错因素考量。

【法院裁判要旨】

山东省济南市历下区人民法院经审理认为：涉案租赁合同及转租合同合法有效。本案起火原因系空调内部起火，李某敏在发现空调右下角出现微小火苗时，应及时切断电源，采取相应措施，李某敏未采取任何措施便离开，对损害承担全部赔偿责任。房地产公司作为承租人，对因第三人对租赁物造成损失的，应当承担共同赔偿责任。

山东省济南市历下区人民法院依照《中华人民共和国合同法》第二百一十六条、第二百二十四条的规定，作出如下判决：

一、李某敏、房地产公司于判决生效之日起十日内共同向雷某赔偿损失92526元、评估费8700元；

二、房地产公司于判决生效之日起十日内向雷某支付租金损失26400元；

三、牛某鑫对上述第一项、第二项承担连带清偿责任，于判决生效之日起十日内履行；

四、驳回雷某的其他诉讼请求。

房地产公司、牛某鑫、李某敏不服一审判决，提出上诉。

山东省济南市中级人民法院经审理认为：根据雷某明确的请求权基础，本案系侵权责任之诉。

关于承担责任主体以及如何承担责任问题。首先，雷某作为出租人，对出租房屋及空调等设施的适租性及安全性负责，涉案空调已使用 8 年，曾多次维修，且涉案事故的发生不能完全排除由于空调自身故障或质量等方面的原因造成，综合考虑举证、事故成因及当事人过错等因素，雷某对涉案损害自行承担 50%的责任。其次，房地产公司曾对空调进行过维修，不能证明已妥善尽到维修及排除安全隐患义务，负有过错，应承担 40%的责任。李某敏在发现空调出现火苗后，未及时断电、报警，也未履行及时通知及协助义务，具有过错，应承担 10%的责任。

山东省济南市中级人民法院依照《中华人民共和国合同法》第一百二十二条，《中华人民共和国侵权责任法》第八条、第十二条，《中华人民共和国民事诉讼法》第一百七十条第一款第二项的规定，作出如下判决：

一、维持山东省济南市历下区人民法院判决第二项；

二、改判房地产公司、李某敏分别赔偿雷某财产损失 31490.4 元、11622.6 元。

【法官后语】

本案涉及两个核心问题：其一，违约责任与侵权责任发生竞合情形下，根据当事人明确的请求权基础，确定当事人选择的是违约责任之诉还是侵权责任之诉；其二，转租房屋内空调自燃引发火灾造成财产损害的责任主体及如何承担责任的认定问题。

因当事人一方的违约行为，侵害对方人身、财产权益的，受损害方有权选择依照民法典合同编规定要求其承担违约责任或者依照民法典侵权责任编规定或其他法律规定要求其承担侵权责任。即在违约责任与侵权责任发生竞合的情况下，受损害一方的当事人可以根据自己的利益判断，选择行使请求权。在出现当事人未作出明确选择的情形时，人民法院应当向其释明并要求其予以明确，并以当事人明确的请求权基础作为判断依据。

当事人选择侵权责任之诉，侵权责任主体及如何承担责任的认定应重点考量，分析各租赁主体是否存在可归责于其自身的客观方面的原因及主观方面的过错等因素。同时，租赁主体违反适租、维修、安全隐患排查等法定或约定义务，可作为过错因素考量。

关于出租人的责任认定。出租人的法定义务为：适租义务、维修义务及权利瑕疵担保义务。保证租赁物在租赁期间符合约定的用途，保证租赁物符合安全使用性能，是出租人最起码、最基本的义务，更是适租义务题中应有之义。出租人一般作为租赁物的所有权人对租赁物的安全性能、使用年限、质量状况、是否存在瑕疵或安全隐患及是否维修过等情况最熟悉了解，更具消除安全隐患及控制风险的信息优势及能力。出租人虽可通过租赁合同将维修义务让渡承租人，但在出现紧急维修或承租方、次承租方因维修相互推诿时，出租人应基于安全至上、生命至上的价值考量积极担当作为，及时维修、排除安全隐患及风险，否则应承担相应责任。雷某作为出租人，对出租房屋及空调等设施的适租性及安全性负责，涉案空调已使用8年，曾多次维修，对空调的性能、有无瑕疵及安全隐患等最了解，同时涉案事故的发生不能完全排除由于空调自身故障或质量等方面的原因造成，综合考虑举证、事故成因及当事人过错等因素，雷某对涉案损害自行承担50%的责任。

承租人的法定义务为：适当使用租赁物、不得擅自转租、妥善保管租赁物、不得擅自添附及支付租金等。实务中承租人一般通过房屋内部分割、装修改造后转租，会改变电源控制开关及消防设施等的空间布局，增加安全隐患及风险。作为转租合同中次承租人的合同相对方，实践中一般由承租方来主导维修。承租人房地产公司曾对空调进行过维修，不能证明已妥善尽到维修义务或排除安全隐患。综合考量其过错及原因力大小等因素，房地产公司应承担40%的责任。

次承租人的法定义务除包含上述承租人的义务外，其作为房屋及空调实际使用人，发现安全隐患应及时采取相应措施并基于诚信原则履行及时通知及协助等义务。李某敏作为租客，其作为事故现场第一人，应在力所能及的范围内及时采取相应措施并履行相应义务，根据现场客观条件，其过错较小，对损害承担10%的责任。

编写人：山东省济南市中级人民法院　王立强

45

网络游戏角色及装备作为虚拟财产应受法律保护，其价值应以侵权人非法获利所得价款予以认定

——冯某诉谢某恒财产损害赔偿案

【案件基本信息】

1. 裁判书字号

广西壮族自治区北流市人民法院（2021）桂0981民初3108号民事判决书

2. 案由：财产损害赔偿纠纷

3. 当事人

原告：冯某

被告：谢某恒

【基本案情】

从2017年至2020年9月，被告谢某恒从互联网非法购买大量邮箱账号，通过软件撞库的方式筛选出注册有“梦幻××”的网络游戏账号，通过伪造原告等游戏玩家的个人身份信息，在“梦幻××”游戏官方网站上进行申诉认证，解除游戏账号的保护盾，盗取了包括原告冯某在内的“梦幻××”用户的网络游戏账号。被告谢某恒在盗取他人的游戏账号数据后，又将游戏账号及游戏账号内的游戏装备转移、出卖，非法获利1.3万元。基于上述犯罪事实，2021年4月12日广西兴业县人民法院作出刑事判决书，判决被告谢某恒犯

非法获取计算机信息系统数据罪，判处有期徒刑一年四个月。之后，原告冯某认为其价值 12561 元游戏装备被倒卖，被告未进行经济赔偿遂提起民事诉讼。

另查明，被告谢某恒被判处刑事处罚后，通过原告冯某申请，游戏公司已解除案涉游戏账号的冻结并恢复游戏角色等级，但原告游戏账号内的部分装备商品因被转移销赃而无法恢复。游戏公司提供的游戏账号交易明细中被告谢某恒辨认其通过冯某上述两个游戏账号转移并销赃的游戏商品总交易价格为人民币 3159 元，卖家实际所得人民币为 3001.05 元，被盗时间为 5 月 27 日和 2020 年 6 月 23 日。

【案件焦点】

1. 网络游戏角色及装备能否作为合法财产予以保护；2. 网络游戏角色及装备的价值应如何认定。

【法院裁判要旨】

广西壮族自治区北流市人民法院经审理认为：本案系财产损害赔偿纠纷。公民的合法财产权益受法律保护，根据《中华人民共和国民法总则》第一百二十七条“法律对数据、网络虚拟财产的保护有规定的，依照其规定”的规定，诉争的游戏装备是玩家投入了一定的上网时间、脑力劳动所得，且在游戏中能够为玩家提供使用功能和交换价值，具备财产属性，属于网络虚拟财产，在一定条件下可以转换为现实中的财产，属于原告的合法个人财产，依法应当受到法律保护。被告谢某恒盗取原告冯某的游戏账号并倒卖账号内游戏装备的行为已经生效刑事判决确认，其犯罪行为侵害了原告冯某的合法财产权益，属于侵权行为，被告谢某恒除应承担刑事责任外还应承担相应的民事侵权赔偿责任，因此原告主张被告赔偿相应财产损失，于法有据，本院依法应予支持。庭审中，原告主张按照公安机关在刑事犯罪侦查阶段中由游戏运营商游戏公司提供的被告谢某恒从冯某被盗的两个游戏账号中出卖的游戏商品总价值进行赔偿损失，本院认为侵害他人财产的，财产损失应按照损失发生时的市场价格计算，该证据系游戏运营商提供，能客观证实被告实施的侵权行为对原告造成的损害事实，也能证明本案被盗商品的价值及被告犯罪获利的实际情况，该份证据亦有被告签名按捺承认为其犯罪所得，原告主张该份证据作为认定本案原告财产损失数额的依据本院予以认可。因此，关于原告被盗游戏商品虚拟财产价值的认定，并不以评估鉴定为必要条件，应直接以被告出售原告失窃商品的销售价格为准进行认定，故被告应赔偿原告的财产损失为其销售价格合计3159元。被告辩称虽认可上述辨认笔录和游戏运营公司提交的交易流水，但该份证据中从原告账号售出的部分商品属于原告自有，部分是其从他人账号中转移到原告账号后再进行售卖，因此不予认可原告的损失为3159元，但当事人对自己的主张有责任提供证据予以证实，被告未能提供相应的证据予以反驳上述证据支持其主张，故本院对被告的抗辩不予采信。

广西壮族自治区北流市人民法院依照《最高人民法院关于适用〈中华人民共和国民法典〉时间效力的若干规定》第一条，《中华人民共和国民法总则》第一百二十七条，《中华人民共和国侵权责任法》第三条、第四条、第十九条、第三十六条和《中华人民共和国民事诉讼法》第六十四条的规定，作出如下判决：

被告谢某恒赔偿原告冯某经济损失3159元。

判决后，双方当事人均未上诉，本判决现已生效。

【法官后语】

本案中，被告谢某恒偷盗“梦幻××”网络游戏玩家的账号并对账号内的游戏角色及装备进行倒卖，经游戏公司向公安机关举报后被人民法院以非法侵入计算机信息系统数据罪追究刑事责任，但被侵害民事权利的原告并未获得民事赔偿遂提起本案民事诉讼。本案的争议焦点为网络游戏角色装备能否作为合法财产得到保护及被盗的网络游戏角色及装备价值应如何确定的问题。

随着互联网的应用和发展，网络游戏也成为娱乐的方式之一。网络游戏角色及装备也日益成为民事主体渴望保护的财产权益。网络游戏装备是虚拟的，存在于虚拟的网络空间，有别于传统的实体财产，但其取得也如传统财产一般需要付出一定的劳动时间，在一定的网络游戏平台及网络游戏用户间具备一定的交换流通价值，即具有一定的财产价值属性，在一定的条件下可以转换为现实中的财产，因此网络游戏装备是网络虚拟财产，应给予法律保护。《中华人民共和国民法典》第一百二十七条吸收了《中华人民共和国民法总则》第一百二十条，对数据、网络虚拟财产的保护作了原则性规定。因此，关于第一个争议焦点，被告谢某恒虽因该行为被判处了刑事处罚，但冯某基于合法的财产权受侵害仍可以依据上述法律规定要求被告赔偿其财产损失。

第二个争议焦点，关于索赔数额应如何确定，即被盗的游戏装备应如何确定价值的问题。本案中，被告谢某恒通过线上和线下交易两种方式转卖其所盗的游戏装备，由于游戏网站关于游戏玩家之间转让装备、角色等并未规定具体的定价标准，玩家之间可能存在线上低价，线下高价，导致游戏网站平台的交易记录并不是其真实获利的情形，且即使在交易价格真实的情况下，游戏角色、装备也会因该装备或角色的稀缺性而产生价格波动，因此如何确定虚拟游戏财产的价值成为审理难点，本案判决的赔偿数额系以公安机关侦查中，游戏公司提供的网站交易记录及交易所得价款作为判决依据，最后权利人冯某改变了诉求，要求按谢某恒在刑事案件中的认罪数额赔偿其损失，法院据此进行判决。

编写人：广西壮族自治区北流市人民法院　黄谟君

46

消费者知情权的法律边界

——赵某诉甲销售服务公司等侵权责任案

【案件基本信息】

1. 裁判书字号

北京市第三中级人民法院（2021）京03民终18387号民事判决书

2. 案由：侵权责任纠纷

3. 当事人

原告（上诉人）：赵某

被告（被上诉人）：甲销售服务公司、乙销售服务公司、丙汽车销售公司

【基本案情】

2011年5月1日，甲销售服务公司作为销售方与赵某作为买受方，签订了《车辆销售合同》，约定赵某购买案涉车辆。合同约定，双方对车辆质量认定有争议的，进口车以中国进出口商品检验检疫局出具的进口机动车随车检验单为准。在交付车辆时，应一并提供《保修手册》《车主手册》、随车工具及《新车交车单》。保修期：车辆可在注册之日起保修贰年。车辆退换：在保修期间，如由于车辆质量问题，买受方提出退换车辆的要求，则需提交经丙汽车销售公司授权检测中心检测报告，如检测中心出具检测报告证明车辆质量有缺陷，已不具备再维修可能，车辆行驶里程数按相关标准折算价格后，销售方可予退换；但通过更换零部件后可正常使用的，买受方可通过销售方向丙汽车销售公司进行零部件索赔，由销售方对车辆受损零部件进行更换。

2016年3月11日，案涉车辆在乙销售服务公司进行维修，《准施工单》客户需求一栏填写：发动机故障报警，点火有时点不着，电池显示故障。服务顾问检查发现一栏填写：启动时抖动几下后不着，点火多次，偶尔能着车，显示电池故障。发动机故障灯报警。维修建议一栏填写：服务措施0893032《索赔账单》记载：1. 02-9120-01，检查功率……2. 02-8931-01，更换功率电子装置，包括断开高压系统并连接电池充电器；3. 54-1153-01，更换高压蓄电池；4. 83-1762-01，抽出制冷剂、检查密封性、重新加注，所有恒温控制系统；5. 逆变器；6. 外壳盖；7. 002255锂离子蓄电池。前述《准施工单》后附《施工协议细则及条款》，载明服务费、结算和提车、三包注意事项等内容。《机动车小修竣工出厂合格证》，载明：维修项目详见施工单，更换配件详见料单。机动车维修质量保证期：汽车一级维护、小修及专项修理质量保证期为车辆行驶2000公里或10日。

2020年9月6日，案涉车辆再次在乙销售服务公司维修，《准施工单》记

载：里程 110785 公里。售后顾问发现一栏填写：维修。服务备注一栏填写：变速箱底壳漏油，右前减震器损坏。服务项目一栏记载：夏季检查，检查行驶中灭车，空调不凉。《索赔账单》记载：整流器、外壳盖、更换整流器、发动机支架、六角头螺栓合计费用 40587.16 元。前述《准施工单》后附《施工协议细则及条款》，载明服务费、结算和提车、三包注意事项等内容。

后赵某主张乙销售服务公司在检测维修过程中提出更换逆变器及高压蓄电池的维修方案，开始表示维修更换费用在 40 万元左右，后经协商，又改称车辆在厂家“服务措施 0893032”范围内，可享受免费服务。车辆维修完毕后，乙销售服务公司将替换下的故障零部件全部收回，当赵某要求提供此项维修服务措施的细节时，乙销售服务公司以本次维修系厂家制定属于内部文件为由拒绝告知。赵某委托律师发送律师函要求公开故障原因、售后服务细则以及免费维修原因，但始终未得到答复。经过第一次维修后，车辆在低速行驶过程中仍出现多次熄火，直至 2020 年 9 月 6 日，车辆在正常行驶过程中再一次熄火，而且空调不凉，差一点造成严重交通事故，赵某遂再次来到乙销售服务公司处检测维修。经检测发现，2011 年至今相关车型普遍存在低速行驶过程中熄火无法启动等问题。赵某认为其作为消费者享有知悉其购买、使用商品真实情况的权利，为维护其合法权益，故将上述主体起诉至一审法院，要求：1. 判令乙销售服务公司告知 2016 年 3 月 1 日案涉车辆产生故障的具体原因、售后服务细则和享受免费维修的原因，2020 年 9 月 6 日案涉车辆产生故障的具体原因；2. 判令甲销售服务公司、丙汽车销售公司告知赵某所购车辆的相关技术标准以及说明（具体包括逆变器、高压蓄电池、功率电子装置、整流器的性能、使用年限等技术参数）；3. 判令丙汽车销售公司公布涉案型号车辆自出厂之日起至今所有故障原因统计数据以及维修统计数据；4. 判令丙汽车销售公司在其官方网站、微博以及人民法院报上对涉案型号车型普遍出现的问题及原因公开告知消费者，告知内容需要经过法院审核；5. 诉讼费由甲销售服务公司、乙销售服务公司、丙汽车销售公司共同承担。

经询一，赵某主张其手中有车辆使用说明书和保养手册，但不确定是否从甲销售服务公司处获得。

经询二，甲销售服务公司主张案涉车辆有两年质保期。赵某主张质保期内未向甲销售服务公司提出更换部件申请。

经询三，赵某表示，目前案涉车辆仍继续使用，但仍存在低速行驶熄火的问题，十分钟至半小时可以启动。目前没有去维修，如果长时间无法启动会维修。

经询四，关于2016年3月案涉车辆修理善意保修原因，乙销售服务公司表示由丙汽车销售公司作出决定。丙汽车销售公司表示通常会考虑车辆在被授权经销商做保养、车辆购买时间等因素决定是否可以善意保修。赵某对二公司相关意见不予认可。

经询五，关于2016年3月案涉车辆修理时“0893032服务措施”的含义，乙销售服务公司表示，其系针对客户口述车辆状况开具工单检查项目，不同项目针对不同的编号。前台人工填写工单，录入编号，后台通过编号维修。赵某对乙销售服务公司前述意见不予认可。

经询六，丙汽车销售公司表示其为案涉车辆的进口商。

【案件焦点】

赵某诉请提供的相应信息是否属于消费者法定知情权的范畴，即相应主体未提供赵某诉请主张的信息是否侵犯了赵某作为消费者的法定知情权。

【法院裁判要旨】

北京市朝阳区人民法院经审理认为：（一）赵某诉请乙销售服务公司提供案涉车辆产生故障具体原因、售后服务细则和享受免费维修原因等信息。根据在案《准施工单》《施工协议细则及条款》《索赔账单》等载明的信息内容，可认定乙销售服务公司作为车辆维修方已向赵某提供了服务内容、规格、费用及售后服务等相关信息，且赵某在合理时间内未就此向乙销售服务公司提出异议。赵某要求提供车辆故障的具体原因，对于故障成因分析，涉及部件自身问题、信息代码故障、客户使用不当、特殊用车环境以及交通事故等多方面因素，维修方通常不具有辨别、判断能力。赵某要求提供售后服务细则，《机动车小修竣工出厂合格证》对维修质量保证期作出说明。赵某要求提供善意保修原因，因善意保修决定由丙汽车销售公司作出，乙销售服务公司并不掌握该相关信息。丙汽车销售公司给予相应解释之后，赵某仍不予认可，但未能提供反驳依据。赵某要求提供“0893032 服务措施”内容，乙销售服务公司已经给予合理解释，赵某虽不予认可，但未能提供充分反驳证据。

（二）赵某诉请甲销售服务公司、丙汽车销售公司提供案涉车辆相关技术标准以及说明（具体包括逆变器、高压蓄电池、功率电子装置、整流器的性能、使用年限等技术参数）。首先，赵某已获得车辆使用说明书和保养手册，前述文件通常能够提供消费者使用车辆所需的一般信息；其次，现无证据证明赵某购车时存在前述信息需求，或甲销售服务公司、丙汽车销售公司不提供前述信息足以影响赵某购买案涉车辆的消费决策。另外，赵某购买、使用车辆已近十年，未举证证明不具备前述信息对其正常使用案涉车辆构成客观、无法克服之障碍。赵某主张的前述信息并不属于法定知情权所涵盖的内容范畴。

（三）赵某诉请丙汽车销售公司提供涉诉同型号车辆自出厂之日起至今所有故障原因统计数据以及维修统计数据。本案中，赵某诉请实质是认为案涉车辆存在质量、设计缺陷并主要针对可能存在的缺陷内容主张知情权，而非依据承担侵权责任的法定方式要求相关主体予以赔偿。在案涉车辆未被认定构成缺陷和召回之前，赵某前述信息主张尚无法律和事实依据。

北京市朝阳区人民法院依照《中华人民共和国民事诉讼法》第六十四条之规定，作出如下判决：

驳回赵某的全部诉讼请求。

赵某不服一审判决，提起上诉。

北京市第三中级人民法院经审理认为：同意一审法院的裁判理由，此外，赵某在本案中主张相应主体侵犯其作为消费者的知情权，该主张成立的前提为诉争汽车产品存在被认定构成产品缺陷或应予以召回的事实，而非通过请求法院支持其诉请的形式来证明该事实存在。在本案现有证据不足以证明诉争汽车产品被认定构成产品缺陷或应予以召回的情形下，赵某相应主张缺乏充分依据。

北京市第三中级人民法院依照《中华人民共和国民事诉讼法》第一百七十条第一款第一项的规定，作出如下判决：

驳回上诉，维持原判。

【法官后语】

本案是关于消费者知情权保护边界问题的典型案例。根据《中华人民共和国消费者权益保护法》第八条的规定："消费者享有知悉其购买、使用的商品或者接受的服务的真实情况的权利。消费者有权根据商品或者服务的不同情况，要求经营者提供商品的价格、产地、生产者、用途、性能、规格、等级、主要成份、生产日期、有效期限、检验合格证明、使用方法说明书、售后服务，或者服务的内容、规格、费用等有关情况。"故消费者购买相应商品或服务依法享有知情权，该知情权并不以消费者与商家的合同约定为前提条件。

法律规定消费者知情权的本意在于消除交易中的信息不对称现象，从而使消费者在知悉商品或服务的真实情况的基础上自由地、在不受"误导"的情形下作出消费选择。但消费者的知情权并不意味着商家应向消费者提供所有信息。根据前述法律规定的本意，消费者知情权的保护与消费者的自由选择权息息相关，即商家未向消费者提供相关信息影响了消费者在决定是否选择及购买商品或服务时的判断。具体到本案中，赵某所主张的案涉车辆相关技术标准以及说明等诉讼指向内容，超出了一般消费者购买使用车辆过程中必须掌握和了解的基础信息范畴，结合法律规定、交易管理、生活常理，现有证据并不足以表明商家未提供相应信息足以影响其作出购买案涉车辆的消费决策。

赵某作为消费者，可以在购买商品之初要求商家提供细节化、更进一步的信息，在商家拒绝提供时，其有权拒绝购买相应商品或服务，但并不宜因此将相应信息内容扩大定义为消费者法定知情权所涵盖的范畴。消费者基于其知情权受侵害提起的侵权行为之诉，系针对其合法权益受到侵害的情况要求相关主体予以赔偿，而赵某本案诉请内容的实质则在于认为诉争汽车产品可能存在缺陷或质量问题，并通过提起本案之诉获得相关信息。据此，法院经审查认定赵某所诉争指向相关信息内容并不属于消费者知情权的法定范畴。

应当予以指出的是，本案虽经审理后判决驳回了赵某的诉讼请求，但并不意味着赵某作为消费者的合法权益得不到保护。《缺陷汽车产品召回管理条例》第六条第一款明确规定："任何单位和个人有权向产品质量监督部门投诉汽车产品可能存在的缺陷，国务院产品质量监督部门应当以便于公众知晓的方式向社会公布受理投诉的电话、电子邮箱和通信地址。"如赵某认为其购买的案涉车辆车型存在质量问题，其有权依照相应途径向相关部门进行投诉，经核实相关产品确实构成缺陷，那么生产者在此情形下应予以全部召回。故本案处理并未排除赵某作为消费者依法享有的合法权益。

编写人：北京市第三中级人民法院　石煜

47

当事人认知能力应作为确定责任主体和责任比例的考量因素

——沈某等诉设备公司等侵权责任案

【案件基本信息】

1. 裁判书字号

江苏省南通市中级人民法院（2022）苏06民终915号民事判决书

2. 案由：侵权责任纠纷

3. 当事人

原告（上诉人）：沈某、王某某、沈某某、饶某侠、王某田

被告（上诉人）：设备公司

被告（被上诉人）：潘某玲、胡某年、肖某

【基本案情】

沈某与王某（已故）系夫妻关系，生育一子王某某（未成年），一女沈某某（未成年），王某田、饶某侠系王某父母。潘某玲、胡某年系涉案房屋的业主。

2018年4月30日，潘某玲、胡某年与设备公司签订了《家用中央空调销售及安装合同》。合同约定了设备公司负有空调安装、调试、验收、维修等义务。2018年6月，设备公司将空调安装项目发包给肖某，肖某又将空调内机及管道安装发包给王某。

2019年7月17日，因空调出风口漏水，潘某玲打电话给设备公司实际负责人，未能接通，便直接打电话给肖某。肖某安排王某到潘某玲家检查，王某在未拉下电源总闸的情况下查看空调外机时，触电身亡。

2019年7月20日，派出所、应急管理局和事故调查专家对事故现场进行了勘查，记录如下：开关箱从左往右排列第九个开关为空调外机开关，与空调外机并联引入电源的第八个开关工作零线进线侧螺丝松动。

2019年8月24日，技术公司受应急管理局委托，对案涉空调U4-01故障进行调查。经检测，1803室开关箱火线零线之间为0V、火线与地线之间为220V、零线与地线之间为220V，室外供电方式不正确，导致室外机无法正常工作，从而使室内机线控器出现U4-01故障。

肖某、王某均无电工作业证。肖某承接空调安装任务后，部分由王某完成。双方之间按照安装空调的数量、型号结算价款。王某在承接肖某安装任务的同时，还承接其他人员的空调安装任务。

【案件焦点】

1. 潘某玲、胡某年是否存在过错；2. 设备公司是否应当承担赔偿责任。

【法院裁判要旨】

江苏省南通市崇川区人民法院经审理认为：潘某玲、胡某年在购买空调时选择了专业的空调销售、安装公司，在空调出现故障时联系原来的安装人员，已经尽到了普通人在日常生活中能够尽到的注意义务，不存在过错。虽然房屋内供电箱内线路松动，但电路是否存在故障，普通人难以判断，没有证据证明潘某玲、胡某年对此存在过错，线路松动与王某触电身亡之间的因果关系亦无证据证明。原告还主张装漏电保护装置未发挥作用是王某触电身亡的原因之一，但未能提供证据证明，法律也未规定家庭住宅必须安装漏电保护装置，故不能以此认定潘某玲、胡某年存在过错。故本起事故中，潘某玲、胡某年对王某触电身亡没有过错。

设备公司对空调负有保修义务。空调发生故障后，潘某玲首先是与设备公司的负责人联系，在联系无果的情况下，才直接联系安装人员肖某。潘某玲在安装空调时并不清楚肖某与设备公司之间存在何种法律关系，肖某也是以设备公司的名义安装空调，潘某玲直接联系肖某以及肖某委托王某履行维修义务的一系列行为，表明了潘某玲主观上是要求设备公司履行保修义务，客观上也有理由相信肖某能够代表设备公司，故肖某或者其委派的人对空调进行维修的行为应当视为设备公司履行保修义务的行为。设备公司将空调安装发包给不具备安全生产条件的肖某，依法应当与肖某承担连带责任。

王某与肖某之间系承揽关系，肖某在选任作业人员时安全培训、安全管理不到位，对事故的发生负有责任。考虑到王某自身存在重大过错，应当减轻侵权人的责任，法院酌情确定肖某、设备公司连带承担40%的赔偿责任。

江苏省南通市崇川区人民法院依照《中华人民共和国侵权责任法》第六条、第十二条、第十六条、第二十二条、第二十六条，《中华人民共和国安全生产法》第一百零三条，《最高人民法院关于审理人身损害赔偿案件适用法律若干问题的解释》第十条，《最高人民法院关于适用〈中华人民共和国民法典〉时间效力的若干规定》第一条的规定，作出如下判决：

一、被告肖某、设备公司于本判决生效后十日内一次性连带赔偿原告沈某、王某某、沈某某、饶某侠、王某田389706元；

二、驳回原告沈某、王某某、沈某某、饶某侠、王某田的其他诉讼请求。

原告及设备公司不服一审判决，提起上诉。

江苏省南通市中级人民法院依照《中华人民共和国民事诉讼法》第一百七

十七条第一款第一项的规定，作出如下判决：

驳回上诉，维持原判。

【法官后语】

在安装、维修空调等大型家用电器的过程中发生触电，导致伤亡的事故发生后，如何确定各方责任成为法院审理此类案件的重点和难点。此时，应当依据公平原则，在对普通人的认知能力进行正确考量的基础上，合理确定各方的权利和义务。

首先，确定责任主体需要充分考虑普通消费者的认知能力。在家用电器安装、维修事项上，销售公司将项目发包给大承包商，大承包商再将具体项目分包给小承包商或个人是市场主体经常采用的商业模式。但普通消费者对这种商业模式往往缺乏了解，对各主体之间的法律关系和法律责任也缺乏认识。普通消费者一般将现场安装人员或其他直接联系的人员视为所购产品销售公司的工作人员，给予信任并添加联系方式。当因产品故障等原因需要再次联系销售公司解决问题时，却又联系不上或者存在不方便时，消费者往往会直接联系原来与之沟通的人员。尽管普通消费者再次联系的人员未必是销售公司的工作人员，但普通消费者主观上联系的是销售公司，客观上也有理由相信其联系的人员就是销售公司的工作人员，其行为符合常理。此种情形下，若发生事故，应当充分考虑普通消费者的认知能力，不能以销售公司不知情，或者消费者联系的人员不是销售公司的正式员工为由将销售公司排除在可能的责任主体之外。至于销售公司是否应该承担责任、应该承担何种责任以及承担多大责任，再根据具体的案情和相关法律规定作进一步判定。

如本案中，潘某玲在联系不上设备公司负责人的情况下联系肖某，肖某又安排王某对空调进行检修的行为，应当视为设备公司履行保修义务的行为，即使设备公司确实不知情，也应将其列为可能的案涉责任主体。至于设备公司的具体责任，鉴于其将空调安装项目发包给不具备安全生产条件的肖某，对王某的死亡，其应当与肖某承担连带赔偿责任。

其次，判断业主是否尽到安全保障义务需要充分考虑普通人的认知能力。

第一，应当考虑其是否存在导致事故发生的在先过错行为。比如，是否存在违规铺设线路、改装设备等，是否选择了专业的销售、安装公司或人员等。第二，应当考虑其是否已经尽到了普通人应尽的安全注意义务。因电力技术专业程度高、危险程度大，作为普通人的业主不易透彻理解，不易发现故障，更不宜自行检修，故不应过于苛求业主的管理责任。若因电力故障导致人员伤亡，在基于普通人认知能力考量下业主已经尽到注意义务时，则应当认定业主无过错，不承担责任。

比如，本案涉及的开关工作零线进线侧螺丝松动问题。该问题是否存在、空调控制面板显示故障代码是否是因为该问题、该问题是否会导致人员意外触电身亡，均不是作为普通人的业主能够认识和判断的，不应以此为由，苛加业主的管理责任。

又如，本案涉及的末端保护 RCD（剩余电流动作保护装置）是否发生作用的问题。是否应当安装末端保护 RCD、是否已经安装末端保护 RCD 以及末端保护 RCD 是否能够发生作用均超出了作为普通人的业主的认知能力。况且，《中华人民共和国电力法》《供电营业规则》并没有明确规定住宅应当安装末端保护 RCD，而 GB/T 13955—2017《剩余电流动作保护装置安装和运行》是国家推荐的标准，并非强制标准，该标准第四条中亦没有关于住宅应当安装末端保护 RCD 的规定，故不应以此来苛求业主担责。

需要注意的是，事故发生时，若业主在现场，其负有及时采取救助措施的义务，若因救助不及时导致伤亡或者损失的扩大，业主应当承担相应的责任。

编写人：江苏省南通市崇川区人民法院　刘鹏飞

48

保护个人信息应当平衡信息提供者利益、数据平台使用者利益和公共利益

——胡某某诉商务公司侵权责任案

【案件基本信息】

1. 裁判书字号

浙江省绍兴市中级人民法院（2021）浙06民终3129号民事判决书

2. 案由：侵权责任纠纷

3. 当事人

原告（被上诉人）：胡某某

被告（上诉人）：商务公司

【基本案情】

2020年7月18日，胡某某在商务公司运营的旅行App① 中预订了当天酒店豪华湖景大床房一间，订单金额为2889元，并于当天8点42分付款完成。2020年7月18日8点53分，酒店对外电话接到自称王先生的人来电，以胡某某名义直接向酒店预订，房款1377.63元通过微信支付，且注明房价保密。2020年7月19日退房时，胡某某要求酒店开具发票，发现酒店房价为1377.63元，胡某某遂当即电话向商务公司客服反映，要求按此价格退差价，但商务公司仅愿按其核实的当天房价1621元退差价，并实际向胡某某退款1268元，胡某某对此不满意，认为商务公司构成欺诈，并主张其承担“退一赔三”的责任。

① App，Application的简称，多指智能手机的第三方应用程序。下文不再对此进行提示。

同时查明，案涉订单系案外人帅某提前三日以王先生名义先行预订，但未付费。帅某发现旅行App上案涉房型房源中商务公司直采房型已销售完毕后，其通过信息技术公司在旅行App代理商后台系统输入案涉房间价格2600元，该价格在附加商务公司收取的10%服务费等费用后，展示在旅行App平台上为2889元。等胡某某通过该App下单并付款后，帅某联系案涉酒店更换入住房客为胡某某，并支付费用。该App向胡某某手机发送信息，除告知订单确认号、金额、服务电话等内容外，还有“特别提示：此单通过代理商预订，请直接报胡某某办理入住”字样。商务公司按照代理商确定的2600元收取10%的费用。

另根据商务公司自行公布的2020年第四季度及全年财务业绩载明该公司连续3年居全球在线旅游行业第一。截至一审判决作出之日，如新下载旅行App，页面直接跳出《服务协议》《隐私政策》的温馨提示，并仅有两个选择：“同意并继续”“不同意并退出”。用户必须点击同意《服务协议》《隐私政策》方能使用该App，如不同意，将直接退出该App。该旅行App的《服务协议》《隐私政策》含有对用户个人信息采集和使用条款，要求用户允许公司进行数据分析及商业利用。胡某某认为商务公司对其构成“大数据杀熟”，要求商务公司在其开发的旅行App增加选项，使客户不同意其《服务协议》和《隐私条款》时，仍能使用该App。

【案件焦点】

1. 胡某某能否以通过旅行App预订酒店的房价远高于门市价为由，主张商务公司构成欺诈；2. 胡某某要求在旅行App上增加不同意其《服务协议》《隐私政策》也可使用App的选项之主张能否得到支持。

【法院裁判要旨】

浙江省绍兴市柯桥区人民法院经审理认为：商务公司违反中介人的如实报告义务，未向胡某某如实报告酒店方给出的房价信息，反而向胡某某展示了一个高出酒店方实际房价100%以上的价格，致使胡某某产生错误认知，且作为旅行App网络服务提供者，对于信息技术公司提供的房源价格畸高的情形显然属于知道或应当知道，但未采取必要措施避免用户预订失实价格的房源，放任其平台用户遭受相应损失，应承担责任。商务公司在为胡某某提供订房服务及处理胡某某投诉过程中，存在虚假宣传、价格欺诈和欺骗行为，应当按消费金额三倍进行赔偿。此外旅行App的《服务协议》和《隐私政策》以拒绝提供服务形成对用户的强制，迫使用户许可其采集和使用非必要信息，同时强制用户特别授权商务公司及其关联公司、业务合作伙伴共享用户相关信息，进行数据分析和进一步商业利用，属于非必要信息的采集和使用，有违处理个人信息，应遵循合法、正当、必要原则。考虑到商务公司已有的市场强势地位，如要求用户弃用旅行App，自主选择其他平台，表面上尊重了用户自主选择商品或服务的权利，实质上使用户面临可预期的收益降低、经济损失增加、生活便利度降低的风险，本质上损害用户利益，导致消费者福利减损，使无过错的用户为平台不具正当性的二选一行为埋单。故审视市场结构和力量，对胡某某要求旅行App中增加选项使其不同意现有的《服务协议》和《隐私政策》仍可继续接受服务的请求，予以准许。

浙江省绍兴市柯桥区人民法院依照《最高人民法院关于适用〈中华人民共和国民法典〉时间效力的若干规定》第二条，《中华人民共和国民法典》第九百九十条、第九百九十五条、第一千零三十四条、第一千零三十五条、第一千零三十七条、第一千一百九十七条，《中华人民共和国消费者权益保护法》第五十五条，《中华人民共和国民事诉讼法》第一百四十四条之规定，作出如下判决：

一、商务公司于判决生效之日起十日内退还胡某某订房差价243.37元并按差额房费的三倍支付赔偿金4534.11元；

二、商务公司限于判决生效之日起三十日内在其运营的旅行App中为胡某某增加不同意其现有《服务协议》和《隐私政策》仍可继续使用的选项，或者在判决生效之日起三十日内为胡某某修订旅行App的《服务协议》和《隐私政策》，去除对用户非必要信息采集和使用的相关内容（修订版本需提交该院审定同意)；

三、驳回胡某某的其他诉讼请求。

商务公司不服一审判决，提起上诉。

浙江省绍兴市中级人民法院经审理认为：第一，胡某某的合同相对方是商务公司，商务公司主张案涉订单相对方系平台内经营者信息技术公司，其仅是平台经营者，不能成立。平台经营者既有自营业务又有他营业务，商务公司未以显著方式区分标记自营业务和他营业务，在旅行 App 预订酒店时，由平台内经营者提供的房源信息旁仅有“代理”两个小字，难以认定该“代理”二字能直接、准确、清晰地指向“第三方代理”“他营”“非自营”，商务公司亦未在其 App 上公示平台内经营者信息，足以误导消费者相信其为合同相对方的，应当承担经营者责任。第二，商务公司构成欺诈。商务公司未尽告知义务，使胡某某陷入了对交易对象错误的认识，并因商务公司一直营造的价格优惠的品牌形象，继而形成 2889 元价格应当是低于或者至少是不高于酒店正常对外销售价格的错误认知，导致胡某某做出不真实的意思表示，构成欺诈。商务公司作为旅行 App 网络服务提供者，有义务、有能力、有必要对平台内经营者利用其平台发布高溢价房源信息、赚取高额利润的不当行为进行监管，但怠于履行平台主体责任，未采取相应规制措施导致酒店高溢价销售，以致胡某某遭受损失，对此具有明显的可责性。且欺诈行为人是否获利并非欺诈行为构成要件，亦非免责事由。商务公司系电子商务经营者，不能仅以个别交易中直接收取的费用来衡量其获益情况。第三，本案中商务公司存在不当处理胡某某个人信息的行为。商务公司“强制且不指明具体内容”的信息收集方式不当；商务公司对个人信息的收集超出了最小范围之限；商务公司对个人信息的使用未采取对个人权益影响最小的方式。虽本案未认定商务公司存在“大数据杀熟”，但不影响商务公司存在侵害消费者个人信息行为的认定。本案中体现出商务公司内部管理的失范，更加重了消费者的不信任。商务公司作为一家在行业内占据优势地位，并在国内享有广泛知名度的数据企业，理应负有更高的社会责任和使命，应聚焦为何消费者会认为其存在“大数据杀熟”以及如何改进和提升自身的服务以消除消费者疑虑，为更好提升消费者对网络服务平台经营者的信任感而有所担当和作为。第四，对胡某某要求商务公司对其 App 增加选项的诉请不宜支持。民事责任的承担方式应与侵权行为相适应。胡某某要求商务公司增加 App 选项或修改内容即属于停止侵害的责任形式，目的在于制止或预防侵权行为的发生，商务公司的信息收集和使用虽有不当，但并未肆意披露和以极端方式加以侵害。商务公司的行为虽有过错，但对其行为给予否定性评价并要求其承担惩罚性赔偿已达到胡某某使用旅行 App 的预期效果和合同订立的初衷。另依法严格保护个人信息应当平衡信息提供者利益、数据平台使用者利益和公共利益。必须坚持促进发展与保护权利相统一，在发展利益和个人利益之间寻找最佳平衡点。本案中如允许消费者不提供任何个人信息，仍可使用旅行 App 要求商务公司提供服务，系对商务公司的过分苛责。平台经营者会因此丧失支撑起经营模式的基础资源，也无法通过合理的数据处理更好地保障消费者利益，如此既不利于数字经济的长远发展，也会损害消费者权益。

浙江省绍兴市中级人民法院依照《最高人民法院关于适用〈中华人民共和国民法典〉时间效力的若干规定》第一条，《中华人民共和国民法总则》第一百一十一条，《中华人民共和国电子商务法》第九条、第十四条、第十五条、第二十三条、第三十七条，《中华人民共和国网络安全法》第四十一条，《中华人民共和国消费者权益保护法》第八条、第二十条第一款和第二款、第二十九条、第五十五条第一款，《中华人民共和国民事诉讼法》第一百七十条第一款第二项之规定，作出如下判决：

一、维持浙江省绍兴市柯桥区人民法院民事判决第一项，即商务公司于判决生效之日起十日内退还胡某某订房差价 243.37 元并按差额房费的三倍支付赔偿金 4534.11 元；

二、撤销浙江省绍兴市柯桥区人民法院民事判决第二项、第三项；

三、驳回胡某某的其他诉讼请求。

【法官后语】

本案是“大数据杀熟”、App“不全面授权就不给用”等个人信息权益保护的典型案例，为寻求个人信息保护和数据经济发展之间的平衡、规范电子平台经营者行为提供了一个重要的分析样本。

一、商务公司作为平台经营者承担欺诈责任的认定

本案中，旅行App上存在第三方代理商预先零费用囤房、择机翻倍加价的“倒房”行为，但商务公司在有义务、有能力、有必要对该不当行为进行监管的情况下，怠于履行平台主体责任，未进行有效监管具有过错，且未依法以显著标识将自营业务与他营业务予以区分，致使消费者陷入了对交易对象的认知错误，继而又基于对商务公司的充分信赖而陷入了对交易价格优惠的认知错误，商务公司应承担欺诈的惩罚性赔偿责任。

二、对于本案中涉嫌“大数据杀熟”的分析

在个案中，要论证平台经营者是否存在“大数据杀熟”具有一定的困难，但就本案而言，“大数据杀熟”的确证与否与本案商务公司的责任认定无关。本案中透过“大数据杀熟”的疑虑，更应强调的是平台经营者应履行的社会责任。电子商务平台的经营者，因平台内数据的传递高度依赖其提供的存储介质和传输通道，故其对电子商务平台和平台内的电子商务交易活动具有高度的支配力，如其可以关闭数据传输通道或者设置访问权限，使数据发出者无法发送数据或者令数据接受者无法接收信息；其可以对存储在其所控制的物理介质之上的数据进行删除、更正、补充，从根本上改变数据的内容，亦可在平台内预先设置一系列算法程序，相关算法程序会根据相关技术参数自动作出判断，生成相关数据并将其通过数据通道予以传输。具体到本案中而言，商务公司掌握有案涉订单的所有数据信息，其可对第三方代理商报价的任何数据进行监管，可令第三方公司无法发布过高价格的数据，可根据胡某某的交易习惯对其进行精准化推送，亦可将储存在平台上的订单数据进行修改或删除，故胡某某作为一名普通消费者在面对商务公司掌控平台内所有数据且事先亦告知要进行数据画像等商业利用的情况下，当得知支付了不合理高价订单时，对商务公司产生“大数据杀熟”的疑虑合乎常理。商务公司作为一家在行业内占据优势地位，并在国内享有广泛知名度的企业，其理当应有更高的社会责任和使命，故本案

例不应聚焦在平台经营者有无“大数据杀熟”的司法认定上，而应进一步着力于探究为何消费者会认为存在“大数据杀熟”，以及如何消除消费者对“大数据杀熟”的疑虑。商务公司作为在旅行App上具有高度支配力的平台经营者，其在追求自身利益最大化的同时诚当兼顾广大消费者的合理需求，对其掌握的数据进行合理利用，对第三方代理商在平台发布的相关数据进行有效监管，并制定公平合理的交易规则以约束平台内经营者与交易相对人，此既是电子平台经营者的权利和义务，也是其积极履行企业社会责任，提高企业社会认同度的应有之义。

三、平台经营者在使用个人信息时，应恪守合法性、正当性、必要性原则

个人信息包括特定自然人个人身份的任何生物性、物理性资料，包括自然人的身份、家庭、职业和社会交往、网络交易数据等物理性数据，还包括人体基因组成、生物学遗传密码等信息，并可通过进一步分析来判断个人的性格，喜好等。因此，本案中旅行App出现的“强制且不指明具体内容”的信息收集方式不符合信息收集原则。信息作为一种特殊的资料，个人一经让渡，即难以再行掌控，对后期加工行为甚至可能完全不知情。因此，平台经营者虽然通过消费者以“知情+同意”的方式，取得了处理其个人信息的资格，但平台经营者的处理行为应当恪守合法性、正当性、必要性原则。平台经营者处理个人信息的活动，不可避免会对个人权益造成影响。在确保个人信息处理主要、核心目的实现的情况下，在将信息加工提炼为数据以及在信息数据使用过程中，要以对个人信息影响最小的方式为之，要以个人信息让渡时个人的真实初衷和意愿为之，确保信息数据依法合理有效利用，营造风清气正的网络空间，推动数字经济持续健康发展。平台经营者未尽前述注意义务，符合侵权行为构成要件的，应承担侵权责任。

四、民事责任的承担方式的选择

民事责任的承担方式应与侵权行为相适应，个人权益的保护亦应考虑他人利益和公共利益，司法裁判应寻求各方利益的最佳平衡点，实现个人权益保护和社会经济发展相统一。《中华人民共和国民法总则》第一百七十九条规定，

民事责任有停止侵害、赔礼道歉、赔偿损失等责任形式，《中华人民共和国民法典》承继了上述规定，在案件中需根据原告诉请的一种或几种判定责任形式是否构成。本案中商务公司的行为虽有过错，但对其行为给予否定性评价并要求其承担惩罚性赔偿已可达到胡某某使用旅行App的预期效果和合同订立初衷。一方面，商务公司的信息收集和使用虽有不当，但并未肆意披露和以极端方式加以侵害。案涉《服务协议》《隐私政策》中除个别侵犯消费者个人信息权益的条款外，其余条款仍为合法有效，亦是互联网企业开展业务的前提和基础。若增加不同意使用信息仍可使用App的选项，实质上全盘否定《服务协议》《隐私政策》内容，超出了权利救济的必要范围。不仅关乎胡某某利益，也关乎众多用户利益，在个案中应持谨慎态度。在存在请求确认特定条款或格式条款无效等其他责任形式的前提下，不宜直接要求商务公司增加不同意其《服务协议》《隐私政策》也可使用App的选项。另一方面，胡某某在使用旅行App时同意了《服务协议》《隐私政策》，其个人信息已经为商务公司及其关联企业所掌控。个人信息经个人同意加工为信息数据后再删除要平衡信息提供者利益、数据平台使用者利益和公共利益。在大数据时代，必要的信息收集、积累和数据加工是数字经济发展的必然路径，也是平台经营者订立并履行合同的必然要求。信息采集和使用越慎重，个人信息许可的信任度越高，数字经济发展和个人正当利益扩大相得益彰。反之，数据野蛮采集和滥用必将导致个人信息许可的恐慌，最终导致信息采集渠道枯竭并影响到社会公共利益。个人信息经个人自主决定让渡给平台经营者后，平台经营者将众多的个人信息收集、整理，形成了信息数据库。该信息数据库既关乎个人利益，也关乎平台经营者利益和公众利益，再删除或修改该信息时要考虑其他个人信息提供者的同等待遇、替代责任方式的可行性、数字经济发展的公共利益是否受损及受损程度。否则，既是对其他个人信息提供者的不公平，也容易造成平台经营者过重的经营负担，并导致数字经济发展的基础数据受损和个人滥诉等损害公共利益和违反诚信行为的发生。因此，司法裁判中，在切实保护个人信息权益的同时，必须平衡信息提供者利益、数据平台使用者利益和公共利益，坚持促进发展与保护权利相统一，虽然二审判决最终驳回了胡某某要求在旅行App上增加不同意其《服务协议》《隐私政策》也可使用App的选项之主张，但本案却为如何促进数字经济发展与个人信息权益保护之间寻求最佳平衡点提供了有益的借鉴，必将为今后此类案件裁判标准和裁判尺度的完善、统一奠定有力的基础。

编写人：浙江省绍兴市中级人民法院　姚瑶

49

因发送商业短信侵扰私人生活安宁的责任承担

——王某诉科技公司侵权责任案

【案件基本信息】

1. 裁判书字号

北京市第二中级人民法院（2022）京02民终2009号民事判决书

2. 案由：侵权责任纠纷

3. 当事人

原告（上诉人）：王某

被告（被上诉人）：科技公司

【基本案情】

2021年1月13日，王某所有的手机号收到一条短信，短信内容为：【某银行】您好，您在我行可申请580000元请于1月22日前预约办理，可用于日常消费、房屋装修和生意周转。查利率回1，动用回2，回T退订。发送短信的号码为106822××。同日，王某向106822××号码发送“T”，支付0.1元。被告科技公司系号码106822××的使用单位。

原告收到涉案短信后，曾多次拨打短信签名单位某银行客服热线。在告知短信内容、发送短信号码、收到短信号码的情况下，均被告知某银行既没有直接向原告发送涉案短信，也没有委托第三方发送涉案短信。另外，某银行客服热线提醒原告，根据涉案短信内容判断，有可能是他人假冒某银行的名义群发违法违规短信，建议原告报警。因此，原告认为被告的行为已涉嫌违法，并造成其损失，理由为：1. 被告涉嫌非法持有公民个人信息。原告用的号码，未告知被告，其有理由怀疑被告通过非法渠道获取并持有、使用公民个人信息；2. 被告涉嫌未经他人同意，向他人发送电子商业信息；3. 被告涉嫌侵犯原告的安宁权、个人隐私权；4. 被告涉嫌侵犯原告财产权益。被告在短信中仅告知原告退订办法，但是未告知原告退订将产生费用，由此造成原告在不知情的情况下被收取短信费；5. 被告虚构某银行的名义向原告发送金融类营销短信，涉嫌民事欺诈，严重扰乱金融秩序。故王某提出诉讼请求：1. 判令被告就未经同意向原告发送营销短信向原告书面道歉，并保证今后不再发送；2. 判令被告加倍赔偿原告短信退订费 50 元，精神损害抚慰金 5000 元，因本案而支出的交通费 50 元，文印费 50 元，通信费 50 元，误工费 4350 元。

庭审中，被告称其利用某通信公司的平台，某银行的业务是其他公司转包过来的，已给王某充值 10 元话费。原告称其退订后，被告没有再行发送，其不同意被告处理方案，也未实际收到 10 元话费。

【案件焦点】

1. 被告科技公司发送商业短信的行为是否侵害原告王某的私人安宁权；2. 被告行为未给原告造成较大损失，该情形能否作为认定侵权行为的因素。

【法院裁判要旨】

北京市丰台区人民法院经审理认为：本案争议焦点在于认定被告科技公司发送系争短信的行为是否构成侵权。首先，被告在未取得原告同意和请求的情况下发送系争短信，该行为确属不当，但被告向原告发送的短信中，指示了取消发送方式，且根据原告按照该指示方式取消短信发送的情况来看，该指示方式真实有效，被告在发送短信时已尽到谨慎提醒义务，故该不当行为不足以构成侵权法框架内的过错。其次，关于原告主张民事权利遭受侵害。现无证据证明原告因被告向其发送短信而遭受财产损失，且被告发送系争短信的次数仅为一次，内容也无违反法律或公序良俗之嫌，该行为虽对原告的生活安宁、个人信息受保护的权利造成一定影响，但影响方式及频率亦属低微，尚不足以使民事主体产生精神上的痛苦，亦不可能产生要求被告履行赔礼道歉和承担精神损害赔偿责任的事实基础。再次，类似轻微瑕疵行为广泛存在于社会生活之中，尤其在商业活动中更为多见，如均要求相关行为人承担民事侵权法律责任，不仅缺乏现实意义，亦将使民事主体陷于动辄违法的境地，属不当加重民事主体的义务，实有不妥。综上，被告发送短信的行为不构成侵权，无须对此承担民事责任，故对原告主张加倍赔偿其短信退订费、交通费、文印费、通信费、误工费以及精神损害抚慰金的诉讼请求，不予支持。另，就原告主张返还退订短信费而言，其按照短信退订指引发送退订短信是属于行使拒绝接受的权利行为，故退订短信的费用应由被告负担，法院应予以支持。

北京市丰台区人民法院依照《中华人民共和国民法典》第一千一百六十五条、《中华人民共和国民事诉讼法》第六十四条之规定，作出如下判决：

一、科技公司于本判决生效之日起七日内赔偿王某短信退订费0.1元；

二、驳回王某的其他诉讼请求。

王某不服一审判决，提起上诉。

北京市第二中级人民法院经审理认为：一审判决认定事实清楚，适用法律正确，故作出如下判决：

驳回上诉，维持原判。

【法官后语】

商业短信，是指商家基于营利目的而通过移动通信网络向不特定群体手机使用端发送具有缔约意图，并以文字、图片等为媒介的信息。随着通信技术的发展，利用发送商业短信的行为对私人生活进行侵扰的情况在日常生活中时有发生。对此，《中华人民共和国民法典》第一千零三十二条第二款将“私人生活安宁”纳入隐私权的法律保护体系，意在防止因不当行为侵害私人生活安宁的行为，即任何组织和个人不能以不正当发送商业短信的方式侵扰个人或家庭的生活安宁。

一、发送商业短信侵扰私人生活安宁的行为表现

商业短信一方面具有促进信息流通的积极作用，另一方面，也因有便捷低成本性、信息不对称性等特点，被少数组织和个人利用作为侵扰私人生活的工具。结合司法实践情况来看，其行为表现形式主要可以归纳为：(1) 行为持续型，即行为主体向自然人持续发送商业短信，从而对他人正常生活产生骚扰，如持续向他人手机发送垃圾信息等；(2) 权益侵害型，即所发送的商业短信虽不具有持续性，但内容上具有侵害他人权益或违反公序良俗的情形，如向他人发送具有侮辱人格等内容的商业短信。(3) 复合叠加型，即行为主体发送的商业短信同时具有持续侵扰且内容具有侵害他人权益的情形。

二、发送商业短信侵扰私人生活安宁的责任构成

私人生活安宁属于自然人隐私权的一项重要内容，而侵害隐私权的侵权责任构成适用过错原则，故因发送商业短信侵扰私人生活安宁的责任构成也是以过错为归责原则，即需具备加害行为、损害事实、加害行为与损害事实之间的因果关系、行为人主观过错四个要件。其中，加害行为表现为行为人通过发送商业短信的方式对私人生活安宁进行侵扰；损害事实表现为造成自然人的精神损害和物质损失，精神损害主要是指受害人因加害行为导致精神痛苦，包括情绪低落、焦虑不安等，物质损失主要是指受害人因加害行为导致现有财产或预期收入减少；因果关系是指加害行为和损害事实存在引起和被引起的关系；行为人主观过错是指行为人对侵扰私人安宁存在故意或过失的心理状态。

三、损失情形作为判断侵权人承担侵权责任的考量因素

结合现实情况来看，发送商业短信在商业活动中较为常见，很多人已将通过手机接收商业短信视为一种常态，倘若当事人均主张商家发送商业短信应承担侵扰私人生活安宁的侵权法律责任，不仅缺乏现实意义，而且会成为加重民事主体的不合理负担，因此，认定发送商业短信侵扰私人生活安宁需以造成实质性侵害为必要条件。就私人生活安宁而言，应强调保护自然人的生活安定和

宁静的权利，由此，发送商业短信是否构成侵扰私人生活安宁的侵权行为、行为主体是否承担侵权责任及责任大小的认定，应以自然人的精神损害情况为判断基准。

本案中，科技公司给王某发送商业短信的行为，确属不当。但就诉争短信而言，其内容上不存在侮辱人格和违反公序良俗的情形，且被告发送次数仅为一次，并已提供了取消发送短信的有效方式，当事人能够通过该指示，不再接收同一内容的短信。因此，被告的行为实质上并不具备持续性和侵害他人权益性，不符合发送商业短信侵扰私人生活安宁的行为表现特征，亦不构成侵权法上的过错。同时，从侵害后果来看，王某并未因被告发送该商业短信而使其私人生活安宁受到实质性侵害。故，法院基于短信的发送次数、侵害后果、退订方式的有效性，认定该商业短信的发送并未造成对方个人生活安宁的损害后果，仅支持退订短信费用。

编写人：北京市丰台区人民法院　陈志博　郭婧芳

ISBN 978-7-5216-3278-1

图书在版编目（CIP）数据

中国法院2023年度案例．侵权赔偿纠纷／国家法官学院，最高人民法院司法案例研究院编．—北京：中国法制出版社，2023.5

ISBN 978-7-5216-3278-1

Ⅰ.①中…　Ⅱ.①国…②最…　Ⅲ.①侵权行为-赔偿-民事纠纷-案例-汇编-中国　Ⅳ.①D920.5

中国国家版本馆CIP数据核字（2023）第026345号

策划编辑：李小草　韩璐玮（hanluwei666@163.com）
责任编辑：韩璐玮　　封面设计：李宁

中国法院2023年度案例．侵权赔偿纠纷

ZHONGGUO FAYUAN 2023 NIANDU ANLI. QINQUAN PEICHANG JIUFEN

编者/国家法官学院，最高人民法院司法案例研究院
经销/新华书店
印刷/三河市紫恒印装有限公司
开本/730毫米×1030毫米　16开　　印张/15.75　字数/195千
版次/2023年5月第1版　　2023年5月第1次印刷

中国法制出版社出版
书号 ISBN 978-7-5216-3278-1　　定价：69.00元

北京市西城区西便门西里甲16号西便门办公区
邮政编码：100053　　传真：010-63141600
网址：http：//www.zgfzs.com　　编辑部电话：010-63141791
市场营销部电话：010-63141612　　印务部电话：010-63141606

（如有印装质量问题，请与本社印务部联系。）